U0120702

心里满了，就从口中溢出

教育的
另一种模式

学会关心

[美] 内尔·诺丁斯 —— 著

于天龙 —— 译

THE
CHALLENGE
TO
CARE
IN
SCHOOLS

An
Alternative
Approach
to
Education

上海教育出版社
SHANGHAI EDUCATIONAL
PUBLISHING HOUSE

谨以此书献给
我的老师们，

那些从小学到研究生院
改变了我人生的老师们。

我们生活在一个疯狂的时代，坚持住！

（代序）

内尔·诺丁斯，著名学者，斯坦福大学杰出教授，前美国教育学会主席，十个孩子的慈爱母亲，无数学生的良师益友，于2022年8月25日在佛罗里达家里安详辞世，时年九十三岁。诺丁斯走了，但其作品和思想却在世界各地继续发挥着积极的影响。在诺丁斯逝世两周年之际，她的名著《学会关心：教育的另一种模式》第二版的简体中文版即将由上海教育出版社联合北京乐府文化重新出版发行。作为本书的中文译者，我为此深感欣慰。

《学会关心》第一版的中文版早在2003年就由教育科学出版社在中国出版。那是诺丁斯众多著作的第一个中文译本，出版后立刻受到中国读者的厚爱；到2005年，一万册书售罄。《学会关心》第二版的中文版在2011年问世，旋即成为全国畅销书，截至2015年就重印过七次，约三万本书进入市场。期待此次新版同样会在新一代中国读者群中产生共鸣。

诺丁斯是关心伦理的主要代表人物。《学会关心》详尽阐述了关心伦理在学校教育中的应用。在1980、1990年代的美国，学校改革运动试图以推行统一课程标准和标准化考试为目标。诺丁斯反对这样的教育改革。她的《学会关心》就是对如此学校改革的一个强力回应。以杜威教育哲学为参考，诺丁斯认为，好的学校与好的家庭相似，成人与孩子在一起过有意义的生活，孩子们在生活中成长。父母和教师都应该积极地与孩子们充分交流，并根据每个孩子的身心特点因材施教。诺丁斯认为我们必须重启有关教育目的的讨论，重新认识并且实现教育的多种目的。学校必须着眼于培养有能力、关心人、爱人也可爱的人。以此为目的，学校必须教会孩子学会关心。传统学科设置和课程教学必须被以关心为中心的教育所取代。这是以人类问题为中心的教育，也是以关心为核心的教育。孩子们学习关心自我，关心身边最亲近的人，关心与自己没有关系的人。他们也学习关心自然环境，关心动物植物，关心人类创造的物质世界和精神世界。《学会关心》第二版在 2005 年出版，正值《不让一个孩子掉队》美国联邦法案刚刚推行之际，学校改革的讨论充斥着问责制、标准化、私有化以及择校等论调。诺丁斯的主张代表了一条教育改革的不同路径，其影响振聋发聩。而今天，美国教育改革仍然没有摆脱对上述那些问题的纠缠。在很多学校，学术进步被视为教育的唯一目的，课程越来越趋向统一，标准化考试左右教与学。在这种形势下，诺丁斯关心教育理论的重要性有增无减。伟大的教育思想理应超越国界，诺丁斯的关心教育理论也完全适用于今天的中国。正像她在《致中国读者》一文中所指出的，中国教育面临着与美国相似的困境。学校长期片面地重视学生的学术发展而忽视其全面素质的提高。高考指挥棒严重羁绊课程和教学。而且，与美国相比，中国教育改革似乎更加受限于权力、秩序和传统的桎梏。无疑，诺丁斯的关心教育也是当前中国教育改革者所迫切需要的。

《学会关心》的另外一个重要影响是对道德教育的启迪。在中国，诺丁斯首先是以一位道德教育理论专家著称的，这得益于1980、1990年代袁桂林、戚万学等学者对包括诺丁斯理论在内的西方道德教育理论流派的介绍。诺丁斯是公认的关心道德教育学派的开创者和集大成者。在本书中，她进一步明确她的道德教育理论。她对道德教育的定义富含新意。她指出，道德教育不仅是指集中于培养有德之人的一种特殊教育形式，道德教育也应该指任何一种在目的、政策和方法上合乎道德的教育。第二个指向更为重要，因为它强调整个教育的道德性和教育过程的道德功能。在学校中旨在促进孩子道德发展的教育则以榜样、对话、实践和认证为途径，培养关心人的人。诺丁斯道德教育理论不仅是对美国其他道德教育理论的辩证性的批判，更是对以美德灌输为主的传统道德教育的超越。传统道德教育，特别是当前流行的人格（品德）教育，往往强调在孩子们身上下功夫，使他们成为有道德的人；而关心教育者则主张我们应当改善环境，为孩子们的道德生活提供支持。诺丁斯反复强调，在学校里建构符合道德的制度、文化以及人际关系，远比一味向孩子灌输美德重要。这样，在诺丁斯的理论里，关心已经不仅仅是一种个人美德，而成为一种人际关系，一种文化条件。如何培养这种人际关系，建立和维护这种文化环境，是所有道德教育者的当务之急。道德教育是中国教育政策、实践和研究的一个永恒话题，诺丁斯的关心道德教育理论无疑可以为其提供重要的指导。

当然，《学会关心》这本书的价值远远超出上面所涉及的领域。这是一本哲学书，也是一部课程论。它关注学校改革，也重视教育政策。它是写给教师、学生、家长、决策人，以及所有关心教育、关心下一代的人的。诺丁斯的文风平实，语调谦和，文笔细腻，字里行间蕴藏着一个学者的严谨与缜密，也透露出普通人的随意和亲切。而这种行文作风正是其一生为人做事的体现。

诺丁斯是我职业生涯中一个重要的领路人。1999年我在纽约州立大学（宾厄姆顿）做博士研究生的时候，她应邀来校做学术报告。在和博士生的座谈会上，我向她提问关于道德的社会构建问题。她对那个问题非常感兴趣，滔滔不绝地讲了足有二十分钟。还记得她在黑板上演示数学题，解释其他问题。她曾经做过多年的中学数学教师，谈起数学来就像讨论哲学或者教育问题一样如数家珍。她那种认真严谨而又循循善诱的教学态度让我肃然起敬。还记得她让所有人以首名内尔称呼她，她成为每一个人的内尔。当内尔同意加入我的博士论文委员会时，可以想象，我的兴奋之情是多么难以言表！在美国，写博士论文对很多人来讲都是一个漫长而艰辛的旅程。因为内尔的指导和引领，我写论文的历程反而充满了探索的激动和收获的喜悦。她在教育理论界的崇高地位既给我一种安全感，也让我片刻不敢懈怠。我能感觉她就站在我身边，等待我的问题，用睿智而温暖的目光注视着我。记得当我顺利通过答辩之后，她对我说："现在你应该考虑将这个论文变成一本书了！"我听从她的建议，花费一年多的时间修改论文，最后顺利出书。内尔还不惜笔墨，欣然为我的书作序。她以实际行动实践自己所倡导的关心，众多像我这样的学生受益匪浅。

那以后的二十年里，我们依然保持着密切的联系。她从斯坦福退休后常驻东海岸，而我从纽约州立毕业后，在布法罗小住了几年，随后就搬至中西部的圣路易斯，彼此相距遥远，难得见一面。在 AERA 年会上我们偶尔小聚，每次她都会带给我一本她的新著。内尔是超过二十部著作的作者，其中绝大多数是个人专著，而且绝大多数著作是她七十岁之后完成的。这种旺盛的创作力实属罕见。不用说，她令许多像我这样的后辈汗颜；不过，她也变成我们的榜样，给我们以持续的启迪和无言的激励。我和内尔最重要的联系方式是电子邮件。她当属名副其实的电邮女王，从来没有落下我的任何一封电子邮件，而且，她的回复总是快速而及时。现在我珍藏着二百来封来自内尔的电子邮件。在这些或长或短的邮件里，我们探讨各种问题，内尔给我无数指导和教诲。有一次，我们谈起当前在美国流行的人格（品德）教育运动，我表达了对这个运动的保守倾向的厌倦和失望。她随即认真地提醒我：要有耐心，要看到那个运动本身也是多元的，人格（品德）教育不是不可救药的。另外一次，她谈起正在出《教育哲学》一书的新版，需要改正旧版中发现的错误。她说为学和做人其实是一样的，都需要时刻检点自己，随时修正错误，永远与时俱进。

我们最后的交谈发生在 2020 年，"新冠"大流行高潮之际。内尔话语不多，而且忧心忡忡。她为美国和世界的走势忧虑，尤其是对个人权利——从妇女流产权到非异性恋者权利——的流失深感不安。但是她从未放弃过希望。在给我的最后一封邮件里，她这样写道："我们生活在一个疯狂的时代，坚持住！"

是的，我们生活在一个疯狂的时代，一个缺乏关心的时代。让我们不忘初心，守候希望，坚持理想，继续关心。谨以此文纪念内尔，并为序。

于天龙
2024 年 7 月

致中国读者

距离此书第一次出版，十多年时间已经过去，而书中所提主张的重要性在今天却有增无减。在过去的十多年里，美国学校教育经历了一种可悲的变化：所有学生都被灌输一个统一的标准课程，并且接受统一的标准化考试。虽然遭到众多富有远见的教育理论家的反对，考试机制仍然控制着我们的学校生活。

中国同事们告诉我，你们面临相似的问题。教育改革者们试图突破单一的、受考试所左右的课程设置，代之以一个更加人道的，重视学生全面发展，也更加有利于智力进步的教育。但是，改革尝试往往受到遵从权力、秩序和传统习俗的教育观念的抵制。

在本书中，我论述了一种新的教育模式。教育的主要目的应该是培养有能力、关心人、爱人并且可爱的人。为了实现这一目的，关心必须主导学校课程。孩子们应该学会如何关心作为物质和精神结合体的自我，如何关心身边的和远在他乡的人，如何关心动物、植物和地球，如何关心人类创造的物质世界，以及如何关心各种学科知识。这一教育模式没有反智主义倾向，相反，它向教育者们提出这样一个挑战：在引导学生探讨人类生活中最重要的问题的时候，如何促进他们的智力发展？

获悉此书第二版即将在中国出版发行，我十分高兴并且深以为荣。诚挚希望此书有助于中国教育工作者们继续探索，寻觅更加开明、更加理想的教育模式。

内尔·诺丁斯

2008 年 10 月

目录

引言

在 1992 年出版的本书第一版中，我对传统教育提出了批判。我认为学校对学生的智力发展过于重视，也过于依赖考试成绩来衡量学术成就。这样的批判在目前显得更加重要。走进今天的学校，你会发现，学生们往往花费几周甚至几个月的时间准备考试。而我们许多人都相信，这些时间本来应该用来探索新思想，发现新兴趣，扩展知识，陶冶情操，使学生在艺术、音乐、写作等领域大展身手。我们特别相信，学生们应该有机会在学校学会关心，关心自我，关心他人，关心自然与物质世界，关心知识。学校有责任教导学生学会关心，学会关心是学校教育的真谛所在。

遗憾的是，并非所有人都同意关心的重要性。很多人认为，我们就应该鼓励甚至强迫小孩子去学习规定的课程内容。学生和老师对掌握这些课程内容责无旁贷。而标准化考试则是衡量他们是否履行了责任的唯一方法。需要指出的是，这种考试至上的教育并不一定是传统或者古典教育派所主张的。谨慎敏感的传统教育家们并不赞成当前这种肤浅的教育实践。这些人也许并不同意我在这本书里提出的每一个主张，但是他们都认为，学校应该对家长和孩子的真实需要做出恰当及时的反应（Sizer, 2004; Troen & Boles, 2003）。在这里我将使用"传统"一词来代表两类人：古典学科教育的拥戴者，目前以考试和责任为中心的教育的鼓吹者。这样我们就可以清楚地看到，所有传统教育的支持者与现代进步教育的支持者的本质不同。

我所关心的问题是，传统与进步教育一定是如此的水火不容吗？在同一个教育系统内，这两种教育主张是否可以并肩而行呢？我认为这些问题值得我们进一步探究。我建议，我们应该将关心，而不是责任，作为学校教育的基本原则。为了有效地抵制私有化倾向，维护公立学校的地位，改革者必须在这样的一个思路下工作。我将论证关心的主题如何能够加强并完善传统与进步这两种教育体系。

关心和反应

我们经常听到这样的话：学校必须对自己的教育结果负责。我对此没有异议。任何教育工作者都不会推卸学校和教师的责任。问题是，学校和教师应该对什么负责呢？仅仅是学生在语文、算术科目上的考试分数吗？

从这本书的第一版问世以来，我就反复思考学校的反应性问题。我一直主张，认真倾听并且积极回应是关心的基本标志（Noddings，2003）。但是在过去十多年的时间里，我也认识到人们对关心有不同的见解。有些教育政策制定者和教师相信，关心是一种教育美德。这种美德通过强迫学生学习事先给他们规定好的知识和技巧体现出来。在这种观点看来，一个教师展现关心的美德，就是让学生去做那些被认为对他们有益的事情。显而易见，这两种关心主张是多么不同。也许在关于学校教育的任何单一论述中都不可能对这两种主张加以协调。但是，很多人已经开始这样思考问题了，那就是，学校必须体现某种程度的多元化。有些人认为私有化代表一种出路，我则认为公立学校是美国民主的必要途径，公立学校的地位必须加强。我认为，反应性代表了可能解决问题的一个理想。我们的公立学校可以并且应该具有更强的反应性。

在开始论证前，我要求读者考虑这样一个现象：所谓摇摆不定的钟。我们发现，每当学校教育变得过于以学科为中心，以教师为中心，过于传统，进步主义者们就试图使钟摆摇向另一方：以现实为基础，以孩子为中心，更加灵活化。如果这样的摇摆实现了或者就要实现了，传统派们又会行动起来，试图将学校再次拉回传统一方。这种摇摆不能代表人们心灵和思想上的真正变化。真正的教育变化只能在权力的转换过程中实现。传统教育的拥戴者们不可能在进步主义当道之时真正高兴起来，反之也是一样。

如果我的这个观察是准确的，那么我们这些进步教育的支持者，特别是关心伦理的支持者，现在处于一个困难时期。我们重视反应，愿意倾听他人，我们试图理解并且满足他人合乎情理的需要（Noddings, 2002）。我们当然不能随便地对传统教育者的主张置之不理，但是传统派（尤其是那些将关心视为一种美德的人）往往认为，他们知道什么样的教育对所有人都是最好的，也往往不遗余力地把他们认为最好的教育强加给我们，而且宣称是为我们的利益着想。我这里暂时不包括那些主张教育私有化的人，因为那些人认为每个人应该各行其是。

有必要再对那两种不同的关心观点加以讨论。关心伦理强调的是关心的关系性。也就是说，当我谈论关心的时候，我的重点是放在关心者与被关心者之间的一种关系（参阅第二章）。关心者和被关心者在这个关系中处于同等重要的地位。如果出于任何原因，被关心者否认他或她在被关心着，那么关心的关系就不存在。如果这种情况发生，也不一定就是关心者的错。事实可能是被关心者太固执，太不敏感，或者难以接受关心。也许关心者和被关心者都没有错，是他们所处的环境不允许关心关系的存在。在今天的很多学校里，我们都可以发现，很多教师乐于关心，很多学生也愿意接受关心，可是事实上，很多学生仍然宣称没有人关心他们。这本书的一个目的就是要在学校结构调整，特别是课程改革上面，提供建议。学校必须为关心关系的建立和完善提供必要的气氛和文化。

那么，是不是重视关心的关系性就一定忽视作为一种美德的关心呢？不一定。不过，关心伦理对这一美德的定义，强调关心者是否有能力建立关心的关系。仅仅说"我关心"是不够的。你也不能以关心的名义不辞劳苦地把你的教育理念强加给学生。做到这一点充其量只能说明你试图关心学生。如果你不能经常成功地与学生建立关心关系，你不能算是具备了关心的美德。

第二种关心主张不将关系作为出发点，而将关心视为关心者拥有的美德。在这种观念下，关心者往往觉得他们知道要关心的人的利益是什么。实际上，他们会很轻易地决定那些利益是什么，而从来不认真地倾听他们所要关心的人的心声。很容易在家长或者教师中找到这样的关心者。当你被强迫做一件你不愿意做的事的时候，你会听到有人说，"有一天你会感谢我强迫你做这个！"有的时候这种预测会成为事实，我们确实对当初坚持己见的教师心存感激。我们感谢教师强迫我们做了正确的事。但是也有很多时候，我们误解了自己的真实需要，感谢父母或者教师强迫我们做了那些其实对我们并无真正益处的事情。不经意间，我们视这种强迫为有利无害或者无伤大体，而且自然地对我们自己的下一代也做起这种强迫的事情来。在我看来，这种强迫意识的延续实在是传统教育的一大悲剧。让我们把眼光投向传记、小说和历史文献。你会发现，很多故事描述好心的关心者的行为最终被证明是对的。同时，你也会发现，所谓的关心行为如何给被关心者的生活带来显而易见的痛苦。你更会发现，有的行为被公认为关心，但是，实际上，那些行为对特定的被关心者，甚至对未来整整一代人的有害影响不过是被掩盖了而已（关于这些悲剧故事的叙述，参阅 Noddings，2002）。

对这两种关心概念的差异有了一个清楚的理解之后，我们可以更有效地分析目前有关教育中的责任问题的争论。假定我们毫无疑问地知道学校的任务和目标，那么我们就可以相应地制订计划并且要求学校负起责任，实现这些任务和目标。问题是，强调学校责任感的人们可能在学校的任务和目标上面具有根本不同的意见。当前对学生在语文、数学和科学考试成绩的重视，已经基本定义了学校的任务和目标，因此人们认为，学校就应该对学生在这些科目上的考试成绩负责任。可是很多人反对这种对考试分数的狭隘重视，有些批评家甚至认为学校现在应该对下面这些问题负起责任：学生普遍具有恐惧感，毕业率下降；教师队伍士气低落；教育行政人员违法乱纪现象越来越多（有些管理者为了提高自己学校的考试排名而不择手段、弄虚作假）（Kohn, 2000; Troen & Boles, 2003）。我们当然有理由要求学校承担起自己的政策带来的直接后果，不管这些后果是不是在预料之中。

我的建议是，我们最好从增强学校的反应性做起，然后建构一个经得起检验的责任制体系。目前这个责任制体系［在《不让一个孩子掉队法案》（*No Child Left Behind Act*）的框架之下］的一个重大缺陷是，它把一种学校教育思路强加给所有人。我们很多人认为，这种教育思路自身有很多瑕疵，强加给所有人更是没有道理。那么一种诱惑就来了——我们站起来对抗这个体系，按照我们喜欢的思路改变它。可是，如此我们做的不过是让钟摆摆向另一方。让那些人见识一下我们的主张！让他们也品尝一下我们承受的痛苦！我不赞成这样的改革。为什么不尝试一个使传统派和现代派都有立足之地的中间道路呢？这个新体系的第一个特点就是它的反应性。它是对两种教育理念的协调反应。在这样一个体系下，每一种教育理念下的教育者都有可能理性地对待学校的责任问题。

强调关心伦理的关系性的人应该支持这个折中体系。你如果真正重视关心的关系性，那么我们必须对人们合乎道德和教育规律的需要予以敏感的反应，即使你的反应不是那么积极。有这样一种学校：严格纪律被强化，标准化考试被应用，学校之间基于考试成绩而互相攀比，达不到基本评估标准的学校受到严厉的惩罚。如果人们提出需要这样的学校，那么他们应该有权利和机会将自己的孩子送到这样的学校去。但是，没有道理将这样一个学校体系强加给所有人，特别是不支持这种教育体系的人。一个具有高度反应性的教育体系应该充分认识到人们对这样两种不同教育的需要，为它们提供并存的机会。这两种教育思潮在历史上长期存在，也有广泛的群众基础。正是这些决定了美国教育钟摆的不间断的摆动。

在公立学校系统内为人们提供进步主义学校与传统学校之间的选择，也并非什么前所未闻的事情。在有的学区，这样的选择已经存在。譬如同一学区内有一所中规中矩的传统初中，另一所则是更加开放的现代化的初中。决策者和教师们可能会指出，提供这样的选择并非易事。譬如，有的学区只有一所初中，怎么提供选择？我认为，仍然可以在一所学校内将选择变成现实。学生们可以跟从实践不同教育哲学的教师，这样也可以保证教育的连续性。在小学阶段，一组学生应该与他们选择的教师共同生活至少三年，而不是目前普遍的一年。初中学生应该和他们选择的教师团队共处全部的三年。高中学生至少应该与同一科目的教师学习三到四年。我认为，除了那些超小型的学校，其他所有学校都有能力提供这样的校内选择。

与我们所强调的反应性的精神保持一致，师生双方必须互相同意才能组成一个连续性的集体。不能强迫任何一个学生跟从一个她反感或者害怕的教师。虽然我这里主张给家长们提供在不同教育思想之间做选择的余地，但是也必须注意一些具体问题。如果一个孩子非常不喜欢一位教师，那么不管这位教师的教育哲学多么适合这个孩子，也应该把他们分开。事实是，一个从受进步思潮影响的家庭出来的孩子，在特定的环境下，可能与一个传统派教师更能和谐相处。这种灵活性是我们强调的反应性的一个重要部分。

学校也应该对教师的需要给予积极的反应。多年以前，我曾经担任一个学区的课程督导员。我的任务是担当一个变革者，将整个学区变成一个在进步主义原则指导下的体系。作为一个教师和家长，这样一个体系正是我需要的。不过我感觉很不舒服，因为上级要求我将这样一个模式强加给所有教师。当然，有些教师像我一样拥护这个模式，我们合作起来很愉快；有些教师则对这个模式有意见，不能全身心投入改革之中。我把这个情况报告给学区总监，总监的回答是："让他们离开好了！"我明白，他希望他手下的所有教职员工步调一致，在同一种哲学思想指导下工作，只有这样，他所构想的进步主义教育才能成为现实。

很多，甚至绝大多数美国学校就是这样运行的，因此我们才有教育钟摆的来回摆动。即使在当年我也希望应用一种不同的教育督导思路。我愿意帮助所有教师在他们自己合法合理的教育哲学指导下把自己的工作做到最好。我这里强调他们的教育哲学必须是合法合理的。事实是，理性的人当然可以在教育哲学上有分歧，但是，任何合法合理的教育哲学必须是深思熟虑的结果，它的社会理想和教育理念必须经得起检验，它的原则必须与自由民主的本质相符合。今天，我更加坚定地认为，这种辩证折中的思想是学校教育所需的，它是一种更加健康，也更加符合实际的思想。

但是，如果我真正相信一个进步主义的教育模式，我怎么可能放弃那么多学生，将他们推向传统教育阵营呢？这个进步主义模式为学生提供多种学习内容、多种学习方法，还有多种评估途径。关心伦理的最基本思想是对每一个个体的需要予以恰当的反应，目的是建立并且维护关心关系。我所相信的这个教育哲学对我当然至关重要，我尽可能地在我的教育实践中运用它。但是，活着的人永远比任何理论更重要，我的理论必须让位给关心的关系。这样说并不意味着我对其他人干的事视而不见，当我意识到有人在干一些危害孩子的事情，我决不会无动于衷。这样的行为是对关心的亵渎。真正关心别人的人不会容忍残酷、羞辱、讽刺、洗脑以及任何形式的严重不称职。传统教育最佳的状态是没有这些弊端的。我当然会向那些没有坚定的哲学主张的教师，特别是新教师宣传我在本书中倡导的教育模式，但是，我不想对教育领域已经存在的论战继续煽风点火，强化钟摆的来回摇摆。

让我再强调一次：活着的人永远比任何理论重要，这是关心伦理的核心观念。它在任何理论之前，它植根于自然的关心。不幸的是，这个理念往往不容易被教师们接受。原因是，教师们已经被师范教育和教育研究过程同化了。在那个过程中，他们被灌输的一个思想是，有些教育理论和实践模式是被科学证明的，是教育实践的绝对正确的方式。譬如，在过去几十年间，一个被称为"建构主义"（Constructivism）的思想在教学领域很受欢迎。说实话，我对这个思想基本上也持支持态度。这个建构主义是如此时髦，我经常听到教师声称他们永远不会在教室里应用灌输那样的传统方法。他们说，当孩子们自己"建构"知识的时候"学得最好"，死记硬背的灌输与强迫重复的练习是建构主义理论大加批判的。我想提醒这些教师，有时候孩子们需要适当的灌输；有些孩子可能喜欢重复性的练习；有时候这样的传统方法是更加有效的教学的前提条件。建构主义支配下的教师常常说，传统方法对所有学生既没有吸引力也没有用，一无是处。孩子们从来不需要灌输；没有一个孩子喜欢反复练习；重复性的东西不可能对深度调查研究有任何帮助。他们往往引用建构主义怎样怎样，如此将理论置于孩子之先，为了理论而不惜牺牲孩子的利益。这种情况发生得太频繁了。每当有一个时髦的理论出来，教育的钟摆就会从一个方向转向另一个方向。在这个过程中，把旧的实践全盘否定，不管那里有没有好的东西。

我所主张的反应性认同两种重要的教育理念。这种反应当然不可能对所有随时可能出现的新观念新思想都加以接受。其实，与其他一些强调反应性的观点相比，我的主张应该是很温和的。这两个教育流派的任何一个又有自己不同的观点，那些观点本身也需要不断发展完善。可以想象，在传统教育流派内会发展出几个互相竞争的教育模式，同样的事情也会发生在进步教育流派内。这样，每一个流派都会处于不断进步的过程，可替代模式或者流派的存在本身就是对一个特定模式或流派的鞭策和鼓励。在这种竞争和鼓励的氛围下，传统学校也许会变得多一点人道，少一点专制；进步主义学校也许会避免曾经让杜威非常担忧的对学生放任自流的倾向（Dewey，1963）。两个流派当然不会越来越像。他们会互相学习借鉴，使各自的核心主张更加鲜明独特。

如果我上面所说的成为现实，那么在教育领域内将没有失败者。不再害怕自己的事业会被其他人所取代，可以以不同的眼光来看待与我们持不同教育主张的人。或许会对别人的成功有一份欣赏或者嫉妒。我们可能思考这样的问题：可不可以借鉴他们的一些做法来改进我们的实践呢？我的设想是，看到别人的孩子在进步学校更加自由的环境里健康快乐地成长，那些选择将孩子送到传统严格的学校的家长会很快对目前标准化课程和考试的泛滥提出异议。同样，进步主义支配下的教师和家长们也许会考虑将传统学校里的古典课程内容适当引入他们的学校。两类学校都可以开发、完善更加科学有效及多种多样的评估方法。

现在，我们可以带着更加智慧的心态回到关于责任的讨论。学校应该对自己所设立的教育目标的实现负起责任。我们这些或多或少视自己为进步主义流派的人，对学校的要求远远超过了学生在基本课程上的考试成绩达标。我们希望在学校里培养民主精神、批判性思维以及关心的情怀。我们要求学校不仅对自己的"产品"负责，也要对其为学生提供的机会和选择负责。但是现在最根本的问题是，我们必须获得这样一个权利：拥有支持我们深信不疑的教育理想的公立学校。目前，我们生活在尖锐对立的教育理念的夹缝之中。这种环境对任何人都有害无益。

私有化是一条可行出路吗？

我主张公立学校要对学生和社会具有更好的反应性，要为人们不同的发展需要提供不同的教育模式。那么也许有人会问：为什么不将私有化引入公立教育呢？由政府出钱，家长可以把孩子送到一所办得更好的学校，包括私立学校去，这样岂不是满足了所有家长的需要和兴趣了吗？我将在四个方面阐述为什么我们必须在公立学校拒绝私有化。不过，首先，我想提醒读者，公立学校私有化完全没有必要，不是非做不可的事情。像我上面讨论的，公立学校完全有能力接受并且实践两种不同的教育哲学。很多富有新意的教育模式和途径可以在不同教育哲学的指导下开发出来。当然，请注意，我这里在讨论教育方面的差异，而不是基于政治观点、种族、性别、宗教或者经济方面的差异。

对私有化的第一个反对意见来自经济上的考虑。几乎可以肯定地说，学校私有化将会加剧社会上已经存在的贫富不均和经济不平等。那些拥护由政府资助将孩子转出公立学校的做法的人声称，在这个计划下，所有家庭都将有机会享受现在只有少数家庭才享有的特权和福利（Chubb & Moe, 1990）。我认为这种说法的可信度值得怀疑。众所周知，政府的资助是很有限的，会极大限制受资助的贫困家庭所能做出的教育选择。这些家庭的选择与那些供得起孩子上顶尖私立学校的富裕家庭的选择，简直是天壤之别。如果一个家庭拿到政府给的五千美元，他们在教育市场上会有多少选择呢？另一个家庭有能力在自己孩子的教育上花费三万美元，这个家庭的选择又会有多少呢？这种比较的结果应该是显而易见的。

尽管很多人有我这样的疑问，但美国公立学校在私有化的道路上仍愈行愈远。我们知道，布什政府的《不让一个孩子掉队法案》不乏批评者。有的批评者直言不讳地指出，此法案的目的就是要摧毁公立教育（Kohn, 2004）。没有什么比要求公立学校实现不可能的任务更有效地摧毁它了！要求所有学校在2014年使所有学生在学业上达标，是绝对没有道理的，也是不切合实际的。任何一个学校的学生在智力发展上都千差万别，没有一个学校可以达到一刀切的标准和要求（Linn, 2003）。这样不切实际、不符合教育规律的要求更像是实现公立学校私有化的铺垫。既然公立学校达不到要求，那么就允许学校市场化吧——这个逻辑实在是令人恐惧！

在继续审视公立学校私有化倾向之前，我们应该从关心的角度来分析一下《不让一个孩子掉队法案》。当我们试图关心别人的时候，我们从来不用威胁、制裁、有损人格的比较竞争以及严厉的惩罚去鼓励他们。我们不应忽略学生们各种各样的需要和才能而一味强调扼杀人性的标准化。我们从来不会去制定或者遵从一个使人堕落而不是高尚的法案。这个法案导致学生为了获得考试高分而弄虚作假，教师放弃了他们最重要的教育职责，行政管理人员采用不符合伦理道德的策略以敷衍应付法案的要求（Troen & Boles, 2003）。这样的话，即使最后的目的——私有化是正确的出路，实现这个目的的途径和做法仍然是可谴责的。

那么我们到底为什么要反对私有化呢？我们已经看到，公立学校私有化只能加剧社会上已经存在的经济不平等现象。我的第二个反对意见指向私有化对竞争的强调。这种强调非常可怕。那些支持受政府资助的家长送孩子到私立学校的计划的人往往宣称，市场会决定一切，不成功的学校会在市场上被淘汰掉，就像不成功的企业被市场淘汰一样。但是，学校不是做买卖的公司，即使学校有时候可以有效地应用一些商业管理技术。学校如同家庭，是孩子们成长的特殊地方。学校应该富于稳定性和连续性。当你们住所附近一家杂货店关门了，你会感到由此带来的不便，但你总能够找到另一家杂货店。如果一个孩子的学校关闭了，它意味着这个孩子生活中的一个重要组成部分消失了。另一个学校在哪里呢？她的朋友们也会去那里吗？谁会是她的新老师呢？新学校有多远，怎么才能到那里？在她完成学业之前这个学校会不会也关闭呢？诸如此类的问题决定了我们不能简单地把学校视为一个买卖。私有化计划所承诺的所谓成功应该引起我们的警惕。不要忘了，在市场上，往往是那些经济上贫困的学校，不一定是教育上贫困的学校，将被淘汰掉。那些有经济实力的私立学校不用担心什么，即使它们中的一些教育质量很成问题。

公立学校私有化的本质不过是将教育从一个公益事业变成一个商业产品（Anton, Fisk & Holmström, 2000; House, 1998）。作为商品的消费者，当我们买一台冰箱或者一辆汽车时，主要想的是怎样在我们现有的经济能力下买到最好的冰箱或者汽车。冰箱和汽车都是商业消费品，教育不是。当我们视教育为公益事业的时候，我们应该关注所有孩子的教育质量问题。私有化将导致不同家庭在教育上的开支不等，资源有限的学校将面临关闭的命运。这些问题决定了私有化的反民主倾向。作为一个公益事业，公立学校承担着对每一个孩子的良好教育，从而造福于所有公民，促进我们珍视的社会民主（Goodlad & McMannon, 1997; Norton, 1991; Soder, Goodlad & McMannon, 2001）。

我意识到，有些人会对我上面强调的公立教育与民主的关系提出质疑。他们指出，如果用民主原则来审视目前的教育系统，那么我们就会发现太多的问题。现在的学校教育与我们所强调的民主精神差距巨大。很多孩子，尤其是在大城市学校里上学的少数种族孩子的情况非常糟糕。学校没有对他们尽到应尽的责任。变化是急需的。我所主张的增强学校的反应性将给学校带来重要的选择，父母也将有机会真正地参与到他们孩子的教育中来。私有化的主张者所提供的选择不过是介于糟糕的选择和不稳定的选择之间的东西，也就是目前失败的公立学校与未来没有保证的学校之间的选择，这根本就不是解决问题的最好办法。《不让一个孩子掉队法案》

不过是给我们这样一个不稳定的选择提供一个机制罢了。很多学者已经在说，此法案正在使少数种族孩子的教育状况变得越来越坏（Darling-Hammond, 2004）。

更好的出路在于对现有公立学校进行有效的改革，使其对社会和孩子的需要进行更加敏感的反应。但是不能只依靠学校自己，我们应该尽可能地发动所有公民投身到对下一代的关心运动中来。我们必须关注整个社会环境，关注基本的社会问题（Noddings, 2002）。所有人必须拥有基本的居住场所（无铅、无霉菌、无老鼠的室内设施），必须拥有基本的医疗保险。工薪阶层的基本工资必须得到保证。城市里的空气污染必须得到控制。公共交通必须能够方便需要的人。关心人意味着对人的需要有所反应。公民的需要并不在学校大门前开始（或结束）。

反对公立学校私有化的第三个意见来自对宗教问题的考虑。如果宗教组织申请政府资助项目，那么可以肯定，争议会接踵而至。我们国家长期坚持的政教分离的传统将面临巨大挑战。很多公民都不能接受公共资源用于宗教事务的做法。我这里想提到西奥多·赛泽（Sizer, 2004）的观点。他的近著呼吁，学校应该具有更强的反应性，但是他也主张拓宽选择的范围，使私有化成为可能。我认为这个思想是危险的，与我们的民主精神相抵触。在一个以自由民主为己任的社会，公共资源不应该用于支持私立学校，尤其是那些建立在宗教信仰或其他特定意识形态基础上的私立学校。这些学校并不总是支持我们民主社会的共同福祉。有很多组织或团体仍然歧视妇女，拒绝妇女参与公共和专业领域，这样的组织就不应该得到以维护妇女权益为己任的政府的任何形式的支持。当然，我们可以强调，所有学校都必须承诺向他们的学生进行民主基本精神的教育，我们也可以将这种承诺作为允许其办学的条件之一。但实际上，对学校的承诺很难进行监督。名义上的承诺或者遵从可以轻易掩盖学校里真实的所作所为。埃米·古特曼（Amy Gutmann, 1987）曾经对一些独立私立学校进行调查研究，揭示出这些学校存在的许多问题。她的结论是，允许这些学校存在比禁止它们更符合民主原则。但是，允许它们存在不意味着花公民的钱去支持它们。今天对政教分离原则的遵守显得比以往任何时候都更加重要（Jacoby, 2004）。

有些人认为，钱应该跟着孩子走。也就是说，政府应该只管出钱，由家庭决定把钱花在哪里。这个似乎就是前面提到的赛泽的主张。但是，这些人应该认识到，政府也有责任保证所有孩子至少有机会接触一个民主社会给他们提供的基本权利。我们也许不能禁止家长以反民主的宗教或者其他意识形态来教育他们自己的孩子，这样的禁止有悖于我们对民主的承诺，但是我们也必须强调，公立学校和任何公共资源必须用来教育孩子，使他们认识到在民主社会他们所拥有的机会，以及他们的国家对所有公民参与公共生活的承诺。政府资助的学校选择计划必须是以教育为目的，不能支持任何宗教信仰或者意识形态。这应该成为选择计划的最基本原则。

回归关心

传统与进步学校都可以进行关心的教育，尽管方式可能有很大不同。传统学校的课程以学科为中心，关心内容只能在学科课程里出现，教师要将关心视为学科内容的组成部分来对待。一些传统学科教育的忠实拥戴者同样非常强调存在主义问题，诸如：我是谁？我应该成为什么样的人？我在大千世界中的位置在哪里？我应该怎样与其他人交往？传统教育者主要依赖哲学和其他古典名著来回答这些问题，他们认为这样做可以满足学生的需要。艾伦·布卢姆（Allan Bloom）曾经写道："真正的教育必须对人们的需要做出回应。"（1987, p.19）布卢姆的主张与我在这本书里所阐述的模式的根本区别在于，我们对人们的需要有不同的认识。他坚称，学校要满足的需要必须是"全人类共同的永久的忧虑"（p.19）。这样，在了解他的学生之前，他就宣称知道了他们的需要，知道了人类不变的本性是什么。

进步主义教育者也关注那些存在主义的问题，但是我们同时想回应普通人在每一天可能面临的各种问题：我干什么来养活自己？我能对动物们做点什么？哪些物品我应该珍惜？成为一个父母意味着什么？朋友的真谛是什么？在当今世界，公民的标准是什么？

进步教育者不仅仅在认同哪些需要上与传统教育者有所区别，在如何对需要做出反应、如何回答那些各种各样的问题上，我们也有独到的见解。虽然我们尊重学科知识和古典名著，我们同时也愿意利用当代资源帮助学生在他们所熟悉的领域获得教益。这些领域也许并不完全为我们所熟识。引导我们探索关心主题的是询问、对话、反思和回应，而不是一套特定的书籍。

我在本书第三章中指出，我们所熟悉的标准的人文学科教育具有重大缺陷，已经不适合继续成为今天普通教育的蓝本。这是传统教育与我所主张的不同模式教育的根本区别。多数学生现在认为，学习那些各自独立、互不相关的学科知识困难乏味，与他们的真实生活没有多大关系。不管在学校里多么用功，一旦考试结束，所学的那些东西就会很快忘记。我相信我们更有理由围绕关心来安排教学，鼓励学生开阔视野去寻求各种各样问题的答案。也许我们也会将传统教育者所珍视的古典名著包括进来，但是我们只会邀请而不是要求学生去读这些名著。我们绝对不会像罗伯特·梅纳德·哈钦斯（Robert Maynard Hutchins, 1964）那样，认定学生必须首先掌握这些名著，然后才能开始他们自己关于人生的探索。哈钦斯和布卢姆一样都认为只有学习这些古典名著及其他约定俗成的学科知识才能有效地探索人生重大问题。他们没有认识到，我们实际上可以在生活的各个方面来探索人生的真谛。我们不仅仅在书本上发现问题、寻求答案，我们还可以在任何感兴趣的地方获得人生的灵感和意义。

我相信，学校里任何课程都必须探索关于人生的各种各样的重要问题。虽然我认为需要对学校课程进行彻底改组，我也认识到，这样的改革在当今条件下还不大可能。鉴于此，我提出，每一个现有科目应该从里向外扩展，这一改革是可行的。作为一名前数学教师，我知道可以在数学课上探讨关心问题。这样我们就不必完全依赖文学、哲学等学科去进行有关人生重大问题的教学。我们都知道，今天，即使这些学科也没有很好地完成这个任务。在标准化考试的压力下，教师都忙于给学生灌输阅读材料中可以死记硬背的东西，根本没有时间开展有意义的讨论和对话。我们必须要求关心的主题贯穿于学校全部学科。

所有孩子，不仅仅是那些在学术上有天赋的学生，都可以接触关心问题。接触的途径可以各种各样。年纪小的孩子可以阅读苏斯博士（Dr. Seuss）的书来认识什么是友谊。对稍大的孩子，"哈利·波特系列"可能更加适合讨论同一问题。对即将告别青春期的十七八岁的孩子来讲，关于友谊最好的故事是约翰·诺尔斯（John Knowles）的《独自和解》（*A Separate Peace*, 1975）。当然，感兴趣的青少年们还可以从亚里士多德的著作里学到关于友谊的见解。教师应该有能力帮助学生理解亚里士多德。但是，记住，我们不应该要求所有学生都阅读那样的古典名著，并且要通过关于名著的考试，这样做将会是利少弊多。我们的目标是激发孩子们对名著的兴趣。我们只能向孩子们提出建议，发出邀请，与他们分享阅读伟大名著的快乐及感激。

反应是关心的核心，也是关心教育的核心。关心要求反应，这是显而易见的事情。当我们关心别人的时候，我们尽可能地关注别人表达出的需要，并且对其进行适当反应。当然，我们有时候也拒绝别人的要求，或者因为我们没有资源去满足提出的需要，或者因为我们觉得别人的要求没有道理，甚至因为那个要求不符合道德标准。即使在这样的情况下，我们仍然试图支持任何关心关系。这可能很难，但是我们的目的从来都是与他人连接，努力让我们自己和别人的生活变得更好。我们不想疏远、排斥或者战胜别人。

我的关心思想超越了一般的道德主体范围。当关心动植物的时候（第九章），我们并不期望动植物会回报我们以关心。动植物没有能力履行我们才有的道德主体性。不过很多动物有能力对我们的关爱进行反应，用它们的爱来回报我们。大多数动物都有能力感知痛苦并对痛苦的减轻进行反应。植物也许不能像动物那样感觉痛苦，但任何与植物打交道的人都知道，植物对人们的关心有所反应，如果你的关心不够，植物会显出迹象告诉你，它们需要你的关心。

相比起来，关心人类创造的物质世界和知识可能更难被学生理解（第十、十一章）。但是孩子们有必要考虑关心建筑物、家具、道路、机械设备、日常用品以及艺术品。我们应该怎样保存工具和物品？能否改变现在很多人用完就扔的习惯？什么东西值得我们珍存？没有生命的物品能感觉到我们对它的关心吗？它们怎样对我们的关心进行反应呢？

也许没有几个学生真的相信，他们每一天被强迫学习的学科知识具有什么反应的能力。但是不少伟大的艺术家、数学家、作曲家、文学家还有科学家都说过他们如何与他们打交道的思想或问题互相交流和沟通。在我自己的教学生涯中，我有时也建议学生暂时停止思考，特别是停止强迫自己去思考一个解决问题的办法。我告诉学生，凝视你要解决的问题，倾听它，邀请它与你同行、与你为伴。然后你会发现，你想方设法要解决的问题可能会以某种不可思议的方式向你表达，向你展示它自己。你觉得这是浪漫的痴人梦呓吗？可是大量的传记作品都可以说服学生，知识世界的确具有反应的能力（Noddings & Shore, 1998）。

在本书里，我们主要关注的就是学校里的关心和反应问题。我早就认为，当今的学校正在忽略那些不会接受高等教育的孩子。我曾经引用前劳工部长威廉·布罗克（William Brock）对我们的警告：如果强迫每一个学生都去学习单一的学术课程，那么我们将失去越来越多的学生。用他的话来讲，"一点也不奇怪这些孩子辍学了，因为整个系统都在对他们说：我们不在乎、不关心你……"（1990, p.14）今天，情况变得更糟。我们似乎已经决定了所有孩子都应该上大学。这样，我们就在欺骗那些对学术课程没兴趣的孩子：一方面，在单一标准化的学术课程体制下，这些孩子感觉自己成了失败者；另一方面，他们被剥夺了学习他们可以大有作为的非学术课程的机会。我们必须提供更多资源，完善学校里的职业教育课程。这些课程可以轻易地包括关心的主题。

读者朋友，请与我一起进行一个思想实验。假设我们要养育这样一个大家庭：我们的孩子来自不同的种族背景，智力水平不同，体能状况各异，兴趣爱好也五花八门。我们必须尊重孩子的这些合法的发展差异。同时我们也应注意到，有些知识和技巧是他们都应该掌握的，有些是他们都应该有所了解的。这些知识和技巧对他们自己的人生选择将有所裨益。我们总的教育目的是鼓励有能力、关心人、懂得爱人也值得别人爱的人的健康成长。那么，我们应该如何教育这些孩子呢？

第一章

深刻的社会变化与肤浅
的教育反应

第二次世界大战以来，我们的社会发生了巨大变化。在工作方式、居住稳定性、建筑形式、性习惯、服饰、人际交往、语言、音乐、娱乐等方面，变化无处不在。最重要的变化或许来自家庭。面对这些社会变化，学校尚未进行有效的反应。虽然不是无动于衷，但是反应迟缓，而且局限于技术层面。添加各种各样的课程，或者强调某些狭隘的教学法是最常见的例子。对广泛深刻的社会变化，学校基本上是忽略的。其应对策略不过是针对一些具体问题的改进，显得零散而孤立。在本章中，我将描述一些社会变化以及学校面对这些变化所采取的对策。

今天，走进任何一个典型的学校教室，都会发现，孩子们来自千差万别的家庭。有的孩子父母双全，都在工作；有的孩子来自单亲家庭；有的孩子拥有同父异母或同母异父的兄弟姐妹；有的孩子与兄弟姐妹毫无血缘关系；有的孩子与养父母住在一起；有的孩子根本就没有父母。美国女童子军（Girl Scouts of America）最近所做的一项调查显示，一百个孩子中就有一个声称，没有成人真正关心他。在那些最穷困的孩子中，这么说的人占7%。百分之几似乎是很小的比例，但是想一想，全国范围内，这个数字有多大！再想一想，孩子们是多么渴望有人来关心他们，又有多少人会骄傲而慷慨地给予孩子关心呢？

很多孩子每天搭校车上学。教师可能对自己的学生住在哪里都不清楚，至多有一个模糊的概念。美国女童子军的调查显示，只有三分之一的孩子称他们的教师关心他们。年龄越大，这样说的孩子的人数越少。只有 7% 的孩子说，他们有时会向老师请教问题。孩子们不仅对老师缺乏信任，也缺乏最基本的对他人的尊重。据报纸报道，记者在一所高中了解到，当一名教师批评一名考试作弊的学生时，那个学生满不在乎，竟然还顶嘴说："你这个人有什么毛病吧！"（Simon, 1990）

任何一天，任何课堂上的大多数学生，都会在前一天晚上观看到充斥着谋杀、打斗、性爱、战争和（或）竞技体育等内容的电视节目。在很多学校，特别是中学，规模越来越大。学生在 1200 至 2000 名之间，甚至更多。在校园里，教师往往不能分辨哪些是自己学校的学生，哪些是校外的陌生人。有些学校设有警卫，也制定严格的出入校门规章制度。在有的学校，学生甚至要持通行证才能使用卫生间。在卫生间里，他们可能会遭到语言上和行为上的骚扰。在卫生间外面，则会有学校管理人员拿着钟表计算时间，严防他们四处闲逛，惹是生非。

现在学生们最大的抱怨就是："没有人关心我们！"（Comer, 1988）他们感觉自己游离于学校功课之外，与教师也格格不入。世界在他们眼里充满困难和敌意。他们如浮萍一样四处飘荡。然而另一方面，大多数教师都勤勤恳恳地工作，并且声称他们心里装着学生。教师们也许确实愿意关心学生，这很重要，但问题在于，他们无法与自己的学生成功地沟通，建立关心和被关心的双向关系。

过去的学校并非如此。当我丈夫和我读高中的时候，我们知道老师关心我们，我们能时刻感觉到他们注视我们的目光。四年里，我的数学老师是同一个人，拉丁语和体育也是这样。历史老师和演讲老师三年也没有变。科学老师和英语老师虽然每年都换，但是这两门课都上了四年。读到这里，有的读者可能会想，学校应该是那样子的嘛！让学生学四年英语、拉丁语、数学、科学和历史！甚至演讲都上三年！太好了！事实上，并非一切都尽如人意。我们的很多教师并不精通所教的科目。但是，他们了解我们，与我们交谈，鼓励我们。我们的学习负担也并不是很重。一旦暑假来临，我就精神不振，因为我不愿意离开学校那么长时间。学校已经成为我的第二个家了。

如果在学校度过幸福时光，自然对其难以忘怀。但是，不能将孩子的未来建立在这种怀旧梦里。往昔岁月已经一去不返。过去，我们的社区很小，人们之间交往密切。而现在，这种小型社区已经很难恢复了。我要强调的是，必须明确承认，以传统学科为基础的课程设置，并不是对学校教育的重大贡献。课程总是被宣传为教育改革的关键环节，大量金钱被投入课程改革。但是聪明人早就不止一次地评论过，课程内容改革不是我们要找的答案（Bruner,1971）。

我同意布鲁纳的观点，即课程本身改革不能回应现在学校面临的社会问题。这些问题比布鲁纳当年更为严重。这样讲不等于说课程改革对解决这些问题毫无作用，但是，用所谓的标准课程来修修补补确实无济于事，真正的变化必须来自学校环境。

对课程标准化的强调不仅无益于学校改革，而且实际上还可能导致学生更为严重的游离行为。1950年代末到1960年代，我们看到一个"学科结构化运动"。人们发动那场运动，以回应被广泛认同的所谓国家对技术精英的需求。卷入这场运动的学者和教育工作者刻意强调理解各个学科的基本结构、原则和方法（Bruner，1960）。数学家、科学家和语言学家们不仅献计献策，有时还亲自上阵参与课程改革。心理学家和哲学家们则在那里从早到晚地描述和辩论：到底该如何教一门学科的结构？因为担心自己国家在与苏联的国力竞争中落后，联邦政府大力支持各种课程开发和教师培训项目。对于教育理论家来讲，那是一个野心勃勃的年代。人们认为，如果找到了正确的教学方法，那么没有什么是不可以教的。

这场运动的一个重要主张就是，学校规模要大（Conant，1959，1967）。规模不大的话，怎么能够既开出物理、高等数学和几门外语课给学生，又能有利于学生智力开发，还要在经济上划得来呢？而且，人口增加的压力也相应要求增加新的大型服务设施。于是，开始淘汰小规模高中，在大型类似工厂的"高效"学校里开设具有学术挑战性的课程。我上高中时，一个毕业年级如果有100个学生，已经大得不得了了，而现在我孩子所在的年级里，已经有400甚至500人了！

教育工作者在那个年代仿佛置身于一种智力狂热之中。作为一个高中的数学部主任，我负责在整个学区推行新的数学课程。这并不是一个完全错误的行动，因为老的数学课程的确是落后于时代了。尝试新的东西比继续教那些陈旧课程更使我兴趣盎然。我着迷于那些环、域、互换性、恒等式、传递性、逆阵相乘性等数学概念。我的很多学生对此也同样有兴趣，他们高中毕业时对微积分、概率、抽象代数和现代几何都有了相当程度的了解。但是，数学并不是对所有学生都有吸引力。很多学生就是看不到逆阵相乘性与实际生活有什么联系。不少学生甚至经常把上述几个概念的名字拼错。对他们来说，那些概念就是概念，没有实际意义。最后，我们终于从梦中清醒，但是并不快乐，因为我们不得不放弃这种挑战性课程。以公平的名义，我们放弃了实际上是给智力天才设计的课程。我们很快走向另一极端——回归基础。

随后我们决定，课程可以简化为具体的"行为目标"。教师们被告知，在教学过程中，一定要清楚地阐述让学生做什么，在什么条件下做，要达到什么标准。让我们看一下五年级数学的一个典型的行为目标吧：

做十个类似于"$\frac{2}{5} + \frac{1}{3} = \quad$"的练习。学生可以通过增加分母来改变分数，分母最大可以到 24。给出每一个分数加法的答案。10 道题之中至少要做对 8 道。

专家们在全国各地巡视，指导学校领导和教师如何精确写出既定的教学目标。必须准确地阐明让学生做什么。不能说类似于"学生们将可能……"之类的话，因为如此模糊的目标是无法考查检验的。后来，教师们又被要求将评估学生的手段具体化。用考试？

是纸笔考试吗？考多久？在词语、数字和其他变量上有什么限制？写文章的话，要写多长？什么样的句型、内容和形式？要不要采取口头演讲的形式？要不要做研究项目？最后，教师们不得不制定出详细的标准，决定到底哪些东西可以反映学生的学业成绩（Mager, 1962）。

全国上下各个州的学区都在认认真真地做这些事。但是，很多教师实际上在搞妥协。他们只是集中于考查学生具体会做什么，却忽视了物质条件和真正的教育标准。繁文缛节被大量生产出来。在每个学区几乎都能发现，装订成册的文件整整齐齐地摆放在课程办公室的书架上，甚至成捆地堆在仓库里。我经常想，真不知道有多少人力和时间投入这项浩大的工程里，整个工程又耗资多少！

我们中有很多人曾经反对这个行为目标运动（Eisner, 1969）。我清楚地记得第一次接触这种教学方式的情景。我在我的家庭书房里听到学生们复习历史。他们拿到了所有的题目，在互相商量答案。天啊！这些孩子可真的会考试！他们在作弊！他们可都是好孩子呀！有的还是我课上最好的数学尖子！且慢，令人欣慰的是，没有欺骗的事。原来是他们的老师正在尝试行为目标考试法，他搞来考试样题，告诉学生："你们将来的考试卷子就是这样子，抓紧弄懂吧！"

这是一种启迪智慧的新教学方法吗？从一个角度来看，它听起来蛮明智的：如果你要孩子们学习，那么当然要告诉他们，你希望他们学什么。首先搞清楚你要他们做什么，然后明白无误地告诉他们。和我当年的老师用的方法比，这个听起来既公平又容易。那时候，每当我们问老师下次考试要考什么，他总是说："什么都考！"

但是，这种方法是理性的教学方法吗？想一想，我们曾经为一些具体的目标学了多少东西，又多么快地把它们忘掉。我们记了一个电话号码，穿过房间，拨号，交谈，然后很快就把它忘了。我们将车停在机场停车场三天，回来的时候还清楚记得它停在 K 区 14 号，可是再过几天就把这些信息忘得一干二净。如果孩子们为一个具体的考试去记一些东西，那么会不会发生同样的事情呢？如果让孩子们掌握的知识和技巧是一些在将来的学习过程中反复应用的，那么遗忘的问题可能就不会这么严重。当然，这样的话，教师和课程制定者们就需要花费时间来认真分析，明确哪些为一个具体目的（考试）而学的东西是未来有机会应用的东西。但是，很少有人去做这个工作。

在很多学区，目标教学经常被模糊地误解为能力教学，成为毕业考试的核心。为通过这些考试，学生们刻苦学习。为了帮助他们，教师往往把一些大问题肢解成小问题，然后让学生通过小的考试。实际上，在很多学校，教师们不无骄傲地告诉我，他们的学生考得很好。我们中的很多人曾经担心，学生将无法通过这些新的以行为目标为内容的考试，可是他们居然通过了！把学习过程分解成可控制的部分，然后毫不含糊地告诉学生需要做什么，这样一来，教师们发现，学生不仅学到了东西，并且通过了考试！我对此印象深刻。这种新的教学法的确带来了学生标准化考试成绩的大幅度提高，但是，它并没有真正提高教育质量。在一定时间里，孩子们会做"$\frac{2}{5}+\frac{1}{3}$"，特别是当他们知道这是他们要学会的全部东西的时候。可是过一段时间，譬如当学年结束的时候，再让他们做"$\frac{2}{5}+\frac{1}{3}$"连带"$\frac{7}{8}\div\frac{4}{5}$"，他们就不会做得那么好了。这种病态的结果进一步证实，我当教师时产生的那个直觉性的担心是有道理的。

很多读者恐怕对我刚才的担心不以为然。他们会觉得我们这些教育研究工作者和教育学教授有点迂腐。实际上，我刚才大加批判的方法也并非一无是处。假定我是一个教几何的老师，我很快就要教勾股定理及其应用了。众所周知，勾股定理非常重要，在解决理论数学与应用数学问题上都大有用途。它的很多应用问题涉及平方和根的概念。了解到这些情况，对将应用的重要概念都已经做到心中有数了，我可能会在三四天内，以行为目标来指导我的教学。我甚至可能偶尔来测试一下学生对这些目标的掌握程度，但是，我不会期望以这些测试来检验学生是否真的学到了重要的知识。我只是想看一看，我的教学和指导是否是充分的。而且我将告诉学生，我之所以这样做，是想使他们尝试更多有趣的办法来解决问题，特别是富有挑战性的问题。我不会让那些没有规律的算法技巧把学生的注意力从更重要的数学问题上分散开。学生并不是在学习如何求12的平方根，或者记住1到25之间整数的平方以应付一个考试，然后再把它们都忘掉。他们应该学习那些能够适用于未来学习和工作的知识和技巧。这些知识和技巧能够帮助他们开放思维，理解概念，解决实际问题。

那些曾经主张而且仍然在主张行为目标教学法，特别是主张将其与学生学业成绩挂钩的人，对教育理论的发展还是有贡献的。如他们所言，我们的教学努力应该在学生身上以一种可观察的形式体现出来。这不能说不重要，但是他们走得太远了。他们中的很多人依旧认为，刚才提到的那些关键性的概念本身可以用精确的目标反映出来。这种想法的问题太大了，大得足以抵消他们的贡献。什么是思考？思考是确定问题、定义问题、解决问题、从问题中总结规律的过程。思考者在这个过程中是需要自由的，需要从概念的束缚中解放出来。这是另一种不同方式的学习过程，真正有智慧的教师明白这个道理。

教师们对这个行为目标运动还有其他的疑惑。我工作过的一个大学区曾经推行目标教学法。但小学数学教师在实际教学过程中需要帮助。他们问我：如果你不知道怎样让孩子们去做一件事情，那么你把这件事情阐明得再清楚又有什么用呢？小学教师当然一直就知道，五年级学生应该有能力解决"$\frac{2}{5}+\frac{1}{3}$"这样的问题。可是，到底应该怎样教分数加法呢？目标教学法运动并没有在实际教学方面提供什么启发。

教师们也有一些伦理上的考虑。上面提到的那个学区的大校长曾经告诉他的教师，他不关心他们如何使孩子们学习。"你可以不择手段，为所欲为，我只关心结果。"教师们知道，他们的上司并不是真的如此忽视教学的过程和方法，但他这样说，还是使这些凭良心做事的教师接受不了。这些教师将教学视为道德的事业，这样的事业并不是用结果就能证明一切的。当然，教师可以自由地运用专业判断力来选择教学手段，但是他们在教学结果上却没有发言权。这有悖于他们的职业精神，自然对此持反对态度。理论家总是试图将教学建立在某些条条框框之上，但是，学生可能并不总愿意按照老师规定的目标做事。其实，学生可能更加关心学校课程里没有的东西。理论家坚称，教师有责任去激发学生学习的兴趣，可是事实上，教师和学生之间的距离却是越来越远。在试图找到一种最佳学习方法的过程中，教师和学生变成实验室里的实验者与被实验者。

人们试图将教与学简化为一种能够自圆其说的方法。这种愿望与科学、认识论和伦理学领域中的一个发展趋势一脉相承。这种趋势被很多当代理论家所批评。女权主义神学家玛丽·戴利（Mary Daly, 1973）将这种追求称作"方法至上"——对方法的顶礼膜拜。众多哲学家、科学家、伦理学家从笛卡尔时代起，就试图为人类找到一种一成不变、完美无缺的方法。他们似乎忘记了，人类是被各种客观条件所制约的，是活生生的、需要自己思考和做决定的动物。方法变成了最重要的东西。娜奥米·谢曼（Naomi Scheman, 1989）对此评论道：

> 无论是理性主义者还是经验主义者都认为，不管什么人，只要他按照一定的方法去学，就能够获得知识，而且他所得到的知识与其他掌握同种方法的人所获得的完全一样。这样，可

复制性就成为可信实验的标志。同理，普遍性也成为可敬道德思想的特性。不管你自己有什么特别之处，你与谁有特别的关系，也不管你处于什么特别的环境，这些都无关紧要。你已经置身于这样一种境地：你必须严格按照既定的方法去做，精确设计的方法使你的任何判断都与你自己的任何特别性分离开来。（p. 41）

认识论学者已经开始质疑，是否这种对方法的固执强调产生了所谓的客观性。伦理学家也已经向所谓的道德普遍性发起挑战，指出其作为方法论对道德敏感性的损害。一些教育理论家也主张，教师不应该被当作可变来变去的实验工具。何种教师，什么样的学生，师生合作能够产生什么效果，不合作又会怎样，这些都是教学设计时应该考虑的重要因素。

教育研究者和一般行为科学研究者都错误地认为，一成不变的方法可以取代个人差异。这种企图只会加剧学生的游离。研究者们往往试图决定 A 或 B 哪个是更好的教学方法。他们尽量忽略教师和学生的特殊性，而试图使 A 或 B 所处的环境具有可比性。他们尽量控制尽可能多的变量。然而问题在于，教师并不具备物理上的可变性。教师不是传送系统或者处理工具。孩子们也如此。课堂上一个顽皮的笑或许就会改变接下来的教学。

并非只有教育工作者才对方法如此神经质地着迷。父母们也总在寻觅一条培养孩子的捷径，以便减少在孩子身上花费的时间。我们总是在探索，试图提高时间的利用效果。校长们举办各种讲座，想使所有教师都变成精明的管理者。而现实是，有的教师已经是这样的管理者，有的不想成为这样的管理者，有的则需要持久而耐心的帮助才有可能成为这样的管理者。行政官员们经常想当然地认为，一定有这样一种方法，可以让教师每年都接收150到200名新生，同时又能创造一种关心的氛围，就像我的老师们当年关心我们那样。本书要传达的一个信息就是，这样的方法根本就不存在。人并非总以方法行事，也许只有在和物体打交道时才可以。那种简化过程叫自动化，而自动化不适用于人际交往，不适用于教学。

对普遍适用的教学法的寻觅很快就有了一个结果。有了那么多教育研究的铺垫，出现这样一种方法一点也不奇怪。研究者们不去想学生对那些仔细制定的教学目标是否感兴趣，而是认为，如果目标达不到，那一定就是教学上的失败。教师们被培训应用五步或七步标准教学法：简短回顾前一天的教学内容，阐明当天的教学目标，讲解新内容（用小的可控制的步骤），检查学生的理解程度，辅导练习，再检查学生的理解，让学生单独练习（Rosenshine & Stevens, 1986）。我当数学教师时，在教勾股定理及有关知识之前常常要训练一下学生的技巧，就是采取上面的策略。那个所谓的标准教学法已经成为每一个数学教师的教法核心框架。没有人清楚那是否应该成为标准，但事实上它就是标准。

真正的问题在于，所谓的标准教学法在很多方面几乎都是派不上用场的。你无法用它来教核心概念，它也不能帮助你使学生真正参与解决问题、深思熟虑、创造性地表达观点、合作攻关以及澄清混乱的过程。即使上一些普通的技巧发展课，你也最好尝试其他不同的方法。譬如，很多时候，我们可以先看一看，学生面对一个新问题时可能怎样反应，然后才开始讲解。或者干脆先让学生自己尝试解释，探索不同的思路。在教代数分数除法的时候，教师完全可以先提出一个问题，然后问学生：你们看该怎样解决这个问题？在教师正式讲解之前，完全可以让学生单独或者协作尝试解决一下问题，学生的尝试很可能非常有助于教师最后的总结。所以，所谓的标准教法不仅对那些要求高级思维的教学任务没有多少益处，对基本技巧的开发也并非总是适用的。再者，如果我们把它视为技巧发展的方法，而不认为它有助于真正的智力开发，那么实际上我们陷入这样一个误区之中：把开发技巧和理解概念割裂开来，而实际上它们是不可分割的。

正像过去教怎样写行为目标的讲座席卷全国一样，现在到处都是关于标准教法的讲座。很多学区还会评估教师对标准教法的掌握情况，评估过程通常涉及这样三个至关重要的问题：这个教师是否有一个表述清楚的教学目标？她是否在应用五步或者七步教法？这个教师是否有一个管理得很好的课堂？显而易见，这种实践的目的在于控制：对教师的控制，对学生的控制，对教学内容的控制。

这样，狭隘阐述的行为目标与应运而生却同样墨守成规的标准教法结合在一起，毫不奇怪，这种结合令人厌倦。厌倦和无聊导致教师所说的学生"随机行为"的出现。这种随机行为自然无益于教师手头上的教学任务。教师们还常谈论另一种"逃离任务"行为。这两种说法都认为，学生没有接受教师的教学任务，也没有确定他们自己的学习目标。记得我读高中的时候，这样的行为不过被认为是小孩子不可避免的行为过错而已，至多被视为与老师作对，违背老师意志。这种违背显示学生的目的与教师的目的不合拍，解决办法自然是教师与学生之间在课上或课下"好好谈一次"。作为一名不安分的青春期少女，我自然与我的老师有过很多次这种不合拍，从而也分享了很多次这样的谈话。

追求一种普遍适用的方法，旨在避免不愿看到的行为的产生。这也导致了教师与学生不能一起认真探讨那些行为。关于"严格课堂纪律"的各种讲座和研讨层出不穷。这些讲座的一个主题思想就是：教师不应该中断合乎标准的、对完美学习目标的追求，而不得不处理学生随机产生的游离于学习目标之外的各种行为。教师应该简单地制止那些行为。上课时看到吉米与芭芭拉偷偷聊天，史密斯小姐就把吉米的名字写在黑板上。过了一会儿，当吉米把一个写有"我爱你"的纸飞机投向芭芭拉的时候（就像我丈夫当年在英语课上经常对我做的那样），史密斯小姐就在黑板上吉米的名字旁边画上一个勾。如果再有一个勾，那么等着吉米的就是放学后待在学校不许走，或者进校长办公室挨训。所谓严格纪律的出发点就是要将教师从维持课堂纪律上解放出来，而在主要任务上集中精力，把各科教学搞好。

我要说的是，这种课堂教学并不应该成为教师的主要任务。它当然是一个任务，而且是一个重要的任务，但是，我质疑这种把一个教育机构的多种功能集中于一个主要功能的做法。我认为这种集中很可能是一个错误，因为所有的机构和人都拥有各种各样的目的和目标，而这些目的和目标又经常随时随地转移和变化侧重点。如果一个学校要有一个主要的目标，用它来建立和协调其他目标，那么这个目标应该是培养学生成为健康的、有能力的、有道德的人。这是一个伟大的任务，其他所有任务都应该为其服务。在培养学生学术竞争力的同时，我们不能忽略学生本身，包括他们的目的、焦虑和相互关系。我的观点没有反智主义的倾向，而是有关重新确定轻重缓急的问题。智力开发当然是重要的，但它不能成为学校的首要任务。

应用于课程、教学和课堂管理方面的三个模式（"行为目标""标准教法"和"严格纪律"）表明，确实存在这样一个教育运动，它被一种强化控制的意识形态所指引，被一种对方法论的追求所左右。这样的思想认为，教师、学生、师生关系这三者与成功的教学没有关系，成功的教学本身成为学校教育的首要目标。在那些模式里，一旦选择了目标，教师就必须依附于它，就必须在标准教法的狭隘范围内想方设法达到目标。教学目标几乎都是围绕认知发展的。除认知能力以外，学生自身发展方面的其他目标都被忽略了（实际上像那些所谓"随机行为"一样被否认），除非这些目标碰巧与教师的目标吻合。

对这种方法论模式的重要批评其实早就出现了。20世纪初，约翰·杜威（John Dewey, 1902）建议以一种"关系中的生活"来建构教育和民主。他强调，学生必须自己来建构他们的学习目标；必须自己寻找和分析问题，而不应该强调解决事先准备好的问题。他认为，学生必须学会在与人合作的过程中解决问题，因为以后他们在工作场所也需要合作。他强调，在所学和个人经验之间，应该存在一种有机的联系（John Dewey, 1916, 1938）。我的大部分主张都与杜威的思想相吻合，但是，很多时候我将会超越他而提出新的想法。譬如，批评者从来都认为，杜威的思想具有反智主义的倾向，而他自己很多时候也是在反驳这一指控。这样的结果可能是，他从来没有真正地向传统学科发起挑战，而仅仅批评学校里对传统学科的过分强调以及蹩脚的教学安排。

后期的教育改革尝试也难逃类似命运。在《教室中的危机》（*Crisis in the Classroom*, 1970）的引言中，查尔斯·塞尔贝曼（Charles Silberman）矫正了他早期重视认知目标的立场。他说："未来所需要的并非是成堆的知识分子，而是大量受过教育的人——会感觉、会行动也会思考的人。"（p. 7）塞尔贝曼最终对任何以智力开发为唯一或首要任务的教育课程都失去了信任。有感于德国大学与纳粹主义兴起的关系，他指出，重智主义不能有效抵御道德沦丧。在这一点上，他无疑是完全正确的。

可惜，塞尔贝曼的真知灼见没有获得足够的重视。有人曾经在小学进行了一些开放教育的尝试。一些理论家也提出过在高中进行同样尝试的看法。但是他们面临同样的问题：如果按照这个原则来进行教育改革，那么学生成绩会发生什么样的变化呢？自然，这个问题并不代表真正的对智力发展的关心，而更多是出于对竞争，对争名分、排座次这些事情的关心。

在开放教育刚有了一点希望的那些令人兴奋的日子里，我正是一个学区负责数学和科学课程的主管，同时也是一名博士候选人。那时我所在的学区学生成绩很好，在大部分考试中都名列前茅。家长们因此也都很支持我们的工作。忽然有一天，我们那位年轻的学区大校长心血来潮，义无反顾地在四到六年级进行大刀阔斧的改革。家长们的态度是：改就改吧，但是可不能让考试分数降下来。

不幸的是，分数还是降了下来。我相当清楚地记得那一天，我们学区的大校长、初中校校长、学校心理学家、两个课程主管（包括我自己在内），团团围坐在一张会议室桌子旁，仔细统计考试成绩。我们都满怀期望又心存焦虑。结果是，成绩确定无疑地下降了。为什么？为什么？为什么？我们如何向支持我们改革的学区董事会成员们交代呢？原因当然不难发现，董事会反应也算平静。我们提出需要更多的时间，他们最后接受了我们的请求。但是这次，分界线画得很清楚，孰轻孰重也摆在那里了：不能做任何会导致考试分数下降的事情。你爱怎么改就怎么改，只要能提高考试成绩，至少别降低。

美国教育的钟摆就这样在这些基本的行与不行之间摆动。可是真正的改革必须从教育目的和目标方面入手，而不应该只在途径方法上小打小闹。不幸的是，美国公众从来也没有真正理解在教育目的上进行改革的重要性。塞尔贝曼自己清楚地意识到了这一要求，但是，重视学术的传统如此根深蒂固，他也无法将自己或者开放教育运动从其中解放出来。他仍然不得不强调，通过改革，孩子们将会学得更多而且更好。我们没有听到他说过这样的话："也许孩子们不会懂那么多数学和历史，但他们会成为更好的人！"

今天的状况很可能比塞尔贝曼当年描述的更糟，因此我们更需要他当年探索的那种改革。教室应该成为这样一个地方：学生在其中合法自由地展示和探索他们多种多样的人生目的。伴随着强烈的好奇心和探求欲，教师和学生共同生活和成长。我们必须追求人的全面发展，这种追求不会压制和阻碍学生的智力发展。即使有这种妨碍的可能性，我们也应该愿意冒这种风险，因为我们更愿意看到学校培养出这样的人：他们能够与别人和平相处；他们善待自然环境；他们待人接物都追求一种理智与和谐。为了真正地改革教育，为了摆脱那种钟摆似的循环往复，我们必须抛弃视学校首要任务为开发智力这样的陈词滥调。我们也必须放弃那种认为任何机构——无论是家庭、学校、教会，还是企业——都只有一个稳定的主要目标的观点。这种观点认为主要目标为唯一目标，而且它统领和控制其他目标。

学校教育改革忽视了社会变化。但是有些读者对我的观点可能会不以为然。很多批评者已经提出了与我相反的意见，担心学校无法追求合法的提高学术的目标。学校的责任不是已经太多了吗？学校要管学生的吃、行、安全和发展。学校要开这么多的课：驾驶教育、性教育、职业教育、反毒品教育和家长培训。那么，学生不会阅读、不会做数学题一点也不奇怪了，因为他们的时间所剩无几了。何况那些额外科目还需要很多条件，诸如行政辅助人员和设施，如此一来，教育的开销就更大了。

　　整个教育系统似乎精疲力尽，陷入危机之中，但这主要是因为这个系统只会用一种思路行事：例行公事般地追加课程和服务。学生们在被喂养着。这种喂养哲学的核心是"饥饿的孩子不能学习"。而我们真正需要的是富有爱心的人们来哺育饥饿的孩子。学校的学术目的主导一切。教师在灌输，在填鸭，但却很少想过，在为孩子提供食物的同时，是否也应该提供体贴与关爱。最好的家庭愿景应该是这样的：大人陪孩子一起吃早餐，询问孩子今天怎么过呀，有什么计划呀，英语课上要讲的故事是不是准备好了呀，晚餐时我们可要听你讲老师如何喜欢你的故事。满足孩子的身体需要当然是重要的，但哺育他们的精神更重要。当我们用校车将孩子从一个学区转移到另一个学区，名义上是为了实现所谓的种族平衡，实际上呢，我们并没有认真审视这样做是否真正有利于孩子的身心健康。我们更需要创造一个来自不同种族背景的孩子能够在一起和平共处的环境。过去大家共同享受的良好社区与集体环境今天几乎不存在了。我们根本就不去想如何恢复那种环境，只想给学生提供更多的各科专家、电脑、高级数学和补充阅读材料。为什么不能想一想，是不是应该给每一张学生餐桌配一名成人？为什么不能创造更多的对话、连接和归属感呢？

将孩子视为一种宝贵的资源，这似乎成了一种公民意识。我们教他们数学和科学，因为我们不想浪费资源，我们要在世界竞争中立于不败之地。多少年以前，我们美国人就开始爱上了迪士尼童话中的小孩子，就是那些脸上生有雀斑、不喜数学和语法、愿意钓鱼不愿学习的淘气小鬼。我们仍旧喜爱故事里的孩子，但在现实世界中，评判孩子的标准却变成了他们的语文和数学成绩。孩子变成了可供成人利用的一种资源。

任何一个孩子在我们生命中的位置都不应该只取决于他在学术方面的能力。当今，许多年轻人都不能融入我们强调和灌输的这种教育模式。我们再三宣称"所有孩子都能学习"；我们甚至坚信他们都能学好学校教的任何东西，只要我们教得好，他们也努力学。如果他们不努力，我们就把他们想象成叛徒一样，不管他们可能多么用功于自己选择的事情。这样，就在我们乐观地坚信每一个人都能学好的同时，学生们在抱怨我们不关心他们。学生们怀疑，我们是为自己的目的而强迫他们成功，我们不过是为了自己有一个好的工作记录而已。很多时候，他们的怀疑不无道理。

社会变化正席卷我们的时代，应该是严肃认真对待这些社会变化的时候了！如果传统家庭真的已经过时，或者不管出于什么原因，家庭已经不能满足孩子们对关心的需要，那么其他机构必须满足这一需要。波士顿大学颇具争议的校长约翰·西尔伯（John Silber, 1989）曾经写过一本书，试图解释美国的问题以及解决这些问题。虽然在很多方面我不同意他的观点，但在这一点上我与他的意见一致：我们必须以一种公民的责任感来培养健康的、有能力的、幸福的孩子。我将论证，学校必须为这一任务而发挥主要作用，学校不能一味追求学术目的而放弃对学生的关心。

为了有效地实现这一任务，我们需要探讨一系列重要问题：关心到底意味着什么？关心是如何集中表现在人类生活里的？我们能够围绕关心来组织教育活动吗？

第二章

关心

德国哲学家马丁·海德格尔（Martin Heidegger, 1962）将关心描述为人类的一种存在形式。他在很广泛的意义上运用这一定义。他认为，关心既是人对其他生命所表现的同情态度，也是人在做任何事情时严肃的考虑。关心是最深刻的渴望，关心是一瞬间的怜悯，关心是人世间所有的负担、忧患和苦痛。我们每时每刻都生活在关心之中，它是生命最真实的存在。

海德格尔对关心的广泛定义在今天仍具有现实意义。不过，我认为关心最重要的意义在于它的关系性。关心意味着一种关系，它最基本的表现形式是两个人之间的一种连接或接触。两个人中，一方付出关心，另一方接受关心。要使这种关系成为一种关心关系，当事人双方都必须满足某些条件。无论是付出关心的一方还是接受关心的一方，任何一方出了问题，关心关系就会遭到破坏。即使在这种情况下双方之间可能仍然存在某种关系，两人的接触仍然意味着某种指向，这种关系可能已经不是我们需要的关心关系了。将关心置于关系中来看待是非常重要的。在教育实践过程中，我们经常遇到这样的情况：不管教师多么努力地关心学生，学生一方却感受不到关心。学生抱怨"老师不关心我们"是有道理的，这样的抱怨提醒我们，一定是在师生关系的某个环节上出了问题。

在《关心》（Caring, 1984）一书中，我曾经描述过，关心者的心理状态是以专注入神和动机移位为特征的。专注入神是指关心者对被关心者的那种开放的、不加选择的接受。有些作者以"注意"一词描述这种特征。艾丽丝·默多克（Iris Murdoch, 1970）认为，注意是道德生活的关键因素。她还从西蒙娜·薇依（Simone Weil）的著作中找到根据。薇依将注意置于爱这一品质的核心。当我们直接或间接地问一个人："你现在怎么样？"我们就在表达一种对那个人的注意。薇依写道：

> 这种看待别人的方式是需要注意力的。你掏空自己的灵魂以便接纳你所注意的那个人。你对他不加选择，接受他的全部。只有具备了注意这种能力，你才能做到这一点。（1951，p. 115）

薇依的这个描述非常恰当地表达了我用"专注入神"一词的意思。"专注入神"在此并不意味着疯狂或者痴迷，而是全身心的投入和接受。当我真正关心一个人，我就会认真去倾听他、观察他、感受他，愿意接受他传递的一切信息。这种专注或者关注可能仅仅持续片刻，以后可能出现也可能不出现，但在任何关心的交流过程之中，它都是关键因素。譬如，当一个陌生人向我问路，我们之间的交流就可能变成一种关心关系，即使这种交流的时间很有限。我专注地倾听他的问题和需要，然后认真地回答他。当他接受了我的专注、认真和答案，这种关心的关系就完成了。

在这个短短的接触过程中，作为关心者，我特别关注于陌生人的需要，同时我也感受到一种要帮助这个人的愿望。这样，我的心理就处于一种动机移位状态。就像刚才我脑子里想的还是我自己的研究，现在则想着一个人——我在校园里到处寻找他。当我们观察一个小孩子系鞋带，我们感到自己的手也跟着在动。这就是动机移位，一种动机能量流向他人的过程。我首先接受他人的信息，然后做出反应，我的反应是对他人需要的一种回应。体验动机移位，你要开始思考。就像我们考虑、计划、检验我们自己的问题或项目，我们现在想的则是如何帮助别人。专注和移位不会告诉我们做什么，而只显示我们关心时的心理状态。但是，那个指向他人的思考过程必须像思考自己的问题一样认真和积极。你一定要被他人的需要所吸引。

那么，被关心者的心理状态有什么特征呢？接受、确认和反馈似乎是最重要的。被关心者接受他人的关心，然后显示他接受了关心。这种确认反过来又被关心者认知。这样，一个关心的关系就完成了。

有些批评者认为，在我的理论中，关心者要承受的太多了，而被关心者似乎只扮演被动的接受者的角色。我提醒大家记住，关心基本上是一种接触，一种交流。我所描述的这种关系并不是将"关心者"和"被关心者"像标签一样永久地贴给不同的人。成熟的关系是相互作用的。在交流和接触的过程中，双方交换位置和角色。关心者可以同时变成被关心者，而被关心者也可以变成关心者。

即使在最基本的情况下，被关心者的作用也是明显的。譬如母婴关系。在每一个关心的接触中，母亲当然是关心者，婴儿是被关心者。但婴儿并不是完全被动的，他有各种反应。他呢喃，扭动，注视，微笑，依偎，这些反应是多么温暖人心呀！这些反应是对付出关心的人的最好奖赏。它们绝对是母婴关心关系中不可缺少的。你可以想象，如果一个婴儿不能正常地做出这些反应，那么会是什么情况。母亲肯定会灰心丧气。她爱的能量源源流出，却得不到丝毫回报。教师也经常处于同样境地，付出但得不到回报。这样，在关心关系中，即使总有一方是关心者，另一方是被关心者，他们之间的相互作用仍然是至关重要的。

渴望被关心几乎是一个普遍的人类特征。当然，并非每一个人都愿意被拥抱或者被过分注意。但肯定的是，每一个人都希望被他人接受，每个人都在以各种方式表达这一内在的需要或者愿望。严肃正统的人希望别人对他报以尊重和敬仰，开朗随和的人则喜欢微笑和拥抱。每个人都喜欢这样的人，他们知道何时拥抱，何时恭候一旁。学校里所有的孩子都希望得到关心。他们不愿意被视为数字，不愿意被视为像方程式一样的东西。如果真正认识到每一个人都希望被关心，而自己也想给予关心，但就是缺乏所谓关心的秘诀，那么你就会明白我上面谈到的专注是多么重要了。要成为一个真正的关心者，你必须敞开心扉接纳另一个人。你不能说："噢，这家伙需要关心，让我看看怎么做。对了，这里有七个步骤，我必须照着做。"关心是处于关系之中的一种生命状态，而不是一套具体的行为方式。

我着重强调关心是一种关系，而我们往往倾向于认为，关心是一种美德，一种个人品质。我们平时确实这样说话，譬如，"他是一个关心别人的人"，或者"他真的是一个关心人的人，只是不知道如何表达而已"。这两种说法都在一定程度上涉及关心的含义，但是，过分强调关心作为一种个人美德则是误导。如果我们将关心置于一种不平等的关系之中，其中一个人是关心者，长期默默地奉献关心，而另一个人是被关心者，坐享其成地接受关心，那么，在这种情况下，关心者确实需要一种美德来支持他的关心行动。将关心者置于关心的关系之中更为重要。不管一个人声称他多么乐于关心，重要的是看他是否创造了一种能够被感知到的关心关系。有很多人自称"关心"别人，但是接收他们所谓"关心"的人却感受不到关心。

虽然我经常用"关心"一词来说明关系，但是关心也可以代表某些能力。它的用途必须视具体情况而定。我确实试图避免将关心解释为一种个人品德，但我也认识到，人们可以拥有关心的能力。这种能力帮助人们建立关心的人际关系，或者帮助人们关心客观物体和意识形态的知识。

当我们深入讨论教学以及师生关系的时候，我们会认同这一点：教师不仅需要建立一种关心的关系——教师在其中成为关心者——也有责任帮助学生发展关心能力。这意味着什么呢？在海德格尔看来，关心是不可避免的。所有有认知能力的人都在关心着人或者事物。这是人之所以成为人的一种标志。但事实是，并非所有人都具备了关心别人的能力，也不是人人都学会了关心知识、其他生命以及客观物体。而且很多时候我们混淆了各种关心形式。我们想当然地把关心视为一种综合性能力，它可以自由地从一个领域转移到另一个领域。

西蒙娜·薇依的观点值得研究。她似乎相信智力上的关心与人际关系间的关心紧密相连。在同一篇文章中，她指出，学习几何培养一种注意力，而这种注意力反过来会提高孩子们在宗教祈祷时的集中能力。读到这里，我们也许会推断，薇依认为，祈祷时的集中能力也会相应提高人际交往时的敏感性。换句话说，她相信智力上的注意能力可以转移到人际关系中去。这是值得怀疑的。已经有无数证据表明，很多智力高度发展的人对其他人和其他生命形式毫无兴趣，漠不关心。想一想那些纳粹高级指挥官，或者柯南·道尔的小说《福尔摩斯探案集》中的马里亚蒂教授吧。马里亚蒂对其侍弄的兰花充满爱心，但是与人打交道时却是罪恶的化身。所以我们需要对各种不同的关心予以分析。

不平等的关心关系不仅存在于人类世界，也存在于人与动物的关系中。很难肯定地说任何动物都能成为关心者（尽管有人说狗就可以），不过很多动物确实可以成为有反应能力的被关心者，因而关心动物可以成为学习关心人的很好途径。与动物打交道时，我们有机会了解各种不同的反应形式：有些动物的反应富有智慧，我们自然喜欢这样的动物；有些动物善于表达情感，喜欢被你抓挠、抚摸或者搂抱；也有些动物习惯用声音表达感受。所有这些反应都会影响我们的行为，激发我们的关心态度。某些动物的形象和身体动作就会打动我们。譬如，多数人看到小海狮面对危险时的样子都会产生怜悯之情。相反，那些细长、长有鳞甲或者呈螺旋状的动物就很难激起我们的爱怜之心。当我们考查伦理生活本源的时候，各种各样反应的本质就值得注意了。

人类也可以关心知识或者物体。以关心为基础的教育并不反对智力开发。我们从他人那里接受东西，其中有一部分就可能包括兴趣和智慧的激情。教师有责任提高学生在某一学科上的理解能力与技巧，但是目前的教育实践却充满了毫无意义的神话和口号。

很多时候，我们听到这个似乎正确无疑的口号："所有孩子都能学习。"这个口号自然是那些怀有良好愿望的人所提出来的。这些人希望，教师对所有孩子都给予充分重视。在决定哪些孩子能学什么、哪些不能学什么的时候，不应该受到孩子的种族、民族、性别或者经济地位因素的影响。对此，我绝对赞成。

但是，我要阐明的是，不是每一个孩子都能学好我们教的任何东西。蕴含在那个口号里的良好愿望也会导致人们不愿看到的结果：采用高度独裁与控制性的教学方法，因而损害孩子们的学习兴趣和目的。现在，所有教师都在努力激发每一个孩子的学习欲望。然而事实是，所有孩子都想要学习，问题在于，我们不知道或者不关心他们想要学什么。约翰·杜威（1963）早就指出，教学一定要开始于学生们的经验和兴趣，教师要千方百计地在孩子们的生活和所学之间建立一种联系。我愿意在杜威观点的基础上再进一步，没有多少东西是所有学生都需要学的。应该允许学生放弃某些东西，从而去学他们真正感兴趣又有热情的东西。一个教师如果真正关心学生，那么他会认真倾听学生不同的需要，并且给予不同的反应。对此，我还要在以后的篇章中加以论证。而现在有足够的理由断定，目前的学校远不是启迪智慧的地方，即使对那些有兴趣和能力在学术方面有所造诣的孩子而言也不是。

在学校，没有多少孩子学会关心知识，更没有多少孩子学会关心物品。我不是在谈物质占有欲，人们对这一能力已经掌握得太好了。我是在主张哈里·布劳迪（Harry Broudy, 1972）所称的"开明的珍惜"以及小说家约翰·高尔斯华绥（John Galsworthy, 1948）所称的"品质"。这种珍惜东西的习惯促使人们去认真呵护和关心客观物体。目前，古董业不能说不发达，但是我们的孩子却很少有机会关心旧的家具、碟盘和地毯，也没有机会关心新的自行车、收音机和录音机。有人会站出来反驳：旧东西这么容易被新东西取代，关心旧东西不是浪费时间吗？但是我仍然怀疑，一个习惯淘汰的社会如何能与大自然和谐共处？不珍惜过去这一习惯导致的贪得无厌、物欲横流又几时方休？学校是否有责任教一教学生关心一下建筑、书本、电脑、家具和实验室设备呢？

关心知识和物品与关心人及其他生命是有区别的。严格地说，一个人无法与数学、音乐或者做饭的锅碗瓢盆建立某种关系。这些被我们关心的东西不会像我们一样有感觉，也不会产生情感体验。不过，有时候人们也声称，能从他们关心的知识或者物体那里感受到令人惊奇的反应。据说数学家高斯（Gauss）被数学"抓住"过；诗人罗伯特·弗罗斯特（Robert Frost）宣告"一首诗自己流出来"

（Noddings & Shore, 1984）。我们也知道运转良好的发动机微微震颤，打磨过的工具闪闪发光。只要我们真正投入关心，即使是没有生命的东西也会给予我们一种反应。学生们有机会听到如此奇妙的故事吗？

最后，必须再来思索一下海德格尔所主张的那种最深层次的关心。作为人类，我们关心发生于自己身前身后的事物。我们想知道是否我们死后还能复活，是否有一个神在保佑我们，是否我们爱着的人也同样爱着我们，究竟哪里是我们的归宿，我们会变成什么，我们到底是谁，我们多大程度能够控制自己的命运。青春期少男少女也经常被这些问题所困扰：我是谁？我将成为一个什么样的人？谁会爱我？别人如何看待我？然而，学校目前把更多的时间都花在了二次方程式上，而不去关心任何一个具有终极存在意义的问题。

很明显，学校教育面临挑战，必须将关心引入学校。当前的学校结构妨碍关心，而现在人们对关心的需要又超过以往任何时候。

伦理学上的争论

讨论关心不能不涉及关心伦理学。1982 年，卡罗尔·吉利根（Carol Gilligan）发表了现在已经很著名的著作《不同的声音》（*In a Different Voice*）。书中，她介绍了一种审视道德问题的新方法。这种方法集中于反映女性的声音。但是吉利根并未声称这种方法只适用于女性，也未告诉我们所有女性都实际应用了这种方法。不过来自女性读者的反应确实极其热烈。无数女性读者告诉作者，她们在她的书中发现了自己。"这正是我，"很多妇女说，"终于有人来解释我是怎样解决道德问题的了。"

吉利根描述了一种建立在对需要、关系和反应的充分认知基础上的道德。女性在进行道德推理时，的确以一种不同于男性的声音说话。她们围绕自身和所爱的人发表观点，她们强调人际关系。她们的话语来自具体情境，也指向具体情境。她们的推理与自身所处的环境息息相关。我们研究关心伦理的人都强调情感因素的重要性，但这并非在说关心是非理性的或者是反理性的。关心也有自己的理性基础。在合适的场合，关心者自然也可以表现出那种标准的线性推理思维方式。不过，关心的核心确实集中于人们的共同生活，集中于人们共同创造、维系和提升的积极的人际关系。面临道德冲突时的决策以及推理证明，的确不是关心的重点。

这种关心伦理以需要和反应为基础，它对许多传统伦理学和道德教育学的理论前提构成挑战。首先，关心伦理有自己独特的核心。其次，它拒绝普遍性。所谓普遍性是指，如果任何事情一旦被证明是符合道德的，那么任何人面对相似情景时都有义务做同样的事情。这种普遍性意味着，处于人际关系中的我们、他人及双方所处环境与我们的道德推理和决策过程都没有关系。关心伦理不承认这种道德普遍性。再者，虽然关心伦理重视行为的前后顺序与结果，换句话说，重视对人际关系的影响，但是，它不是一种功利主义。关心伦理并不主张有一种最伟大的共同利益凌驾于所有个人利益之上，也不主张将手段与目的分割开来。最后，关心伦理不能被冠以一种美德伦理。虽然它号召人们成为关心者，要求人们发展关心的美德和能力，但它并不将关心仅仅视为一种个人化的品质。关心伦理明确强调被关心一方的作用，它是一种关系伦理。

在道德教育领域里，关心伦理强调动机，从而向道德教育中推理的权威地位发起挑战。我们主张集中发展有利于维系关心关系的态度和技巧，强化行为的欲望，而道德推理过程是第二位的。劳伦斯·科尔伯格（Lawrence Kohlberg, 1981）和他的同事们继承柏拉图和苏格拉底所开创的传统，重视道德推理过程。他们的一个理论前提是，道德知识是道德行为的充分条件。以这种观点来看，人们做错事都是因为无知了。吉利根公开向科尔伯格的道德推理的理论范围以及它所强调的等级体系发起了挑战（她的研究提供了另一个很有说服力的发展模式）。不同于吉利根，我们有些人向整个发展模式都提出了挑战。我们认为，任何个人的道德反应，几乎在任何年龄阶段，都可能因环境不同而改变。（当然，在讨论一个人做什么和为什么这样做的时候，语言的使用或许取决于一个人的智力发展，但是道德行为与对它的认知阐述绝不是一回事。）

从这种关心伦理角度出发，道德教育包含四个主要组成部分：榜样、对话、实践和确认（Noddings, 1984）。榜样在道德教育过程中很重要，对于关心则是关键因素。在我们的理论框架下，我们不去试图教导学生记住一些原则，以及如何应用这些原则去解决问题，就像教数学推理一样。相反，我们将向学生展示在自己的社会关系范围内怎样关心。譬如，教育学家和学校管理层不能以讥讽和威胁的手段迫使教师去关心他们的学生。我就曾听过教育行政官员以关心为借口，来说明他们为什么对教师"严格"。"因为我关心我们州的孩子们。"他们声称。可是，这种"严格"最可能导致教师转向如何保护他们自己，而不是爱护他们的学生。我们无须告诫学生去关心，只须与学生建立一种关心的关系，从而展示如何关心。

还有一个原因可以说明为什么榜样是如此重要。关心他人的能力高低或许取决于有多少被关心的经历。即使一个孩子年龄太小，不能成为一个关心者，他也可以学会如何成为一个会反应的被关心者。这样，我们作为关心者的角色似乎比作为榜样的角色更为重要，但事实上，我们同时在扮演两种角色。在道德教育过程中，我们不可避免地成为榜样。每当我们对此角色有所懈怠，我们就会提醒自己振作起来。而在每一天的日常生活中，每当有需要，我们就会成为关心者。当我们试图解释在道德教育中我们的所作所为及其原因时，榜样的功能自然凸显出来。以关心者的身份对学生的需要做出反应，这是源于我们内心的道德反应。

对话是道德教育的第二个重要组成部分。我这里对"对话"一词的使用与保罗·弗莱雷（Paulo Freire, 1970）的用法相似。对话不仅仅是双方在一起随意聊天，当然也不是一方长篇大论，另一方洗耳恭听。对话是无固定答案的，是开放性的。在一次真实的对话中，参加者在对话的开始并不知道对话的结果。作为父母或者教师，我们不能先做出了决定，然后才与孩子们对话。例如，一个表现得极其通情达理的成年人来和年轻人对话,可是这个成年人对什么都不肯让步,他说:"我们将要这样做,我来告诉你这样做的原因。"不要说年轻人,就是成人也会觉得这样的所谓对话不可接受。有时候我们确实这样说话,但是切不可认为这就是对话。对话是双方共同追求理解、同情和欣赏的过程。对话可以是轻松的,也可以是严肃的;可以富于逻辑性,也可以充满想象力;可以偏重结果,也可以着重过程。但是对话永远应该是一个真正的探寻,人们一起探寻一个在开始时不存在的答案。

对话允许我们表达各自的心声。它给学习者问"为什么"的机会,也帮助双方互相探索,最后达成某种意见和决定。尽管不是所有错误行为都源于无知,但是,很多道德偏差确实是决策失误造成的。这种情况在年轻人身上尤其常见。所以,我认为对话不仅能够帮助决策者深思熟虑、充分论证,也帮助人们养成一种习惯,那就是做出任何决定之前,必须充分占有信息。

对话在道德教育过程中还发挥另一种功能。它把人们联系在一起,从而使我们有可能建立一种充满关心的人际关系。对话使我们得以相互了解,这是关心的一个基础。关心他人既需要知识和技巧,也需要一定的个性态度等非智力因素。当我们深刻地了解对方的需要及其来龙去脉,我们才有可能成为一个好的关心者。对话体现着我们上面谈到的专注入神的要求,接受对方意味着完全和开放的投入。要使一个对话渠道保持畅通,当事人必须充分了解对方,因为这种了解影响我们的反应和行为。

道德教育的第三个要素是实践。态度以及其他思想活动至少部分由经验决定。我们经常说，这是一种"军人思维"，那是一种"警察思维"，那是一种"商人思维"，等等。虽然这些说法不乏墨守成规、不加思考的成分，它们仍然抓住了特定人类行为的一些本质特征。所有组织的规章制度和训练活动都不仅仅旨在训练一些特殊技巧，更旨在锻造思想，打造特殊的人生态度以及处世哲学。如果我们希望人们过一种符合道德的生活，关心他人，那么我们应该为人们提供机会，使他们练习关心的技巧。更重要的，使他们有机会发展必需的个性态度。

当代女权主义运动中一些最引人注意的作品，主要研究女性经历及其情感表达方式。很明显，女性传统生活经历与我们描述的在关心伦理框架下的道德发展途径紧密相关。女性比男性更经常地被赋予直接照顾孩子、病人和老人的责任。人们更多地期望女人来维系一个良好的人际环境，考虑他人的需要以及调节一些普通纠纷。如果把女性的这种生活经历与社会上存在的性别歧视现象联系在一起，那么我们可能就会同意尼采曾经表述的观点，而把我刚才描述的那些女性传统角色视为一种"奴性"的体现。但是，如果我们认真研究一下那些人生经历经验，我们会在其中发现自主、爱、选择以及技巧，这些都与传统女性角色紧密连在一起。因而，必须承认，这些女性经历经验是全面发展的人性的不可缺少的一部分。

女性倾向于认为，发生于人与人之间的每一个接触都可能形成一种关心的关系。例如，在护理理论中，珍·沃森（Jean Watson，

1985）将护士与病人见面的时刻描述为一种"关心时刻"。这种关心时刻并非仅仅要求护士向病人提供一些应用医疗技术，以此来实现她的关心和照顾。这种时刻更多意味着护士与病人双方都要做出决定，如何面对对方，以及如何处理这一时刻。这样，这种关系就与那种旨在解决问题的纯医患接触完全不同了。在护士与病人的这种接触中当然涉及解决问题，但它首先是人与人互相接受的某一时刻。在这一时刻中，双方作为人的东西被充分认同，最后它也着眼于完全满足真正的人的需要。

如果我们明白关心对于人就像推理一样重要，那么我们将试图提高人们关心的能力。就像我们认为男孩女孩都应该掌握一定的数学知识和技巧一样，男孩女孩也都应该学会关心。关心不会自然发生，它需要我们去计划、去准备。计划的过程是很复杂的，很可能出现一些问题。

有些学校意识到刚才谈到的这种需要，于是开展一种叫作社区服务的实践活动。我认为这是一个好主意，但是它也可能带来一些问题。社区服务必须是一种倡导关心的实践。我们并不是只想通过社区服务来培养孩子们一些简单的服务技巧，我们的目的是要培养他们关心他人的态度。因此，服务活动必须从培养关心的角度来安排。当然，特定的条件很重要，有关人员也很关键。

另外，关心的实践活动应该有助于变革学校并且最终变革我们生活的社会。如果实践囿于现行的学校结构，那它自然会失去其变革性。实践本身也可能被变革，甚至被扭曲。假如我们给关心行为打分评估，那么学生很可能会为了分数而彼此竞争。如此一来，他们就会将注意力从被关心的人或事物转向他们自己。可是，另一方面的问题在于，如果我们不给这样的努力打分或进行任何评价，那么它在学校里又不可避免地沦为被忽视的工作。只要我们的学校仍然按照传统的等级体制来运行，仍然强调奖励和惩罚，那么推行我们主张的这种实践活动就会面临很多困难。

从关心伦理的角度来看道德教育，它的第四个组成部分是确认。马丁·布伯（Martin Buber, 1965）将确认描述为对他人行为的优点进行确认和鼓励。当我们证实一个人具有某种品质时，我们就是看到了这个人人性中的闪光点，并且鼓励他发扬光大。只有当我们对这个人非常了解，知道他的行为方向的时候，我们才能这样做。任何程式化或者喊口号之类的思维方式都无济于事。与我们打交道的人当然很多，没有必要为所有人都树立一个理想，或者寄予种种期望，但是，我们要力争在每一个遇到的人身上发现也许不能被轻易发现的可取之处，甚至可赞美的优点。那个人必须把他表现出来的可取之处或者优点视为有价值的东西，我们也必须至少视其为在道德上可接受的东西。我们不能错误地认可或者证实一个人表现的任何行为或品质。

确认过程要求我们对最可能与真实情况发生联系的动机加以确认。当我们发现某人做了一件应受谴责的事，我们一般总是试图寻找他这样做的动机。这样做也并不太困难。总能为人们的行为找到各种各样的动机，从粗俗无聊的动机到可接受的甚至可赞美的动机。对动机的确认并不是一个抽象的过程。我们根据对这个人的了解，从认真听他讲话等来判断他的动机。我们归结的动机必须是一个符合事实的可能性。然后我们才能开始一个对话，或许这样开始："我知道你想帮助你的朋友……"或者"我知道你试图达到这样一个目的……"这样，我们将清楚地传达这样一个信息：我不赞成你的做法，但是我肯定你的动机。一般来讲，听你这样说后，对方的反应会是非常积极和放松的。他在心里会说，这是一个敏锐并愿意理解人的人。他能看透我行为的渺小和卑微，并且一直看到我的内在本质，而我的本质是好的。所以，一个确认过程有助于我们获得一个理解人本质的视野和机会。

值得重复一下，确认过程不能形式主义地走过场。信任关系必须建立起来，而且要有连续性。关心者必须很好地了解被关心者，这样才能确认对方的动机。这个过程也不能被描述为一种策略。它不是一种功利主义的策略，它是建立在一种深刻关系之上的爱的行为。当谈到学校要进行哪些变革以适应对关心的挑战的时候，我还会强调连续性的重要。并非所有关心的关系都要求连续性（有些关系是很短暂的接触），但是教学绝对需要这种连续性。

我们主张的确认过程，与宗教道德教育的标准模式形成鲜明对照。宗教道德教育过程是与谴责、忏悔、赎罪和饶恕联系在一起的。开始的步骤，也就是谴责的步骤，就可能带来或者加强人际关系的游离。那是站在一种道德判断的立场上，把我们判断的人与我们自己和我们所处的道德群体分离开来。而我所主张的确认过程却强调维持一种联系。谴责还可能导致否认或者辩解，这也是我们的方法所反对的。不过辩解也许反映了受谴责一方试图为其行为寻找一种可能的动机，并且让我们理解。但是，我们不得不拒绝他的辩解，因为我们要继续下面的过程：忏悔、赎罪、饶恕。这样的话，他也许就永远没有机会反省自己行为的真正动机了。宗教道德教育以权威、遵从、恐惧以及依附这些东西为特征。当然，作为高高在上的一方，我们的判断和饶恕可以很严厉，也可以很慷慨。但不管怎样，我们的权威不可挑战，至于被谴责一方的内心道德挣扎却被忽略了。

我并非在说，道德教育永远都不要谴责和忏悔。很多时候我们也很难为一个行为找到一个在道德上可以接受的动机。有时候，我们也不得不这样开始谈话："你为什么做那样的事？"或者"你怎么能做出这样的事情来？"不过，如果我们坚持寻找，我们总是可以找到一个好一点的自我。没有对一个人良好自我的确认，怎么可能使这个人变得更好呢？

对伦理和道德教育的这种审视不仅对宗教教育的很多传统主张提出了挑战，而且对弗洛伊德及其支持者的理论也提出了质疑。弗洛伊德认为，道德感来源于恐惧。他认为，超我是权威的内化，是父亲声音的内化。这种内化是儿童恋母期父子冲突得以解决的结果。儿子生来对母亲怀有性爱，而对父亲怀有嫉妒。儿子如果违抗父亲并与其竞争，那么他可能被父亲阉割。放弃这种反抗和竞争的欲望就意味着对父亲权威的接受，这样超我就占据了儿子的内心。

对弗洛伊德而言，超我就是行为的道德原则。对道德发展的这种解释必然导致弗洛伊德得出下面的结论，即女性在道德上低于男性。因为女孩天生无须担心被阉割，她们的道德声音也就永远难以获得男孩可以获得的力量。

最近一些对弗洛伊德理论的批，评强调恋母期之前的儿童心理发展。南希·乔多罗（Nancy Chodorow, 1978）认为，正因为女性几乎是儿童期唯一的关心提供者，男孩和女孩才形成了不同的心理结构。女孩可以轻易地确认她们的性别身份而无须与她们的母亲分离，而且在母亲的影响下，她们能够发展一种重视人际关系的个性心理结构和认知方法（Keller, 1985）。男孩的情况正相反，他们必须在女性的包围中建构一种相反的性别角色。这里，我们也可能为吉利根所描述的不同道德声音找到一些根据。我们还会考查其他的可能性。

伊莱·萨根（Eli Sagan, 1988）也认为，道德发展开始于恋母期之前，并且受到那时生活形态的强烈影响。萨根并没有全盘否定弗洛伊德理论，而是主张一种着眼点的转移。如果我们充分重视早期婴幼儿发展，我们就会发现，良知（对正确和错误的一种感觉，不仅仅是对权威的内化）是从爱和归属感来，至少相当于从恐惧中来。而且，主要的恐惧也许不是害怕受到伤害或者惩罚，而是怕使自己所爱的父母失望，或者怕失去他们的爱。这种理论是对男性主导的心理学的最大挑战，与我这里所主张的关心伦理和道德教育模式也一脉相承。爱与关心关系在伦理学与道德教育中都扮演着核心角色。

　　这是我一再强调的：关心是一切成功教育的基石。当代学校教育可以借助关心重新焕发生机。不过在系统阐述怎样将关心引入到学校中来之前，还有必要探讨为什么现在的思想或者理论是不足的。传统人文教育主导西方世界已经几个世纪了，即使现在它已经在资金来源上无法与技术教育或者职业教育相比，它仍然是普通教育阶段的主导教育模式。它是我们大多数人都经历过的教育形式，不管你受到的教育是好还是坏。那么这种教育的问题出在哪里？为什么作为一种普遍的教育模式，它应该被抛弃了呢？

第三章

超越学科：
人文教育批判

在学术领域内批评人文教育就如同在产科病房批评母亲身份，实在并非易事。置身于无数勤奋的劳动者中间，享受着他们创造出来的成果，你很难再对他们的所作所为说三道四。可是，人文教育的确不是适合每一个人的理想教育，将其视为一个具有普遍意义的教育模式更是错误。

人文教育是指一系列学科的集合，旨在为受教育者提供一般的普通教育而不是特殊的职业教育。人文教育学科一般包括语言、文学、艺术、数学、科学以及历史。（有时候历史被更广泛的社会学习所代替，但是对此人们还有争议。）在大学本科层次上，长久以来，人们认为人文教育是培养绅士淑女的合适的教育形式；在普通教育阶段——我们审视的焦点——它更是大学的准备教育；在中学阶段，它就是一系列约定俗成的课程的集合。

首先，我将论证，人文教育并不是适合于大众的普遍教育模式。它仅仅着眼于部分人类能力的发展，把它强加给所有学生必然导致结果上的不平等。其次，这个单一模式的人文教育课程具有令人迷惑的政治背景。对此，我将呼吁，任何教育计划都需要一个真正的教育上的理论根据。再次，当前人文教育课程的内容不是所有学生都需要的，而关心的态度、知识和技巧却更有必要让学生掌握。最后，我将审视目前流行的对学校能力分组教学的批评。在我看来，这些批评与主张广泛人文教育的观点一样是有问题的。

让我们来审视一下主张人文教育的一些建议。在《派地亚计划》（*The Paideia Proposal*）一书中，莫蒂默·阿德勒（Mortimer

Adler, 1982）认为，真正的民主意味着给所有孩子以平等的教育。他论述道，普遍选举权与普遍教育权"紧密相连"（p. 3），不可分割，而不平等教育和民主的思想与实践都格格不入。如果阿德勒这样说是指所有孩子——不分种族、性别及经济地位——都有权利接受一定的教育，那么没有人会反对他。我们也会同意，孩子的受教育权不应该局限于某一方面。孩子有权享受良好的学校条件，充分的教学和训练，来自教师的各种鼓励、建议等。

问题在于，阿德勒将平等与相同混为一谈了。他认为，所有的孩子从小学到高中都应该接受完全相同的教育。所受教育的内容应该就是标准的人文教育课程：语言、文学、艺术、数学、自然科学、历史、地理以及社会学习。阿德勒先生一再强调，所有的孩子都能学习。他声称："没有不可教的学生，只有不会教的学校、教师和家长。"（p. 8）这种论调实在是老生常谈，不过却也总能得到那些不加分析的听众的掌声。

如果不搞清楚你要教什么，以及付出什么代价来教，那么宣称所有孩子都可教就是毫无意义的。当然，大多数孩子都能学很多东西，但是，作为一个前数学教师，我心里十分清楚，不管你教得多么好，学生之间的接受程度总是存在相当大的差异。譬如，对数学感兴趣和不感兴趣的学生在几何上的成绩就会有所不同。我也怀疑，一些学生，甚至很多学生，可能永远都不明白数学推理的逻辑与魅力。我认为这部分学生应该享有发展其他方面才能的机会，而不应该被视为低于那些数学天才一等。道理很简单，这就像总是有很多人一辈子都搞不明白印象派画作的技巧、音乐赋格曲的结构或者神学的精要一样。

我不会根据人们的数学才能去评判他们的人生价值，也不相信有关微积分的知识是良好公民素质所不可缺少的。无数好人、优秀公民都不喜欢数学，都在数学面前犯难，那么为什么让所有学生，不管他们的能力高低、爱好异同以及对未来的计划如何，都在几何与代数课程里挣扎呢？我想起弗兰·勒博维茨（Fran Lebowitz）说过的一句话："如果你爱不上代数，那么就不要学它。让我告诉你，在真实的生活中没有代数。"对大多数人而言，这话一点不假。当然，或许有某种形式的数学知识是所有孩子都应该有所了解的，但是，学术数学绝对不是每个人都需要的，甚至不是每一个要上大学的人都需要的。

从另一个角度也可以说明，阿德勒貌似慷慨的"所有孩子都能学习"的论断是多么天真并且危险。在美国，每年大约有 375,000 个新生儿是由吸毒父母所生，这些儿童因此成为"毒品"儿童。要花掉多达 4 万美元才能使一个"毒品"儿童像正常儿童那样进入幼儿园。目前，40% 的"毒品"儿童中途辍学。想当然地认为标准的人文教育适合这些儿童，简直是荒唐。请注意，我这里并不是在断言所有"毒品"儿童都不能学习数学和文学，他们中的一些也许愿意并且具备很高的能力学习这些知识。但是，总的来说，传统人文教育不是这些孩子最需要的。这些孩子首先需要一个好的学校环境，在那里，他们学会如何接受关心以及如何付出关心。他们还需要一个适合自己特殊能力和兴趣的课程，这个课程能够使他们相信，世界上有很多种可敬和令人满意的生活方式。他们需要机会在教育和照顾他们的人相信有价值的人生领域取得成功。这些需要对所有孩子而言都是重要的。应该停止把人文教育视为教育的最高形式。当坚称人文教育是所有人最好的教育的时候，我们其实是在浪费公共财富，也在浪费个人天才。

阿德勒的建议与罗伯特·梅纳德·哈钦斯（Robert Maynard Hutchins）的名言"适合最杰出人士的最好教育也是适合所有人的最好教育"如出一辙。这句话里有三个"最"，每一个都经不起推敲。我已经说明为什么人文教育不可能是所有人的最好教育，其实，我怀疑这个世界上是否真的存在一个对所有人而言都是最好的教育。

如果能够认识到各种各样的人类能力倾向并将其加以分门别类，我们或许能够设计出这样一个对每一种能力都给予充分注意的课程，然后，我们就可以让孩子的父母放心，告诉他们，你们孩子的任何才能都不会被埋没。我们希望可以充分重视每一种能力，孩子可以在我们的帮助下发现并发扬光大他们最有天赋的一个或几个方面的能力。哈佛大学教授霍华德·加德纳（Howard Gardner, 1982, 1983）提出一种多元智能理论。这个理论明确告诉我们，人类有七种智慧或者能力，而非传统学校强调的一两种。这个理论令人振奋，因为它认识到人类智能的多样性。即便如此，我们仍然可以发问：真的只有七种能力吗？与此相关的问题是，学校教育应该围绕能力来组织，还是围绕其他什么东西——譬如人类问题——来安排？是否所有能力都同等重要？是否应该视它们同等重要？

长期以来，在学校里最受到重视的是语言和数理逻辑方面的能力。这两种能力被人文课程所认同并强调。因为这两种能力构成人文课程的核心，天生便具备这些能力并且有兴趣发展它们的学生就会取得成功。而那些具备其他能力的学生则感到不受重视、被拒绝甚至被敌视。他们似乎与大家格格不入，不喜欢别人做的事情。强迫所有学生去学习一个围绕几种能力安排的课程，这样的教育是平等的教育吗？假设在一个大家庭里，我们有七个孩子，他们开始时是平等的，我的意思是，七个孩子中每一个都擅长加德纳所称的七种能力中的一种，假设我们的社会平等看待这七种能力。现在我们强迫七个孩子都上同一门课，而这门课却集中于上述七种能力中的一个或两个。结果如何，可想而知。这种实践是不平等的，是注定要失败的。同样，如果我们的课程围绕七种能力来安排，可是，后来发现孩子们有十种能力或者十四种、二十种，那么又会出现什么情况呢？据此，可以得出这样的结论：任何教育，如果只重视一部分人类能力并且围绕它们来组织课程教学，那么就不可能成为面向所有人的最好的教育。

新马克思主义者以及批评理论家可能会在这时提醒我，不要忘记这个问题的政治意义。不错，作为一种教育形式，人文教育在历史上长期与"最好"联系在一起。但是，接受这种教育的人事实上是不是所谓的精英，还值得商榷。他们可能不过是来自有能力负担这种教育的家庭罢了。因为与权力，甚至特权的这种关联，人文教育成为一种享有特权的知识形态而服务于社会精英。当我们以这种角度看待问题的时候，那些批评理论家会认为阿德勒的观点有可取之处。为什么不能让所有的孩子都有机会接受特权知识教育呢？特别是当人们过分地以能力为中心谈论问题时，有人自然会问：难道不应该给所有具备能力的孩子提供机会，使其享受这种教育资源吗？为什么只把机会给予那些富家子弟呢？

这样的诘问很有道理，很有说服力，有必要认真回应。首先，没有充分理由让人相信，人文教育像它传统上被定义的那样，是适合任何人的最好教育。也许经过改革，对那些擅长语言和数学的人而言，它是一种不错的教育形式。在以后的章节里，我将就人文教育的改革加以阐述。而如果它不是一种合适的大众教育模式，甚至也不是好的精英教育模式，那么出于政治上的原因，用它来欺骗所有学生就是错误的。既然是教育计划，就应该有教育上的理论基础，只有政治上的理由是不够的。

其次，如果社会权力结构像我的批评家同事所强调的那样牢固，那么，试图让所有学生获得特权知识恐怕不大可能。苏斯博士（Dr. Seuss）曾经讲过这样一个有趣的故事：有这样一个社会，居民们被称为"斯尼赤斯"。它们分为两种：一种长相毫无特别之处；另一种肚子上生有美丽的星状花纹。星状斯尼赤斯们成为"贵族"而统治社会。苦于这种不平等的待遇而不甘于被压迫的斯尼赤斯们有一天决定在自己的肚子上画上星星，这样一来，他们觉得大家平等了！但是好景不长，那些天生长有星星的斯尼赤斯们突然想办法把他们身上所有的星星涂抹掉了，然后宣布没有星星的肚子才是尊贵的标志！这个故事生动地告诉我们，任何权力结构都不会轻易解体。

学校教育领域内的特权形式也是不断变化面孔的。苏珊·汉森（Susan Hanson, 1985）曾经从新马克思主义者的角度研究过两所高中学校。她所选定的两所学校，一所是坐落于郊区的富人学校，另一所是位于城中心的穷人学校。她集中研究两所学校的高级学术课程。她研究的预期结果与大多数教育研究文献相一致，即来自富裕家庭的孩子应该更多地参与具有挑战性的智力探索活动，被赋予更多的责任，得到更多的尊重。而事实上，这些预期结果并没有完全在她的研究里出现。相反，她发现，穷人学校的教师仍然沿袭一个曾经为人珍视的教育模式，相比那些富人学校的教师，他们对学生在思维和责任上的要求更高。可见，特权知识的构成已经发生了变化。富人学校里受重视的知识仍然是一成不变的东西。为了让孩子应付升大学的需要，教师给学生成堆的考试、大量的记忆材料。他们墨守成规，忽视学生的实际生活，靠作业和纪律推动和规范学生。从教育的观点来看，在很多方面，穷人学校的教育教学都更符合教育规律，只不过那里的孩子做得不够好，教师的积极性因而不高。特权知识并非一定是教育上"最好"的知识。所谓教育上最好的知识至少在理论上应该是有益于每一个人的知识。实际上，特权知识之所以成为特权知识，完全是因为拥有特权的人的规定和主张。

但是，批评者们仍然会认为，知识的核心还是要由约定俗成的学科课程来定义和反映的。享有特权的传统知识在传递途径上也许会变化，知识重点也许会变化，但是学科课程的结构和知识框架是不变的。这种看法不无道理。尽管如此，我还是认为仍然需要一个符合教育规律的、有说服力的理由来要求所有学生都上同样的享有特权的课程。正像伊丽莎白·埃尔斯沃思（Elizabeth Ellsworth, 1989）指出的那样，批评理论家们试图给所有学生提供学习特权知识的途径，以实现学习的民主化，但是他们错误地提前假定了教育的结果。他们声称知道人们的良知应该向哪个方向发展。而真实的教育就像对话一样，事先是不应该设定结果的。它应该允许一种可能性，允许人们自己探索适合他们的方向，并且论证自己选择的理由。

第三，试图让所有孩子学习所谓特权知识妨碍了我们对一些更深层次的原则性问题的探讨，使我们忘记过问为什么这种特殊形态的知识一定是重要的。对此，几位女权主义教育家有过精彩论述。简·罗兰·马丁（Jane Roland Martin, 1984, 1985）认为，必须修改人文教育所规定的人的理想模式。教育理想必须包括传统上被女性所重视，也长期以来被视为女性所独有的观念、技巧、态度以及能力。马德莱娜·格吕梅（Madeleine Grumet, 1988）对批评理论家和新马克思主义者也提出质疑。她认为，这些人一方面试图批判某一体制，另一方面又在维护这种体制的偏见。越来越多的女权主义者指出，对于支撑一个社会统治的基本上罪恶的价值体系碰都不碰一下，而试图实现物质和文化资源的重新分配，这种思想何其愚蠢！

如果我们能够更加诚实地看待哈钦斯的名言，它或许应是这样写的："传统上被少数享有特权的人所垄断的教育，其实也是所有人的最好教育。"这样的话，我所提出的很多问题也就一目了然了。我们也就更清楚，为什么那个名言所包含的建议不可能被严肃地推行。因为我们一旦那样去做，我们的行为就会动摇那种教育所极力维护的特权社会。

试想这样一个重要问题：如果我们真的那样做了，并且取得了成功，那么会发生什么呢？如果所有人都圆满地完成了《派地亚计划》里所描述的教育训练，那么，什么样的职业前景在等待他们呢？长期以来，接受这种教育训练的孩子进入大学深造，最终成为白领职业阶层，而这就是所有人都想要的结果吗？

我不是在主张因为社会需要足够的饭店服务员、水管工和清洁工而不能让所有人都接受人文教育训练。按照阿德勒的设计，每一个孩子都接受相同的人文教育，那么，刚才提到的这些蓝领工作要么将由在标准人文教育课程竞争中落后的人来做，要么将由成功的知识分子来做。后者几乎是不可能的，是无法实现的乌托邦梦想而已。那么只有前者是可能的，一些人进入那些蓝领工作领域，因为他们是竞争中的失败者，当前的情形正是如此。在目前的标准课程体系下，很多人没有机会发展并且显示他们真正的长处，进而选择一个真正适合自己的职业。面临同样的竞争，只要失败了，就只有从事那些蓝领工作。没有多少人认识到，成功应该具有不同的形式，持各种不同才能的人应该都有成功的机会。

在这种教育体系里，众多可尊重的工作与职业被忽略了。阿德勒先生或许会说，他的教育计划本来就不是以职业为导向的。他所倡导的教育旨在培养学生的公民素质和继续学习的能力，而不是集中于任何形式的职业训练。即使这样，他的观点最多也只有一半道理。因为，事实上，虽然人文教育不是某种职业的训练，却是某些职业的训练。普通教育成了为孩子升入大学做准备的教育。这种实践的结果是，大多数孩子既没有得到任何有实际价值的知识或者技巧，也没有养成一种对未来最终要做的工作的欣赏和喜爱。相反，他们很有可能学会一种对体力劳动者的鄙视，这种鄙视也有可能指向他们自己。

再问一问，如果我们成功了又会怎么样呢？设计任何教育计划的人都应该再三追问这个问题。我所主张的教育计划着重培养这样的人：他们对自我、对他人、对自然环境和客观物质世界都有充分的了解和尊重。而具体到每一个人，教育应该是有所不同的。譬如，有些人将更有机会充分发展他们身体上的技巧，掌握更多机械方面的技术；有些人则可能更好地集中于精神世界或者知识领域。在后面的章节里，我将集中探讨这样一种教育，这种教育是建构在关心伦理基础上的。

不过，也许我忽视了人文教育的一些重要内容。也许不能因为它只片面地发展一两种能力就把它全盘否定。怎样看待人文教育的内容？难道那些传统课程没有包括任何在我们的文化里每一个人都应该学习的东西吗？这是人文教育支持者所持的一个令人熟悉的观点，我们来分析一下这种观点。

如果有机会偷听一下艺术教师的谈话，我们很可能会听到，他们指责大多数人对艺术是多么无知。不久以前，我就听到有人主张应该多学点神话，因为神话知识对欣赏美术作品很必要。这些人认为，如果欣赏一幅与神话有关的画作而没有相关的神话知识，就不能理解画的内涵。譬如，如果不了解有关达那厄和宙斯的神话，那么你将无法欣赏和理解塞弗埃特（Thivet）或者斯特拉思曼（Strathmann）以达那厄为主题的作品。这些教师在此基础上得出结论：缺乏这些知识的人根本就不是受过教育的人。我对他们的观点不敢苟同。按照他们的逻辑，我认识的很多人原来是"没受过多少教育的"！尽管这些人身怀专门技术，但他们确实从来没有对古典神话或者美术发生过兴趣。事实上呢？他们都具有良好的教养。有的人喜爱交响乐，有的人研究中东纺织业，还有的人阅读并不肤浅的科幻小说。

再来听一听数学教师的谈话。你很有可能听到这样公开的指责：一个高中毕业生竟然不知道何谓函数，真是可悲！还有更多的抱怨。有人会说，我的大三学生还不知道有理数与无理数的区别呢！这些人可以聊上好几个小时，历数学生和一般大众在数学知识上的欠缺。不瞒你说，我自己就曾经参加过这样的谈话。

我们还可以继续走访历史学家、文学教师、语法学家、古典学者、地理学家、生物学家、音乐教师，等等。我们肯定会一遍遍地听到类似的故事和指责。一个人如果不熟悉艺术、文学、数学等方面的基本知识，那么在很多人眼里，他就不算是受过良好教育的。但是，事实上，有很多人缺乏某些具体知识，但仍然被公认为富有教养。你可以继续这样找下去，直到忽然发现你自己也是这样的一个人！

我想你会同意我的观点，不过让我再反省一下。让我们认真面对一个事实：一个高中毕业生不会做一道其实只包含简单代数或者不包括任何代数的多步骤数学题。只有大约6%的十七岁少年能解决下面这个问题：约翰从一家银行以12%的年利息贷款900美元，一年以后，约翰应该还给银行多少呢？还有，一个高中生认为，她需要一本护照才能去新墨西哥旅行。还有的学生竟然说美国内战发生在16世纪。难道对诸如此类的无知仍然无动于衷吗？

我承认，我对这样的无知感到不安。但是最使我不安的是，我们的学校在教这些东西，然而学生们仍旧无知！并非这些传统知识在我们的课程里没有位置，也并非学生们根本就不关心这些而将其忽略。很多学生就是找不到一个站得住脚的理由去学这些标准课程，去学这些知识。他们将更多的精力投入自己更感兴趣或者更需要的东西上去了。他们对一般文化的了解大多是在家里完成的。

在最近的一次演讲旅行中，我曾有机会与几位令人愉快的同行共进晚餐。席间，一位英文教授谈及现在大学生的学习态度与他自己在哥伦比亚大学上学时的态度之差异，不禁感慨万千。他说，当时总是自然地认为老师让他做的任何事情都是值得做的，从来不去怀疑老师的权威。他从乡下来，能够在那样一所名牌大学深造是他的莫大荣幸。他心怀感激，对他的教授们深信不疑。

这个故事让人感慨。这位教授不仅信任他当时的教授本人，而且信任教授所教的任何内容。他相信这些内容绝对是世界上最重要的东西。我想，他的这种信任可能开始于他上大学之前，乡村社区里的师生关系已经培养了这种信任。也许他的那些乡村学校教师在学术上并不见得多么富有造诣，但是，他们鼓励学生，引导学生去做有意义的事。他们使学生相信，追随老师会给他们带来所希望的美好生活。

学生会为自己喜欢和信任的人做事，这是事实。不过这种信任导致的行为也有不好的一面。为了取悦他们信任的领袖，学生既可能做好事，也可能做坏事；既可能做有意义的事，也可能做无聊的事。他们不一定永远跟从所信任的人，有时也会反叛。而且他们也经常轻易地转移爱和信任。这也是为什么我们经常能够见证不可信的"爱"和"信任"。

尽管有这种复杂性，这种师生关系所展现的教育意义仍然是不言而喻的。孩子们在交流之中学习。他们愿意倾听来自某些人的教诲，这些人对孩子们来说很重要，而孩子们对这些人也很重要。今天我们所谴责的无知现象不过是在表明，现在的孩子和成人不再像以前那样共同分享有关日常生活故事和天下大事了。每天晚上沉涵于电视节目之中的孩子怎么会不知道萨尔瓦多、菲律宾或者以色列在哪里？问题在于，谈论这些新闻的人变得不重要了！因为没有富于爱心的父母对这些事情加以评论，孩子们认为这些事情不值得重视。

所以，问题的关键是，任何课程本身都不能自动使孩子们学习。在绝大多数情况下，师生关系决定孩子们对课程的学习热情。一种关心的关系可以使孩子们对外部影响和课程知识产生接受性。不幸的是，目前在孩子们的世界里，只有一种类似于契约的关系。这种关系促使他们长时间忙于自己并非真正感兴趣也不真正擅长的学习内容。很多来自中产阶级和中产阶级以上家庭的孩子们埋首于标准课程的学习之中，他们不过是想让自己的父母高兴，或者为得到奖赏。任何一种关系都可能产生积极和消极的影响。我们所主张的充满信任的关心关系给孩子们提供了机会，允许他们自由选择和确定自己的兴趣所在。关心者有责任明智地处理别人给予他们的信任。他们必须清楚什么时候推一把，什么时候退一步。现在的问题是，在很多孩子的生活里，人际关系与我们所重视的知识没有多大联系，彼此严重脱节。

到底有没有所有人都必须掌握的知识？换句话说，到底有没有这样一些知识，它们即使不是对所有人都必要，但至少是所有人都愿意掌握的？我把这个问题的答案留给大家。我在这一章的主要论点是，传统人文教育的课程设置不足以成为理想的教育模式。普通教育课程里的大多数知识内容对日常生活没有意义，真正有意义的东西从来没有在我们的课程里出现过。我坚信，如果我们就能够在关于什么是对我们真正有意义的知识方面达成一致看法，那么我们能够找到教这些内容更有效的办法。

我们的讨论也揭示了人文教育的另一个问题。传统人文教育的维系和发展依赖于一定的社会关系。正像前面哈钦斯的名言所显示的那样，这种教育与所谓的"精英"联系在一起。出身名门的男孩子很早就被灌输，要成为一名绅士，接受这种教育是必不可少的。然而从来没有人告诉他们，掌握这种知识对真实的日常生活到底有多大必要。尽管有一些有识之士对这种教育提出过一些异议，但是毫无疑问，对于要进入某一特殊社会阶层的人来讲，这种教育是绝对必要的。也恰恰是这个原因，人文教育长期对女性关闭大门。当妇女最终争得入学权时，又面对很多其他论调，诸如这种教育适合太太和母亲角色，不适合职业女性以及试图自我实现的女性。

不难理解，为什么来自被压迫的少数群体会力争获得人文教育的权利。也不难理解，为什么他们中很多人会欢迎阿德勒的计划，主张把一个课程无偿提供给所有人。他们相信这样的一种教育要么本身就是重要的，要么可以帮助他们进入更高的社会和政治阶层。后一种信念已经在一些人身上实现了，因而人们对这种神话般的信念就更加坚定。

问题是，今天，这种诺言——其实已经变成一种威胁了——已经被扭曲成这样一个信念，即每一个人都应该接受这种教育。我曾经在批评新马克思主义者的立场时指出过，什么是有价值的知识，什么是特权知识，这些都是由一定的社会权力关系所决定的。而且知识本身比那些权力关系更容易变化。我认为阿德勒和他的支持者们不会不清楚这一点。他们知道，不管表面上的变化有多大，诸如入学方面上的变化，胜者和败者总是可以预料的。比赛的结果早就被设定了，这才是必须改变的东西。

在课程标准化的大跃进过程中，很多其他问题应运而生。譬如，人文教育课程不再被认为是某一阶层的特权，越来越多的学生开始质疑它的价值。在大学里，人们呼吁开设诸如非西方文化、非裔美国人和女性研究、行动研究方法等传统人文教育以外的课程。这样一来，人文教育本来就不稳定的特殊地位在动摇。人文教育支持者的恐惧不难理解。如果某种特权不再属于你所专有，一些人也许可以接受，他们会认为让所有人有机会共享知识的财富更公平合理。但是事情并非如此简单。有人自然会想：这一切变化对我的个人生活意味着什么？对我的职业意味着什么？当然，它应该意味着任何职业选择应该意味的事情：这是我热爱的工作，或者至少是我不讨厌的工作；做这个工作可以使我赢得别人的尊重；我有能力做好这个工作；这是一个对他人有意义的工作；我自己也能从这个工作中得到足够的报酬，从而不必再为生存担忧，并有机会实现我职业上和生活上的追求。这些想法应该是任何一个人选择任何职业时都应该有的。有的人也许还要加上一些对精神和情感生活的考虑。如果这个工作能够满足我各方面的追求，能够帮助我实现自我的完善，那么我就是真的幸运了！但是，我个人接受这种上天赐予的福气，并不意味着我必须认为别人也应该同样有此福气。不是每一个人都应该投入我所挚爱的领域来奋斗。

很多同事可能对这些论点不以为然，在目前的大学氛围下，这些观点还有待讨论。他们可以相当准确地描述人文学科是多么失宠。看一看权力、地位与人文教育的关系吧！看一看你自己所处的位置吧！大学里哪些学院更富有？还不是医学院、法学院、工程学院和商学院？有钱的地方就有权力！我们这些搞人文学科的人一直在忍受着所谓的"上流社会的贫困"，这种情况已经持续不止五十年了。

这种情况千真万确。我们中的很多人就是响应良知的召唤，而从事人文科学工作的。我们鄙夷当权者对政治的控制，恐惧经济价值对生活的垄断，也担心个人自私自利行为的蔓延。我们对人文教育一往情深。我们真诚希望工程师能够成为全面发展的人。懂一点文学和哲学或许能使他们的粗糙生活变得细腻一些。同样，我们希望商人有一点社会良知，一点历史和伦理学知识也许会给他们的世界增加一抹亮色。人文科学一直被期望起到某种平衡作用，使人和世界更加完整。

尽管人文学科的经济效益有限，对社会的影响也不直接，然而它在人类知识领域里不可缺少。人文学院为那些在其他专业学院进行职业训练的学生开设了大量课程，使得其他专业学院可以聚焦于它们相对狭窄的领域，而不必关心学生智力的广度或者情感与道德的发展。实际上，所有的能力、兴趣以及相关的任务都被严格地区别开来，大学的人事部门对专家格外尊重。隔行如隔山，教授们彼此也相敬如宾，互不打扰。

我们对专家的崇拜如此严重，而人文教育本身恰恰为这种崇拜提供支持。很多时候，我们在很多事情上保持缄默，尽管那些事情是任何有道德感的知识分子都应该发表言论的。尊重和敬畏成为放弃责任的借口。这种情况到处都在发生，从小学教室到白宫。最近，一位前副国务卿向我描述了给总统做参谋的典型情景。总统的顾问们在关键时刻往往犹犹豫豫，推说那是经济学家的事，或者说"这件事您得问心理学家……"结果呢？总统得到一大堆相关信息，却没有得到他最需要的建议。事实是，很多建议常常只要求以良好的道德判断为基础，任何一个有判断力、有责任感的人都应该能够提出。我们现在没有一个由年长者组成的顾问团，那些年长者见多识广，学识渊博，能为我们提供智慧的教诲。相反，我们只有无数的专家以及成堆的管理人员。

在公立学校里，教师甚至不愿意和学生谈论有关道德的事情。你会听到教师们说，他们没有接受过那方面的训练，那是心理学家的事，或者咨询师的事、父母的事、教会牧师的事。如果面临压力，他们甚至会抗议道，他们没有权力将自己的价值观强加给学生。而实际上呢，正是这些教师把各种各样有道理没道理的规章制度强加给学生，而不管伴随这些规章制度，他们同时强加给学生什么样的价值观！毫无疑问，任何有良知的成人都能够并且应该以关心的态度，向学生讲解我们大多数人都珍视的品质，诸如诚实、爱心、开放心态、非暴力、体恤和谦恭等。讲解这些东西并非一定就是灌输，就像教数学要讲解和记忆一样，那是必需的。

常常能听到这样一种论调：某些人文学科，譬如文学和历史，担负着处理那些重要的道德问题的特殊任务，但不应该进行任何道德说教、道德指导，不能对学生的信仰和个人生活进行直接干涉。而且，很多人认为，大学以前进行这方面的教育也不大可能。这种论调无疑忽视了这样一个事实：在大学里，因为人文科学的低下地位以及与专业学院分离的现实，实际上更不可能保证这种教育有什么效果。

尽管大学里的孰轻孰重分得十分清楚，人文科学在普通教育阶段还是拥有一定地位的。很多课程仍然被认为是大学教育的必要前提。要被大学录取，你必须上过这些人文学科课程。这种要求没有降低的迹象，相反还在加强。要求所有学生都接受一个同样的普通教育，这种观点正是这种反应之一。在这种体制下，孩子们被引导着相信，只有一种形式的教育是有价值的，只有几个职业是值得干的。

与主张所谓普遍性的人文教育的理由相似，目前教育界流行一股反对分组教学的潮流。按照学生的未来发展方向——升学或者就业，将高中学生分成不同的组别来进行教学，这种做法在全国各地都遭到攻击。当然，反对分组教学的意见不一定就是同时主张阿德勒的人文教育观念。很多人反对分组教学，因为分组教学可能使学生受到不公平的待遇。这种不公平待遇也可能反映在学校选择、教学、心理咨询以及学校生活的其他方面。一旦被分到不受重视的组别里，不管学什么科目，学生都会受到忽视。他们没有机会深刻地思考、有效地交流，也没有机会充分地参与集体生活。在这种情况下，如果让我来选择，是维持这种分组现状，还是打破分组，对所有学生一视同仁？我很可能也会选择后者。

我说"很可能"，是因为我不能轻易断定两者之中哪一种做法更有害。它们基本上都不是好的实践。现在很多学校已经废除商业和工业分组，即使不准备升大学的学生也受到更多的学术训练。以数学课为例，在标准课程框架下还有不同的分类。有的学生上真正的代数课，有的上那种最简单的、几乎都不能称其为代数的代数课。两种课程都可能开设给准备上大学的学生，但实际上，只上了简单代数课的那些学生根本没有进行以后学大学数学的必要准备。如此一来，学生收获的公平不过是一个赝品，实际没有学到任何有价值的东西。这一事实使得这一切成为一个骗局。归根结底，这些学生应该学到一些他们真正感兴趣，也真正有能力学好的知识。他们可能在某一方面取得优异成绩。可是学校当局认为，只有那些"精英"做的事情才是重要的。这样，平等就意味着参与那些事情，哪怕仅仅是名义上的参与。

幸运的是，我们现在不必在要么维持现行分组现状，要么把所有学生投入一个课程之间进行选择。约翰·杜威早就指出，学校里开设什么课程并不那么重要，真正重要的是课是怎么开的、怎么教的。烹调可以被非常严肃地研究，学生的能力可以在学习烹调过程中很好地发展。数学也是这样。同样道理，它们都可能被草率地对待，变成毫无趣味和意义的东西。学生虽然上了课，但谈不上发展了任何能力和兴趣。

不管怎样，现在主张分组教学可能会被批评为鼓吹种族主义和精英主义。但是我仍然认为，标准人文教育课程并非神圣不可取代的。从教育的角度来看，学一门特别的文学、历史或者数学，并不比学习木工、绘图或者摄影更有意义。反对分组教学的意见更多具有政治和经济上的意义，并非一种教育主张。

今天，教育更多地着眼于学生群体而非个人。我们正确地看到了这样一个事实，即相当多的非裔和拉丁裔学生被分到低级别的组里。这种明显不公平的现实反过来又影响了我们解决问题时的视野。我们试图把每一个学生都分到高级别的组里，而忘记了真正挑战这种等级制度本身。很少有人从新的角度想问题。假如不管学生在学什么，经常邀请他们去看戏、听演讲、听音乐会、参观博物馆；假如在午餐时间把他们分成各个小组，让来自社区的成人与他们交谈，帮助他们实践良好的行为方式，向他们介绍各种各样不同的职业情况；假如各行各业的模范能够招收一些学生作为学徒，向他们言传身教生活的意义……如果这些"假如"都成为现实，会是什么情况呢？学习非学术的东西并非一定要把你变成低智力的人，把你投入被人看不起的职业里。这种结果是伪善的等级制度的产品，而并不是学习一门具体课程的结果。我们要明确，让来自所有不同社会群体的孩子都受到高水平的教育，这意味着：首先，每一个孩子的需要和才能都应该在教育计划里有所反映；其次，任何一个孩子都不会被可能使之受益的任何一种教育形式排除掉。

很多有想法的教育决策者也不能正确看待人类素质多样化这一事实。他们认为学校要完成的任务已经太多了。约翰·加德纳（John Gardner）在他很有影响的《优秀》（*Excellence*, 1971）一书中，对"优秀"在社会层次上的多样性大加推崇。可是，谈及学校，他却主张，发展优异学术是唯一重要的任务。在我们这样一个社会里，人们有充分理由推崇一个优秀的水暖工，而鄙夷一个蹩脚的哲学家。可是，难道不那么优秀的水暖工就不值得重视吗？加德纳认为学校无法面面俱到，而学校的结构组织最适合发展学术。这个观点本身非常经不起推敲。其实他自己已经揭示了其弱点。他承认，有些（可能很多）孩子在这种强调学术的教育里不会取得成功。他认为这些孩子必须接受这种失败，但是不能被这种失败所吓倒，因为他们仍然有机会在人生的其他方面获得成功。我要问的是，如果一个孩子已经在这个系统的最底层挣扎了十二年，他还会坚持认为，这只是一个失败，还有别的成功的机会吗？如果我们在社会层次上重视水暖、园艺、舞蹈、写作、修理电器这些工作，那么在学校里，我们就应该对这些方面的才能予以鼓励。如果我们真正主张平等，那么就不能停留在口头表达上，必须采取实际行动。

不过，我们需要理性地考虑加德纳的一个忧虑。他说得对，加在学校头上的任务实在是太多了，使得学校无法在任何一个方面获得成功。我认为，并非课程和活动数量本身使学校不堪重负，实际上，是社会强加给学校的本应该由社会承担的负担压迫着学校。社会要求学校解决太多的社会问题。譬如，社会不愿意采取切实行动来解决种族歧视问题，却要求学校达到种族和解；社会不愿意与她的孩子们谈论爱、快乐和诺言，却要求学校进行性教育；社会不愿意确认加德纳先生看到的人类素质的多样性，却要求学校强迫每一个孩子都去学代数。这样的结果是，学校承受了它最不堪承受的负担，即想方设法让那些聪明的学生去学他们不想学的东西！

给所有孩子一个同等质量的教育，并不意味着给所有孩子一个同样的教育。正相反，给所有孩子相同的教育会导致不平等。但是，我的主张并不意味着学校应该忽略一些具有共同性的知识内容。下一章里我们将探讨学校应该教的共同课程，譬如阅读、写作和算数，它们就是学校教育的基本内容。还有关心，学校有充分理由教会所有孩子学会关心。

让我来总结一下这一章我们讨论的内容。我想再一次直截了当地指出，当前这种形式的人文教育对任何人而言都不是最好的教育。第一，这种教育将狭隘的理性和抽象的推理过程视为完整人生的标志而予以过分强调。它忽视人的情感历程，忽视具体思维，忽视实际活动和道德行为。推理过程当然很重要，但我们不能忽略人性和人类生活的其他方面。第二，这种对思维过程和脑力劳动的过分推崇使那些在这方面成功的学生相信，他们比那些从事体力劳动的人更加优越。一个更加平衡的课程会帮助所有学生发现自己的特殊才能，也促使他们尊重那些自己不具备的才能。第三，传统人文教育课程基本上是男性生活的反映。历史上与女性联系在一起的活动、态度和价值观被严重地忽视了。这种教育不断地生产出这样一个社会——一种性别的人在物质与精神上支持和关心另一性别的人。长此以往，社会的性别歧视模式得以形成。这些对人文教育的反对意见足以让我们重新审视整个教育事业。

在重新审视教育目标、内容和过程之前，让我再次重申我的观点。现在流行于中学阶段的标准人文教育课程对任何人而言都不是最好的教育形式。在《野蛮的不平等》（*Savage Inequalities*, 1991）一书中，乔纳森·科佐尔（Jonathan Kozol）向我们详细描述了富人学校和穷人学校之间的种种不平等。穷人学校的孩子缺乏安全可用的条件设施，接受陈旧不堪的课程和落后无效的教学。要让这些不幸的孩子也享受一点富人孩子所拥有的东西，富裕的美国人必须拿出他们的财富与别人分享，必须做出一点牺牲。而事实上，没有人愿意这样做。任何有说服力的感人主张也打动不了那些最富有的公民的冷酷之心。这一事实也有力地说明，生产出这些公民的教育制度绝对是有问题的。我们面对的事实是，不管是富人还是穷人，他们都在接受一个在道德上贫困的教育。难道就没有可替代这种教育模式的另一种模式吗？

第四章

一个新视野

假设教育和学校系统是由这样一些人来计划和构建的：这些人的兴趣和责任集中在对孩子、老人、病人、残疾人和其他弱者的直接关心上；这些人主要关心如何建立和维系我们需要的人际关系。这些人中的大多数可能是女性。实际上，我的建议与女权主义的立场也大体一致。当然，很多男性也经常在提出或者分享这样的观点。

在《学校和社会》（*The School and Society*, 1902）一书中，杜威写道："最好的最智慧的父母为其孩子所争取的，一定也是整个社会为所有的孩子所争取的。任何其他教育理想都是狭隘的不可取的，以这种教育理想指导的教育实践会毁灭我们的民主制度。"（p. 3）杜威虽然强调父母的作用，但在最聪明的父母应该为孩子争取什么这一点上，他与哈钦斯和阿德勒的观点并不一致。杜威从未主张给所有的孩子一种相同的教育。相反，他主张最聪明的父母会力争给每一个孩子不同的教育，以适合每一个孩子不同的需要、能力和兴趣。

杜威反对把哈钦斯和阿德勒所主张的那种人文教育模式视为适合所有人的最好教育模式，也不赞成仅仅建立在某种社会需要或者孩子的职业选择上的分门别类的教育形式。后一种教育模式的代表人物包括一些著名的思想家，譬如哈佛的查尔斯·埃利奥特（Charles Eliot。参见 Preskill, 1989）。这种模式基本上忽视了儿童的能力倾向和兴趣，而在保护为所谓社会精英所接受的人文教育方面却做出了努力。这些精英害怕他们的人文教育被那些不具备学术能力、注定要从事体力劳动的人所影响。杜威非常欣赏柏拉图所描绘的教育蓝图：孩子们接受适合他们各自才能和兴趣的教育。不过，杜威也正确地指出了柏拉图思想的缺陷。柏拉图认为孩子只有三类有价值的、值得开发的素质。杜威明确认识到人类能力发展的多样性，而主张进行适合孩子本身的教育。

在本章中，我将邀请读者朋友与我一起来进行一个思想实验。假定我们要养育一个非常大的家庭，这个家庭里的孩子彼此不同。他们来自不同的生身父母，种族背景不同，个性才能多种多样。那么，我们希望这些孩子成长为什么样的人呢？我们要为其提供什么样的教育呢？做这个实验有相当大的困难。虽然，所有怀着良好愿望的父母都可能对怎样教育这些孩子有自己的想法，但是，他们必然都会从自己特殊的文化角度出发来进行这个实验。他们不仅会考虑加德纳所描述的不同智慧类型，也会注意那些他们所属的社会群体所推崇的知识和态度。严格地说，这里没有一个"我们"可以代表。我想给予这个大家庭的也许会非常不同于你想要的。所以，当试图回答那两个问题的时候，我必须时刻记住，我所主张的不是绝对的，而是需要探讨的。"什么样的教育是我所想要的？"必须和"什么样的教育是你所想要的"一起来讨论。

很多人的第一反应会是——我们想要孩子们幸福。但是"幸福"的标准又是什么呢？我们希望他们过一种花花公子似的享乐人生吗？这很可能不是我们希望的。我们希望他们一生中免受严重的疾病和伤害，希望他们展示和发展有价值的才能，希望他们成为体面的有爱心的人，希望他们在各自的家庭、职业和社区生活之中获得爱和欣赏。这些希望里所包含的价值观很复杂，需要进一步的解释。

萨拉·鲁迪克（Sara Ruddick, 1980）曾经分析过孩子对母亲的要求，以及因此母亲对孩子产生的兴趣。（对鲁迪克而言，母亲不一定就是女性。两性之间，谁做日常的关心照顾孩子的工作，谁就成为母亲。这种工作要求你对孩子给予物质上和精神上的关爱，以便直接影响孩子的身心发展。这种工作传统上由女性来承担，所以人们强调母亲的作用。当我用"父母"而不用"母亲"的时候，我就是在强调，关心的工作可以由父母中任何一方来承担。）鲁迪克认为，母亲们首先全力保证让孩子们活下来，然后希望孩子们健康成长。她们按照一种社会上接受的理想模式来培养孩子。这些母亲的需要有待进一步推敲。是否一种需要比另一种更重要呢？例如，保全孩子的生命似乎比其他什么都重要。你必须先保全孩子的生命，然后才谈得上培养他们。不过，保全生命和培养孩子成长这两者之间有时也可能发生冲突。为了使孩子更好地成长，我们有时不是也允许甚至鼓励他们去冒一些危险吗？在更极端的情况下，有些母亲宁愿让他们的儿子战死疆场，而不愿他们当懦夫或者叛徒。父母在养育孩子时，往往因不同情况调整他们的兴趣和希望，对于什么是"健康成长"，什么是"接受性"，理性的父母们往往会有不同的认识。

我们果真开始了一项艰难的任务。或许可以找到一个新的思路。既然没有一个思路足以适合这个复杂的分析，我们不妨尝试多个思路。首先让我们采纳霍华德·加德纳（1983）的七种智能学说，以此作为一条线索来探讨能力倾向问题。当然不一定只有七种智慧或能力，但是，这个思路可以帮助我们指导孩子成长。加德纳列举的智能类型包括数理逻辑方面的、语言方面的、音乐方面的、空间图形方面的、运动方面的、人际关系方面的和超人际关系方面的。这个学说提醒我们，在教育一个孩子时应该强调什么，按照什么方向来准备一个孩子未来的职业。但是，我们也必须打开思路，不只存在七种智能，也不是只有七种培养孩子的方向。当我们在设计不同的教育课程，以满足孩子们的不同能力倾向时，有人或许会提出一个新的值得注意的智能，我们应该将其包括在计划之中。

加德纳所提供的思路至少在两方面有意义：其一，不同的课程，可以开设给具有不同能力倾向的学生，特别是在中学阶段；其二，所有孩子都必须学习的科目，像阅读，可以以一种真正适合学生特殊能力的方式开设给他们。记住，我们现在是从启发思路探讨问题的角度来讨论这个办法。我还要强调一下考试的问题。我不主张用考试的办法来决定孩子在学校的位置。如果考试非用不可，那一定也是应孩子自己或者家长的要求。归根结底，是兴趣而不是考试决定了孩子在学校里的位置。

但是，即使我们真正着眼于兴趣而不是考试能力，这种思路也存在着重大缺陷。譬如，我和鲁迪克所主张的孩子的道德发展和接受能力在这个思路里就得不到反映。而且这个思路也忽视了其他一些问题，诸如共同性的人类任务、健康和文化保存、精神追求等。所以我们需要尝试其他思路。"现代课程理论之父"富兰克林·博比特（Franklin Bobbitt, 1915）曾经建议，教育应该围绕人类活动来组织。他提出下列人类活动可以作为课程的基础："宗教活动、公共服务活动、职业工作、家庭责任义务、娱乐活动、阅读、思考以及其他一切涉及一个健全男人或女人做的事情。"（p.21）这种思路强调的是人类活动或者行为，而非能力倾向。它提醒我们，为了将孩子们教育成富有创造性又易于被接受的人，我们必须让他们有能力去做这些事情。

不过，从本质上来看，这种思路仍然是不完整的。我们知道，有很多人类行为既没有动机，又缺乏情感，而且毫无理性。这在历史上不乏其例。实际上，这个理论就是最近的行为目标运动的前兆。这个思路的最大问题在于，它认为有一些活动是所有人类都应该参加的，而且，参加这些活动所需的技巧和知识是可能以一种"科学"的办法来传递的。它轻而易举地列举哪些事情可做，哪些事情不可做，却忽视了人类行为背后的复杂动机以及深层次的存在主义的问题。

我们需要这样一条线索，它能够贯穿我们生命最本质的部分，连接那些我们真正重视的东西：激情、态度、连接、忧患和责任感。我愿意把关心作为这条线索。我们已经看到，关心可以在很多领域内发展，也可以实现很多目的。我们重视一系列不同形式的关心：关心自我，关心最亲近的人，关心所有与自己有关系和没有关系的人，关心非人类的生命，关心人类创造的物质世界，关心环境，关心意识形态的知识。

当开始思考应该怎样围绕关心主题来组织教育的时候，我们必须认识到，对关心的这些主题，不同的人会有不同的看法。由于来自不同种族、民族、性别、社会阶层和宗教，人们自然会有不同的兴趣和着重点。所有这些社会关系都会影响他们对每一个领域内关心的看法，也会影响他们决定哪些领域的关心更为重要。因此，我们必须时刻考虑到这些社会关系的作用。

考察了这三种思路以及鲁迪克关于母性利益的观点，让我们回到最初的问题，即怎样养育我们那个大家庭。当我们声称要使孩子们关心他们自己，我们到底是在主张什么呢？从现在起，我将以我自己的声音说话。我是一个白人、一个职业女性、一个没有正式宗教信仰的人。我将以这种身份来尽可能地阐述我的各种选择，并且邀请读者朋友进行自己的思想实验。在我提供的例子中，有的来自我自己的人生经历，即养育一个由不同孩子组成的大家庭的经历，有的则是我虚构的。

首先，保全我孩子的生命是我的第一兴趣。我希望他们拥有一个健康并且优雅的身体。我这里用"优雅"一词来强调身体、精神和思想各部分的整体和谐。优雅当然首先指身体方面的美感。我们不是都喜欢舞蹈演员和体操运动员的优美体型吗？优雅也涉及生命的精神领域，意味着身体和精神的某种特殊联系。还有，它意味着一种我们不能充分控制的东西。我们每个人都有与生俱来的天分和局限，必须学会感激我们的天赋，也接受我们的局限。这是对自身的一种整体认识。我们优雅的身体里含有很多精神的内容，同样，我们的精神世界也无法脱离身体的制约。物质和精神是永远连在一起的。伴随着这种认识，我将经常用到"优雅"一词。优雅代表着一种状态。我希望我的孩子能够受到有关这方面的教育。

因此，每一天，孩子们应该花一定的时间关心他们的身体。这意味着对营养、卫生、锻炼等问题的注意。有的孩子在身体方面能力出众，最终也许会在运动和舞蹈方面有所发展。但是，所有的孩子都必须有机会接受身体方面的教育和锻炼，保持身体健康和优雅。

关心身体应该是教育的一个重点，但是每天花费四十分钟把孩子们集中到一起，玩玩游戏或者做做健美操，这并不是我想要表达的意思。不管做什么，必须与相关的领域和活动联系在一起。师生之间必须经常进行有关健康和优雅的谈话。有的时候，不一定要求所有的孩子都参加学校的锻炼活动或者游戏，因为有的孩子可能在校外已经参加了足够的锻炼。教师或者咨询师应该对此有所了解和计划，以便适当地安排孩子们的活动并且有效地指导他们。

对自我身体部分的关心还意味着能够理解和接受自己的潜力与局限。年轻人经常对自己的身体有各种各样的想法，可是我们的体育课却很少探讨这些问题。我们将本来是一个整体的身体及其相关内容分解成不相关联的不同课题。我们有体育（基本是运动）、健康教育、卫生教育、性教育、毒品教育以及营养教育（很少）。虽然所有这些课题都很重要，但更重要的是，应该用一个中心主题将它们整合起来。记得上高中的时候，我们花费大量时间研究身体的各个系统。我们记各种骨头和皮肤的名字，了解消化系统的组成部分等。然而，我们从来没有讨论过那些事实上真正困扰青少年的事情：肤色、体重、体型、姗姗来迟的例假、不请自来的勃起，还有莫名其妙的消沉，等等。我们学到的东西都严格局限在互不相干的范围里。当然，那时候没有性教育。

如今，即使我们加上了性教育课，整体情况也并没有发生质的变化。很多学校还开设了毒品教育课，因为毒品正在严重影响着青少年。这几乎成了一个规律：一个问题产生了，就添加一个课程来应付。这种做法值得商榷。我想让我们的孩子明白这个道理，人类一直都在试图延年益寿，提高性生活的质量，增强身体活力，促进精神健康。孩子们对毒品的接近不仅仅是他们的罪过，也不仅仅是他们这个时代的罪过。人类历史不是充斥着禁食与减肥的秘方、使青春常驻的渴望以及让身体和精神永远充满活力的幻想吗？人们有这样的兴趣并不奇怪，也不罪恶。但是，为此让我们的身体去冒险去受伤害则是不明智的行为。我们还可以联系其他课程，诸如历史、地理、文学以及科学，来说明这个道理。我希望这些课程有助于我们的关心教育，但不能让它们取代关心教育。

自我的身体部分只是自我的一个部分，我们同时也应注意自我的情感部分、精神部分和智力部分。自我的这些不同组成部分并不是彼此分离的。为了讨论的方便，我们才将其分开并贴上不同标签，但是如果在教学过程中也这样明显地分开，那就是一个错误。同样，将关心自我与关心他人等其他关心领域分开的做法，实际上也是不可取的。

自我的精神部分在当今的公立学校教育中几乎没有位置。很多青少年感兴趣的问题其实是可以在宪法规定的框架下讨论的。这些问题包括：死亡之后是不是有另一种生命形式存在？是否有一个上帝在关心着我？我与这个物质世界之外的任何东西有什么联系吗？世上有我可以与之沟通的神灵吗？如果有的话，这种交流会提高我生命的质量吗？还有别的相关问题困扰着一些青少年。譬如，一些年轻人放弃了他们父母的宗教变成无神论者，或者寻觅其他新的信仰。在这个过程中，许多困惑应运而生。

虽然不能也不应该教给我们这个大家庭一种特定的宗教，但是，我希望孩子们在学校里就人类对上帝和神的追求有所了解。希望有一天，他们能够对现存的宗教提出一些真正有挑战性和富有智慧的问题。我不希望他们在毫无意义的东西面前表现得拐弯抹角，也不希望他们将冷漠与尊敬混为一谈。加德纳所提出的任何一种能力倾向都可以与精神信仰联系起来。这种具有超越性的关心对所有其他形式的关心都可以起到引导和帮助的作用。一个投身于精神追求的人能够应用并且欣赏所有这些知识形态或者活动的精华之处：逻辑、诗歌、小说、音乐、美术、建筑、考古、舞蹈、服务、祈祷和沉思。

自我的另一个主要组成部分是有关职业的考虑。孩子们要搞清楚他们是什么样的人，他们要成为什么样的人。他们也不得不选择所从事的职业。作为父母，你可能会特别担心在空间图形或者运动方面有能力的孩子的出路问题。假设你有这样一个男孩，他对机械方面的东西很擅长，但是对数理逻辑和语言却不大感兴趣。事实上，他的学校可能很快会通知你说，你的孩子已经表现出一些语言障碍或者其他方面的智力问题。接到这样的通知后，相信你会提出抗议：我的孩子能够修理我们都修不好的东西，他怎么会有什么智力问题呢？的确，你有一个聪明的孩子，那么，学校到底应该如何发掘和完善他的聪明才智呢？

假定孩子们每一天都有一些时间来干一些技术性、机械性或者要求手工劳动的事情。假定所有的孩子都有机会学一学怎样接线拉电灯，怎样修理洗衣机的平常毛病，怎样维修家具，等等。这些是我们在日常生活中常常遇到的事情，可以划到博比特所描述的"家庭责任"之中去。在这些活动中，我们刚才说到的那个男孩子很可能有机会大显身手，并且能够帮助指导其他孩子。如果在学校里这个男孩子因为自己这方面的才能而受到尊敬和赞美，那么对他自己的自信心该有多么大的鼓励！

我希望所有孩子的各种才能都能在一个好学校里得到显示和发展。那些主要兴趣在音乐或者机械或者运动方面的孩子不应该被局限于一个狭隘的课程框架之中。譬如，可以让那些擅长机械的孩子了解机械发展史，做复制品，参观博物馆，阅读技术文章和科幻小说，参加有关技术伦理问题的辩论，参与调查环保问题等。其他学术方面的知识也可以让这些孩子学习，但是这只能成为他们主要的机械方面兴趣的辅助。

到这里为止，我仅仅是就孩子们在关心自我方面应该学习什么勾画了一个蓝图而已，在第六章里我还将继续深谈这个话题。现在让我们讨论一下如何关心与自己亲近的人。显而易见，这种关心不是孤立的，自我从来就是存在于一系列人际关系之中的。在特定时间内，我们作为个人的态度与行为将会影响身处的各种人际关系的质量，而我们的自我也会随时受到置身其中的人际关系的影响。

大多数人都希望自己的孩子将来找到一个爱人，建立自己的家庭，并且与亲戚朋友维持一种密切的联系。我们希望他成长为一个可以被他人接受的人。他将成为什么样的配偶、父母、朋友以及邻居？如果我们这些来自不同文化背景的父母对此问题各执己见，那么能否在学校里讨论这些问题呢？难道仅仅因为我们达不成一致意见，就忽略这些对我们孩子而言极为重要的讨论吗？

我希望所有的孩子，不管是男孩还是女孩，都学会关爱他人。在当今教育界，人们非常关注女性参与到数学和科学研究中的问题。有的研究者甚至提出像"女性与数学"这样的课题。历史上，在一些由男性主导的领域，女性很少参与进来并取得成功，这种现象已经为教育界所重视。但是研究者们对另一个问题却似乎视而不见。他们看不见在护理、小学教师以及全职家庭服务这些领域内缺乏男性的参与。我们的社会事实上就是重视那些传统上与男性联系在一起的职业，而忽视与女性相关的活动。（有关这个问题的论述可以参考马丁 1985 年的著作。）

我所倡导的新教育模式正大光明地赞美传统的女性职业。所有有能力的成人都应该把关心孩童和照顾老弱病残视为己任。这些工作不应该只由女性来承担。每个人都应该理解，这些工作既是负担，也会带给人快乐。譬如，跟孩子在一起工作就能给你特别的满足感，让你重温童年的乐趣。我就常常疑惑，为什么不能让高中学生重读一些儿童文学作品呢？阅读那些童话和寓言，加上相关的一些辅助作品，可能会比研读《哈姆雷特》（*Hamlet*）更加令学生激动，也更加有用。当我们探寻自身的成长经历，探寻人类的过去、现在和未来时，文学作品给我们提供回首和前瞻的机会。当然，地理、历史、美术以及音乐，都会给我们很多这样的机会。（关于如何通过文学作品来教学的精彩论述，参阅 Maxine Greene，1988。）

孩子们应该对生命的各个阶段有所了解。高中的时候，我们在拉丁课上读过西塞罗《论老年》（"On Old Age"）一文。咀嚼着他关于智慧、牛奶、蜂蜜、酒以及午后微风中的沉思等论述，我由衷地相信，老年时光也同样可以浪漫而美丽。当然，现在很多老年人的生活艰辛潦倒，实在不那么浪漫。但是学习研究人在童年、成年和老年期的不同状态应该成为人生教育的重要任务。应该鼓励孩子们与不同年龄段的人交往，这样的学习也可以和其他不同学科的学习有机地结合起来，譬如，数学统计、社会福利历史和社会学原理、医疗卫生与家庭生活、地理与文化差异，等等。这种学习是社会变化的必然结果和要求。我们的家庭结构已经发生了巨变，它不再像过去那样给我们提供需要的东西。但是，我们现在对家庭的需要却比历史上任何时期都更加强烈（Gordon, 1991）。

与身边最亲近人的关系既是道德生活的开端，也是它的一个重要结局。在一个充满支持和鼓励气氛的环境里，孩子们学会如何适当回应他们所依靠的人给予他们的关心，进而发展关心他人的能力。至于孩子们的关心指向何人，是否一定指向他们身边的人，却是有赖于教师的期望。这里的教师可以是任何指导他们的成人，任何成为他们榜样的人。过去，太多的男孩子在成长过程中都形成这样一种看法，即关心的工作是由女性完成的，男孩子应该关心物质世界、知识世界和其他伟大的事业。这个问题如此严重，以致许多女权主义者担心，我们对关心的强调会加重这种对女性的歧视。（对这个问题的担心，参阅 Hypatia, 1990；相关辩论可参见 DuBois, Dunlap, Gilligan, Mackinnon, & Menkel-Meadow, 1985；对于女性作为关心者所遭受的剥削有令人惊恐的描写，参见 Sommers & Shields, 1987。）

如果将我们与身边最亲近的人的关系视为道德生活的核心，我们就应该给所有孩子提供关心的机会。在学校里，孩子们可以在一起正式和非正式地合作，完成许多功课和作业。待年长一些的时候，他们可以学着帮助比他们更小的孩子。这样逐步积累关心的经验，直到亲自参加精心计划好的社区服务活动。从加德纳的不同能力学说，我们可以断定，孩子可以以各种不同方式，投身到不同的服务活动之中去，而每一种方式都可以反映每个孩子的特殊才能。

不过也应该意识到，有些孩子可能会拒绝某些服务活动。考虑到历史上这些服务活动对某些社会阶层意味着剥削和压迫，这种拒绝也并非完全没有道理。作为教育者，我们有责任对此予以充分注意并且鼓励开展对话。譬如，非裔和拉丁裔孩子可能会拒绝参加打扫学校卫生的工作，女孩子也许会拒绝看管照顾儿童。很多这样的拒绝是适当的，我们必须予以尊重。但同时，我们必须让每一个孩子明白，任何工作本身都是重要的、可尊敬的，没有高低贵贱之分。必须通过充分的讨论，让所有孩子明白我们相信这一点。希望我们能成功组织这样一次劳动，这个工作曾经长期与特定种族或性别联系在一起，但是现在我们使所有孩子，不分种族和性别，都参与进来，这样做的结果肯定会坚定我们教给孩子们的信念。

在学会与周围的人建立一种富于关心的关系这一过程中，对话扮演着重要的角色。遗憾的是，现在教室里几乎没有真正的对话。师生间交流的典型模式是教师提问、学生回答、教师评估。当一个学生回答问题时，教师的注意力就集中在这个学生身上，待他回答完了，才转向另一个学生。那个回答完问题的学生就大出一口气，转向别的问题去了。如果对话不能引入正式的课堂教学过程中，那它一定应在别的什么地方发挥作用。每一天都应该为孩子留出一定的时间，在这个时间里，孩子与成人进行坦诚的对话、真正的交流。

在这样的对话过程中，孩子可以学到很多东西，其中一点就是"人际关系推理能力"，包括与人沟通的能力、做决定的能力、妥协的能力以及在解决问题过程中互相帮助的能力。学校目前极其重视数学与逻辑推理能力的培养，却严重忽视人际推理能力。让我们举个例子来说明这个问题。学校里进行毒品教育，教育者让学生面对毒品说"不"。我认为这种运动式的教育很难奏效。因为孩子们不仅仅需要对毒品说"不"，而且需要对给他们提供毒品的人说"不"。如何既能维系与同伴的友谊，同时又能说"不"呢？必须学会这一重要而又复杂的技巧。这是关心他人与自己所需要的能力的一部分。

在维护与自己社区的成员和周围最亲近的人的关系这一过程中，人际推理能力不可缺少。培养可接受的孩子的任务之一，是确定在哪些领域培养孩子的可接受性。其中一种关键的可接受能力就是在最亲近的人际关系内爱和被爱的能力。我们希望孩子在他们最直接的社会圈子里，譬如家庭里，成为可接受的人。我们同样也希望他们在大一点的范围内，诸如朋友、同事和其他与之发生关系的人际范围里成为可接受的人。培养这种可接受性，需要对各种社会圈子、组织和团体有所了解，需要决定哪些圈子值得我们的孩子去与之交往。这样的讨论本身也需要一定的人际推理能力。我们必须和孩子一起认真对话，倾听并且表达彼此的意见。我们探讨各种社会圈子的情况，了解孩子将要接受的各种各样的人。

非常奇怪的是，现在即使是社会学习课程也对这种接受性几乎不加讨论。这些课向学生灌输一些狭隘的有关公民权利与义务的概念。即使是阿德勒，在强调人文与公民教育的时候，也不过是蜻蜓点水般地谈论一下公民投票权的问题。我对投票权问题相当关注，但是，作为一个母亲，我从来没有非常担心过我的邻居们是否参与政治投票。我更加关心的是，他们是否具备作为人的基本素质。在搬家到一个新社区之前，我脑子里想的问题是：那个社区有抢劫和伤人事件发生过吗？需要的时候，我的邻居们会替我照看孩子和东西吗？他们是不是诚恳、讲卫生、安静、不随便打扰人？我的孩子们能够在这个社区里找到有健康兴趣的朋友吗？在学校里，我们难得讨论诸如此类的公民责任问题，但是这些问题确实构成人类关系中的一个基本方面。

孩子们应该学习的另一个重要内容是如何对待各种人群组织或者社会集团。具体地讲，我们应该教导孩子不要轻易地全盘接受或者拒绝任何一个组织或集团。我们现在的一些教育方式倾向于使孩子相信，一个集团或者一群人要么是好的，要么是坏的，就像小时候看电影总是将人分成好人和坏人那样。伴随着这种对人类道德的简单化划分，孩子往往也会倾向于相信，忠诚意味着对某人或组织的彻底接受，以及对别人的彻底拒绝。所以，当我们决心忠诚于某一组织，我们就倾向于相信，这个组织基本上代表着正义事业，从而就愿意坚定地站在这一边而对抗所有别的组织或个人。就这样，我们学会了各种政党分别，并且开始把世界分成我们和他们。这是学校教育的一个严重问题，它不间断地在孩子们的心中生产出竞争者和敌人（Noddings, 1989）。

如果另一场类似越南战争的冲突发生的话，我希望我们的孩子能够像他们的前辈一样反对它，但是应该表现出一种更加理智和建设性的态度。我不想看到他们往那些士兵身上吐口水，或者以其他形式对他们冷嘲热讽。我们认为这是一场非正义之战，而那些年轻人则可能认为自己是在为国家尽责尽力。我希望理智的反对意见和行动也会被视为一种可尊敬的公民责任。我还希望孩子们能够明辨不同阵营的是非。一个人在一些关键时刻是可能也应该站在两个立场上的。这样做既是为了避免从一个立场出发的偏激行动，也是为了在双方之间建立一种更积极的关系。我们为什么不能学会用更富有接受性、批评性和建设性的态度，来处理不同组织和集团间的关系呢？

现在，学校确实在教给学生一些有关其他文化的知识，也在努力培养学生具有一种全球意识。但我不希望把这种学习搞得很抽象，以至于一旦遇到危机，其效果便立刻烟消云散。我希望探索对自我和他人的一种理解，这种理解能帮助我们认识到每一个人都有一颗沉重而脆弱的心。我们会犯错误，甚至会向罪恶低头。不能总是将罪恶强加给他人而尽力开脱自己的责任。在当今时代，几乎听不到诚实的政治辩论了，那么孩子们必须有机会学会正确认识国家的历史，进而评价当前的事务。我这里以历史为例，但我并非主张所有孩子都应该学一门特别的历史课程。我是在强调教师们都应该有能力、有准备地随时以史为鉴，来满足孩子们探讨现实的需要。我并不认为正式的历史学习一定能够使我们成为更加明智的公民和决策者，能够使我们避免重犯前人犯过的错误。孩子们应该学会的是，真正理解和同情他人，也更好地理解自己人性中的各种弱点。

我们需要更好地理解作为个人的自我，也需要更好地理解我们所属的各种组织或者团体。作为团体成员，我们影响团体的运行方式，团体反过来又以它的既定规范影响我们。孩子们每天沉浸于电视节目之中，但是学校很少帮助他们学会怎样看电视。最近，我听到一些人说起他们购买那些名人做过广告的产品。我几乎不能相信真的有人去买某种机油或者早餐点心，仅仅是因为一个赛车选手或者足球明星曾经赞扬过它们。难道人们不知道，明星为某个产品代言，是因为有人付钱给他们吗？不过这种行为也不难理解。有一些批评家早就警告过我们，在资本主义社会，文化知识的主要功能即是提高消费者的数量和增加消费量（Freire, 1970; Illich, 1971）。

学习人际关系是我们每个人都要面对的最困难的任务。很多时候，我们将良好的人际关系技巧等同于流利的言语表达，或者单一方向的人对人的影响。即使霍华德·加德纳（1983）在介绍那些需要较高人际关系能力的职业的时候，也以精神治疗专家和心理咨询师为例。这两个领域的工作确实要求从业者具有高度的接受能力以及双边交流能力。而实际上，很少有人达到这一要求。我们看到，居高临下的指导甚至控制往往取代了与病人一起工作、为病人服务，而这些才是病人真正需要的。教师、医生、律师、外交家和政治家都需要掌握高度的人际关系技巧。朋友、爱人、父母以及工作伙伴同样应该具备这种能力。

应该让孩子们学会与不同人打交道的不同技巧；学会与善良

的人们交流时充满爱心，与不那么可信的人交往时保持距离。我还希望我的孩子能够不断审视自己的生活能给他人带来什么影响。我不希望我的孩子遭受贫穷，也不希望他们贪得无厌。应该热情倡导节俭的生活。将节俭作为一种生活方式，这并不意味着拒绝生活中任何一点奢侈。相反，就像为了保持一个健康的体型和体重，我们需要适当节食但无须厌食一样。我不希望孩子们互相攀比，看谁家有游泳池、有游艇，谁穿戴名牌、开好车。我将让孩子们明白，通过自己辛勤劳动挣得的财富确实能够给生活带来极大享受，但是我们还应该追求一些物质财富以外的东西。不要被财富所左右，就像时刻注意自己的体重一样，应该维持一种适度的生活。谈论节俭这个美德的时候，我知道有的家长可能会对此不以为然。他们希望所有的孩子挣大钱。所谓美国梦的一个重要解释不就是成为百万富翁吗？但我相信，很多家长会同意我的观点。成功确实有很多另外的标准，我们应该讨论这些标准。

我关心孩子如何与非人类的生命发生关系。我们大多数人从让孩子认识宠物开始，试图在孩子心中培养一种对小动物的责任感。关心小动物确实可以成为一种有效的道德教育形式。在关心照顾小动物的过程中，孩子可以学会如何表达痛苦或者不适，学会如何让小动物快乐，如何留意和欣赏小动物所表现出来的种种反应。关心小动物可以给孩子和家长都带来乐趣和责任感。

不过人类与其他生物之间的关系很复杂，一旦深入探索，我们就会面临很多问题。譬如，应该用动物皮毛制作衣服吗？难道整个皮毛贸易都是不道德的吗？对皮毛工业的辩护和攻击涉及怎样看待动物生命的问题。有些人对动物所遭受的痛苦轻描淡写。他们认为，如果我们考虑那么多的话，那么制作用于捕捉动物的夹子都是违法的了。有的人则认为不应该为了获取毛皮而驯养野生动物。可是家畜与野生动物之间真有那么大的分别吗？有时候，我们不也为了保护某些珍稀动物而驯养它们吗？至于我个人的意见，我只是会说："动物比我更加需要它们的毛皮"，因而我拒绝动物皮毛服装。但这只是我的个人选择。参与动物皮毛生意不一定就是错误的。如果教师真正关心培养孩子的批评性思维，那么应该激励孩子去思考一系列有关的问题。诸如，如果某种野生动物过度繁殖会怎样？是不是有时候为了皮毛而猎杀动物比让它们自生自灭更有意义？全面禁止动物皮毛生意对人类生活会产生什么影响呢？是不是应该选择一些动物猎取皮毛呢？我们对待动物的道德态度应该是关心的一个核心内容。是不是应该停止猎杀动物、禁止进食动物呢？动物应该有权利吗？是不是应该用动物进行科学实验？如果应该，那么是不是应该严格控制到特别必要的领域？什么时候特别必要呢？

不久以前，在写有关罪恶这个问题的时候［《女性与罪恶》(*Women and Evil*, 1989)］，我探讨了三种形式的罪恶：自然的、文化的以及道德的。自然罪恶包括所有那些给我们造成痛苦和伤害的事情：大多数疾病、狂风、暴雨、地震、衰老以及死亡。道德上的罪恶是指那些我们有意和无意给他人带来的伤害。

文化罪恶最为复杂，最不容易认识和解决。文化罪恶包括所有那些给人类带来伤害，而在各种不同时期或地区却可能被接受或者被拒绝的实践活动。我们对动物的处理可以归入这一类。应该如何对待动物，这是一个非常复杂的问题。如果你自己深陷于一种文化，那么就会很难认识到这种文化的罪恶。譬如，古希腊人当时根本就看不到奴隶制有什么不好，而今天任何人都会认为那是一种罪恶。还有，在一些早期社会部落里，杀掉与人通奸的妻子是很理所当然的事情，而如果一个丈夫和另一个未婚女子发生不正当关系，他所受到的惩罚却轻得多。很多社会部落崇尚战争，我们大多数人会认为这是一种文化罪恶。贫困也可归入这类罪恶。所有这些例子都涉及给人带来伤害和痛苦，但并不总是触犯某些特定社会的法则。参与那些行为的个人也没有被认为是不道德的，相反倒可能被推崇和赞美。如果一个男人拒绝从军，那么他很可能会被视为不爱国，是个懦夫，也缺乏道德。

我们现在面临的问题是，将来人会怎样看待我们目前的文化状态？他们会指出和批判我们的文化罪恶吗？如果人口过度膨胀，居住空间越来越狭小，饲养动物的条件也越来越有限，渐渐地，人们就会形成一种节食的伦理习惯。生活在公元 3000 年的人们回头看我们，也许会将我们视为长有红色爪子的野蛮动物，认为我们食用动物肉与吃同类没什么区别。不过，也许他们也会跟我们现在一样，津津有味地捧着牛排大嚼特嚼呢。我们现在不得而知。

参与某些团体行动时，有些人会敏锐地意识到，自己团体的行为是一种罪恶。但是更多时候，没有人关心自己的后代或者其他文化的人会如何看待自己现在的行为。我们的孩子应该有机会讨论和分析这些可能性。谁是先知？谁是疯子？这是个极为复杂的问题。我们必须倾听来自不同方面的声音。既要充分认识到不着边际的狂想是危险的，又要学会欣赏持反对意见的人们那些诚实和良好的愿望。主张猎取动物皮毛的都是坏人吗？支持皮毛贸易的人之中没有友善正直的人吗？当我们能够被那些与我们观点不一致的人所打动的时候，哪怕这种感动只是一点点，我们就会相信，我们有可能以非暴力的手段解决任何纠纷和冲突。而当认识到与我们对立的派别确实仇恨我们，而我们仍然对他们怀有爱心，我们的爱使我们理解他们的恨，这时候，我们就会理解人类最基本的悲剧所在。

孩子们应该学会欣赏植物生命的奇妙。曾经有一些年轻人到我家里做客，在厨房里他们分辨不出莴苣和白菜的区别。他们能够分出不同色拉，但是搞不清楚色拉里到底有些什么蔬菜。这种无知使我有点震惊和悲哀。我想，如果孩子们有机会亲自种植一些植物，了解各种植物的用途，那么他们可能会对保护森林及其他自然资源的急迫性产生更直接的认识。而且，这种活动与孩子们在学校里学的其他学科是有联系的，像历史、地理、生物、营养学、艺术、数学和文学，等等。再说，栽培植物确实给人带来真实的满足感。

我会在以后的章节中专门探讨关心动植物的问题。现在我想强调一下，在这个问题上，我的主张与传统思路有何不同。传统思路是，学生们在学校里学习植物学。他们学习一株植物的各个组成部分，它所属的科、光合作用以及其他化学结构等。因为这些概念和术语，植物变成很抽象的东西。我主张关心植物，学习如何养护它们，但我不强调一定要记住各种植物的学名。我主张如何从关心侍弄植物的过程里体会一种奇妙感。当你看到植物蔓延开来，爬过人行道；当你看到它们逃过野火，让种子随风而散；当它们卷起叶子以躲避干旱……你体会不到它们的生机和韧性吗？我这是在讲如何在孩子们心里开发一种伊弗林·福克斯·凯勒（Evelyn Fox Keller, 1983）描述的"有机生命的感觉"。

对于怎样关心非生命的物品和器具的问题，说实话，我以前对此认识不足。直到现在我对机器也是知之甚少。我家厨房里有一台1957年生产的搅拌机。我仍然保留着当年的使用说明书。我丈夫曾经对它进行过一两次简单的维修。这台老机器现在对我们已经具有一种不同寻常的意义了。它拥有我们对它的关心，它也确实值得我们关心。有很多人像我们一样对老车、旧气压计、用过多年的刀具什么的怀有一份特殊的感情。但也不乏对这些东西漠不关心的人。很明显，这些人从来没有想过，如果我们没有这些东西会怎样。他们从来不曾想过，人类祖先是怎样创造出这些工具的，也从来不曾慨叹人类的创造是多么神奇伟大！我会在我的孩子心里培养这样的情感。

花点时间想一想每一个学龄儿童都再熟悉不过的东西——铅笔。你知道铅笔是怎么制造出来的吗？我们可以想象一堆堆长方形的木材正在经过生产线。在一个槽形的器皿里你看到石墨。然后看到经过处理的木材包裹住石墨，再被封好。下一步，一条条木材被锯成铅笔的长度；一块橡皮被安到每支铅笔的末端。想一想，这么多的步骤是如何按部就班地完成的？什么样的木材？怎么被挑选运输到铅笔加工厂的？石墨从哪里来？由什么途径运输的？铅笔的硬度是怎么测量又是怎么控制的？什么是橡皮擦？它又是如何生产的？还有，是什么样的机器在每一根铅笔上打上号码？在哪个生产步骤打号？对诸如这些有关铅笔生产的大概原理有所了解后，我们还可以探究所有那些完成任务的神奇机器、它们的工作原理以及谁发明了它们。

我们身边遍布奇妙的东西，可是我们经常对它们视而不见。就像对待一个我们不喜欢的水果，把它一咬两半，然后随手抛进垃圾桶。我们生产出太多的垃圾，以至于我们自己几乎都没有容身之地了。我们费尽心思考虑如何处理这么多的垃圾。其实我们应该问另一个问题，那就是：为什么会有这么多垃圾？最好同时问这两个问题。伴随着这样的问题，我们会思考如何高效地利用资源，如何保护和节约资源，以及如何在已有基础上创造和更新这些资源。

我们简短地讨论了作为关心对象的动植物以及非生物的物品器具，现在让我们回到关心的中心领域——人。我希望孩子们会理解极端主义的危险。接受、欣赏和敬畏自然和生物世界，这并不要求你全盘拒绝科学技术。同样，投入甚至着迷于技术世界也并非意味着忽视生物世界。抵制对动物的残忍和暴力并不一定要求你谴责所有为消费目的而饲养和猎取动物的行为。毕竟，动物自己也互相猎杀和消费。但是，不管怎样，与动植物世界维持一种道德的关系是我们的一个责任。这里面没有一个简单的答案。互相指责和对抗只会使问题更加严重。

最后，我想谈一下对思想和知识的关心。这是大家都熟悉的领域，也是与学校教育最有关联的领域。很明显，这个领域并不与我们刚才讨论的其他领域完全分离。相反，到现在为止，我所有的讨论都集中于审视我们的思想主张是如何渗透在人类每一天的活动和兴趣里。

不过，思想、知识以及概念体系自身也可以成为关心的中心。很多年以前，我曾经选修过一门统计学课程。我记得当时大多数同学都抱怨课程材料里没有足够的具体例子。上课的学生都期望成为教育研究者，利用统计学来进行教育研究。我理解他们的想法，但没有同样的抱怨。因为受过专门的数学和哲学训练，我对原理的求证和各种方程式的演变更加感兴趣。花费太多时间去做大量应用练习对我没有意义。我属于那些看起来挺奇怪的学生，我着迷于理论本身。

对有些孩子而言，传统的人文教育可能正合适。那里的课程内容正好对他们的路子。（当然，可能仍有家长和教师担心他们个性人格方面的发展。）我自己的孩子中有几个就属于这一类。其中的一个可以花费整整一个晚上研究神话人物美狄亚（Medea）的家谱。家中客厅里到处都是各种字典和参考书，她有时还指点我怎么按步骤往下看，兴致勃勃地为我解释。后来她又花好几个晚上研究特罗伊（Troy）。她追踪尤利西斯（Ulysses）的航海路线，画出漂亮的地图。她还阅读德国考古学家谢里曼（H. Schliemann）洞穴考古的书籍，并且画出图来。对这样的孩子，作为家长和教师，我主要的任务，就是注意不让她过分专注于学校教育，因为她对学校教她的东西已经太入迷了！

有必要对此加以解释。我认为，总体来说，今天的学校不是鼓励孩子发展真实智力和兴趣的地方。除了很少的一些例外，学校对孩子内在的兴趣并不关心。我希望我那个着迷于家谱的孩子能够在学校里找到与她志同道合的老师和同学一起去探索。我相信，有很多孩子确实可以在学术课程上有所作为，但是前提条件是，他们的教师必须从那些琐碎的行政事务中抽身出来，能够不再花费大量时间和精力管理那些"问题"学生，"激发"那些兴趣在别处的学生。而这些所谓"问题"学生正是我的关心所在。他们应该在教室里关注自己的兴趣，他们的课程应该与那些适合于其他学生的学术课程一样丰富多彩。

允许那些在传统数理逻辑和语言方面富有天赋的学生最大限度地发挥他们的潜力，这并不一定是精英主义的观点。在此，理想与现实又一次冲突起来。在我提供的思路里，并没有各种能力的高低贵贱之分。我不认为数学和语言方面的能力就比机械和音乐方面的才能更重要，也不应该强迫任何人在任何领域内都要出类拔萃。我们想让学生认识并重视他们特殊的兴趣，而且以此为荣。

当然要面对现实。其实，我们可以做一些具体事情，避免陷入等级之分和精英主义。譬如，学校可以面向所有学生开设一些高难度的荣誉课程。我就曾经教过这样一门几何课。任何学生只要上过一年的代数都可以注册登记。不过开课伊始，我非常细致地向学生解释这门课的难度。我们会有很多作业做，课程进度会很快，有很多深入的讨论，当然还包括具有挑战性的考试。尽管如此，只要你有兴趣有决心，那么不管你以前数学成绩如何，都欢迎来上这门课。这样做，我更加重视学生的兴趣，而不是能力倾向。

在这种情况下，阿德勒的一个建议就显得很有价值。他提出过三种不同的教学模式：报告、讨论和个别指导。个别指导相当于运动领域内的教练工作。它适合对掌握某种特殊技巧的训练，而且特别适合那些基础较差、年龄又小的孩子。但是个别指导通常对那些学习动机较强的学生更有效果。这些学生天赋可能一般，但都具有强烈的成功愿望，而且对教练和教师充满信任。阿德勒的错误在于，他想当然地认为所有孩子都想学习传统课程，即使不想，一个好的教师也会激发他们学习的兴趣。我怀疑这种可能性。我怀疑把某些学习材料强加给人的做法是否符合道德。如果必须让孩子学习某种东西，我必须首先相信，孩子自己感兴趣的东西是不值得学的；而且我还要坚信，让孩子学的东西如此重要，每个人都非学不可。不管怎样，我会广泛采用个别指导去教那些真正对我所教内容感兴趣的学生。

至此可以看到，我所建议的改革思路意味着对学校教育的彻底重新组织。可以想象，如果是女性而不是男性来决定课程内容以及学科设置，那么会是一种什么样的情况呢？传统上，女性与日常生活中的关心工作更为接近，不过他们对男性的从属地位产生了两个互相联系的问题：首先，她们没有权力将自己基于女性价值观基础上的思想付诸实践；其次，与女性联系在一起的价值观、任务等已经被系统化地忽视甚至贬低了。如果有可能按照我所主张的思路对教育进行重新组织，那么我们将会看到，孩子们在自己关心的各个领域内学习、讨论、探索。教师与所有孩子一起工作，在共同关心的领域内进行统一教学，在那些特殊领域内进行个别指导。

虽然我认为我的改革思路吸取了很多女性的观点，但它并不一定就是专属于女性的，也不是纯粹女权主义的。我已经多次提到杜威的名字。几乎一个世纪以前，他就建议教育应该开始于孩子们的实际生活，并且始终与孩子们真正关心的东西紧密相连。但是，他的建议一直被广泛地认为只具有心理学上的意义。也就是说，他提出了孩子们怎样学习的问题，而并没有对当时存在的课程设置进行质疑。他更多讨论了如何应用那些课程内容去解决实际问题。确实，杜威主张加强对历史、地理和科学课程的教学。他想使这些课程满足实际的人类生活需要，也希望这些课程能够按照进步主义哲学来组织，以便使那些有兴趣学习这些课程的学生有机会接受和应用进步主义的主张。与杜威的意见相反，我认为传统学科设置以及教学的优越地位本身从根本上来讲就是有问题的。我认为其他内容——各种关心领域——对于完善的人生更加重要。

让我来简短地总结一下我的观点。从一种广泛的意义上来说，我反对一种控制哲学。我主张关注共同的人生和责任。第一，我认为，存在很多所有人都共同关心的领域，因而孩子们在这些领域内的能力必须得到开发。第二，教育必须开发所有孩子都具有的特殊能力或者智慧，这要求我们对能力的多重性有一个类似于加德纳那样的清楚认识。第三，对各种关心领域的重视和能力的开发必须考虑由于种族、性别、民族和宗教而导致的各种差异，由此产生的各种见解和主张也必须得到及时的尊重和富有建设性的处理。最后，我的思路反映了鲁迪克所主张的母性观点。如果我们真正爱孩子，我们就要不仅尊重孩子所显示的各种才能以及他们后来所从事的各种职业，我们还要深切地关心他们。我们希望保全他们的生命，哺育他们成长，以可接受的理想来指引和教导他们。这些为人父母的立场和考虑将不可避免地影响着我们在培养孩子过程中的所有选择。

第五章

关心和连续性

目前这种传统课程设置很可能在我们所能预见的未来继续存在。不过对这种课程设置的挑战已经陆续出现。譬如，三十多年以来，全国核心课程协会（National Association for Core Curriculum）一直致力于将我们现在所熟悉的中等学校改革成一个人道主义教育中心（Lounsbury & Vars, 1978）。他们的主张与我阐述的思想颇有些相似之处。可惜，这样的改革设想尚未产生全国性的影响，也没有对现存课程设置的牢固地位真正构成威胁。而且，全国核心课程协会的改革思路只代表一个跨学科的模式，此模式并非要取代原有各个学科。即使这样，他们的经历也显示，在所谓标准课程领域内进行改革是多么困难。西奥多·赛泽（1984）也曾经在他的著作里建议学校课程应该向跨学科转移。他主张学校应该重视学生解决实际问题的能力，而不是那些被人为分开的彼此不相关联的各个学科。最近他又强调这种跨学科转移的道德意义。为了教育好所有孩子，我们确实应该做一些这些人所建议的事情。可惜的是，现在，与赛泽的主张方向一致的改革努力仍然寥寥无几。

学校危机当道，改革势在必行。有些事情我们立刻就可以做，并不需要等到完全推翻传统学校结构之后。在本章中，我将集中提出一些改革设想。在我看来，很多设想是完全有可能实现的，不过，有的想法对于一些人而言，也许仍属异端邪说。

首先，必须明确，像家庭一样，学校是一个具有多重目的与功能的机构。就像一个家庭不能只管孩子吃饱穿暖，学校也不能只顾学术而忽略其他目标。那种单一目的论不仅在道德上是错误的，而且在实践上也是有害的。如果不重视满足孩子对连续性和关心的需要，学校也难于实现其在学术上的目标。我在第一章已经描述过，最近40年来急剧的社会变化已经使年轻人失去一种连续感，失去被关心的感觉。虽然学校应该继续关注和追求很多目标，但是，首先应该建立并维系一种富于连续性和关心的文化，并将其作为一个具有指导性的目标。教育中的关心不同于生活中一些简短的关心关系，它建立在一种牢固的信任关系基础之上。这种关系不是一朝一夕就能建立的，它需要时间，它要求连续性。我将简短地讨论儿童教育过程中连续性的四种表现形式，即目的的连续性、地点的连续性、人的连续性和课程的连续性。

连续性

杜威（1963）将连续性视为教育活动的一个重要原则。他认为，任何一种教育活动都必须与学生入学前的个人生活经历相连接，同时也必须与他们未来的生活相连接——拓宽或者加深他们的未来生活经验。在杜威看来，这两个方向的连接同样重要，因此他曾经委婉地批评过那些只强调一个方向的追随者。譬如，那些儿童中心主义者强调孩子过去或者当下的生活经历，却忘记了教师应该对孩子的成长和未来生活担负主要责任。还有一些人过分着眼于未来，却忽视了孩子目前的生活经验，这使得他们关于未来的设想与过去及现实都相互脱节。杜威的思想仍具有现实意义，不过，今天我们需要对其进行更深入细致的分析，并且超越他的思想。

与杜威当年写下那些文字时相比，现在的社会关系结构已经发生天翻地覆的变化。无论在家庭里还是在社区内，无数孩子都在经历一种动荡不安的生活。越来越多的母亲走出家门去工作，邻里关系也不像以前那样亲密了。学校规模越来越大，休闲娱乐活动也日益丰富多彩。但问题在于，面对这些娱乐活动，孩子们往往是被动的——他们没有机会选择。娱乐活动与孩子的个人生活只是偶然地发生一些联系，人们很少重视杜威所强调的儿童生长问题。

处于这样一个世界，学校应该承诺一个崇高的道德目的：关心孩子，并且培养孩子学会关心。可是，仍然有那么多的教育者，他们虽然认识到学校教育面临全面危机，却依旧强调加强学术教育。一些人甚至固执地认为，学校本来就是为学术教育而存在的。这些人无疑是错误的，他们至少忽视了历史事实。美国学校教育史清楚表明，直到不久以前，学校的道德目的一直优先于学术目的，甚至学术目的很多时候是为道德目的服务的（Tyack & Hansot, 1982）。现在是恢复学校的道德使命的时候了！

目的的连续性

必须让孩子们知道，学校是关心的中心。在学校里，他们受到别人关心，自己也被鼓励关心别人。学校的日常运转应该反映这个关心主题。也许我们可以将一个工作日一分为二：一半时间用于关心教育，另一半用于传统课程。

从关心的角度来衡量学校的每一天，我们会发现，孩子们的午餐时间几乎是教育的一个死角。大家习以为常的情形是，老师们在午餐时间颇为放松地休息，孩子们在这段时间也不做任何有意义的事情。而与学校里的情况正相反，在那些重视教育的家庭里，人们往往把就餐时间变成重要的教育机会。晚餐时，全家人一起回顾这一天里发生的事情。你会感觉到各种不同的情感在餐桌旁流动，兴奋、同情或者愧疚。还有，大家一起讨论各种事情，小到家庭琐事，大到国家大事。当全家人辩论家庭内至关重要的工作或者度假计划时，家庭成员之间充分交流信息，表达意见。

学校的就餐时间为什么不能像家庭聚餐那样安排呢？我并不想给教师们增加额外工作负担，但是每个教师至少应该偶尔参加一两次与学生的聚餐。还应该有来自社区的人参加孩子们的聚会，与孩子们进行有意义的对话。这样的对话不一定要有什么目的，也不一定要进行评估。哪个家庭对自己家餐桌旁的谈话或其他社交活动进行正式的评估呢？当然，这并不意味着我们不对讨论和对话进行任何计划和反省。计划和反省是必要的，因为我们想让下一次的对话更有意义。我所强调的是，我们只须记住这种教育活动的主要目的，而不需要将每一件事都纳入一个考查评估系统。主动的责任感比基于考查评估而产生的对某一件事要负责的态度更为宽广、深刻和复杂。这种主动的责任感要求一个人在人际关系交往过程中投入更多的承诺。

我只是把就餐时间作为一个例子来说明，如果承诺将学校变成关心的中心，那么，我们将会以怎样一种不同的态度来看待学校的每一天？很明显，如果我们承诺关心，那么我们在学校里做的任何一件事都会具有新的意义。

如果关心成为主要目的，那么学校将变成更为开放的地方。家长和社区成员应该自由地出入学校、听课，或者在教师的邀请下提供各种帮助。家长、教师、学校领导和学生互相提醒他们共同确定的主要目的，每一个人都清楚知道每一项活动的意义和价值。学校里的任何事情都应该是富有意义的。

在今日美国，无数年轻人自称为"丢失的一代"。成人经常告诉他们，良好的教育会带来幸福的生活。可是，当他们发现自己不属于学校里百分之十或百分之二十的学习尖子时，他们担心根本就没有什么好的未来在等着他们。他们需要真正关心他们的成人经常与其进行坦诚的对话；告诉他们，人生的路有千万条，成功的人生也有千万种。不是只有一种活法才能使你赢得别人的尊敬。无论现在还是未来，你都会在社会上找到你的位置，那个位置等着你为其做出贡献。无论在学校还是社区，我们拥有共同的追求。我们的目的是一致的、连续的。

将学校的道德目的置于首要位置，强调关心学生，教育他们学会关心他人，这并不妨碍学校完成其他任务。像家庭一样，学校具有多重目的，也有理由追求学术目标。但学校也应该允许所有学生确定自己真正关心的领域，这些领域满足他们在职业和业余生活各方面的兴趣，为其提供完善个人道德和信仰的机会。学校应该重视学生特殊才能的发展、合理人生态度的形成以及有效人际交往能力的提高。如果学校确定的各种目标与关心的主要目的相吻合，那么，这些不同的目标更有可能实现。这些多样化的目标互相支持，形成一种前进的合力。

地点的连续性

为了建立一个充满关心气氛的集体，对学生而言，学校环境应该具有一种连续性。他们应该在同一建筑内学习超过两年。孩子们需要时间安顿，需要时间学会为他们所处的环境负责任，需要时间亲身参与维系一个充满关心的集体。如果有一个非常专业化的课程，可是它只适合一个特定年龄段的孩子，那么我宁可放弃它。我愿意选择一个可以使孩子在同一地点连续学习几年的课程。

过去几十年以来，不少学区儿童入学率下降，一些学校因此被关闭。这样做的目的显然是节约资源，从而集资开设一些更为专业化的新课程。这确实是三十多年以来我们习以为常的事情：我们将课程视为头等大事，而把孩子们赶到规模越来越大的学校里去。同时，学校变得日益专业化，学生们在校学习那些所谓最好最先进的课程。如果我们将连续性和关心视为更重要的事情，那么，我们可能宁愿牺牲几门所谓的先进课程，而着重于创造一个健康有益的环境。

在我的设想里，因为重视关心和环境，即使那些入学率下降的学区也应该维持学校的运转。可以把省出来的学校空间出租给一些与教育有关的社会机构，这样很多新的教育机会就会产生。学校可以和许多单位合作，譬如，托儿所和幼儿园可以进入校园。艺术工作坊、动物医院、花房等都可以进来。（我知道这里会涉及一些法律问题，但那些问题是可以解决的。实际问题并不是法律限制而是缺乏想象力。）我们这样做的一个基本原则是把学校变成一个像大家庭一样的关心中心。不能像今天这样，为了解决社会问题，或者为了"满足孩子们心理发展的需要"而把他们从一个地方转移到另一个地方。对于孩子们而言，一个最急迫的需要是稳定性，是一种归属感。

我想提醒大家注意两个问题。第一，我并非主张学校规模一定要小，虽然小型学校确实更有利于创造一个关心的环境。我更主张教学课堂要小，特别是那些关键课程的课堂一定要小。我无意让读者照搬我的例子和建议，也不希望人们望文生义。我所讲的连续性也可以在规模大的学校里成为现实，就像一些大都市也在力争变成更有人情味的社区中心一样。第二，我所主张的学校场所的连续性不是对每一个孩子都有意义。对那些随着家庭搬迁而不得不离开学校的孩子以及由于父母离异而离校的孩子而言，这种连续性是不可能实现的。也许有一天需要开设一门新课，专门探讨关于举家搬迁及其对孩子身心的影响。这个建议还有待于进一步的分析。现在我们有足够理由相信，即使无法为所有孩子提供这种连续性，至少可以为一些孩子提供这种机会。

孩子们对地点的连续性的需要给现在的初中学校提出了问题。处于青春期前期的孩子需要和比他们年龄小的孩子一起学习和生活。他们需要在同一个地方待上足够长的时间以便获得一种归属感。开办特殊学校以满足孩子某种发展需要的做法会产生适得其反的效果。不能将孩子的需要抽象化，也不能将他们的各种需要人为地分割开来。孩子们最紧迫的需要是关心，而关心需要连续性。

在今日美国，人们为了实现一种所谓的种族平衡，而把孩子从一个学区转移到另一个学区。这种做法绝对是不负责任的，也是不道德的。我们实际上将孩子作为工具，以实现一种社会理想。而孩子或其他任何人都不应该被视为一种工具。而且，我们这样做之前也没有与那些我们打算帮助的人商量，问一问他们是否愿意让我们这样做。从关心的角度出发，我们也许应该采取别的更有效的办法。我们要让孩子与他们的伙伴在同一个地方一起共处足够长的时间。如果确实需要，我们可以考虑种族整合的问题。我们应该在开始就计划好每一个教室的学生组成情况，充分考虑到学生的种族背景，而不能随时轻易地将他们调来调去。简单地让孩子接触各种不同人群并非就能保证实现种族和谐。孩子需要时间与各种人发展关心关系，这里自然导入下一个有关人的连续性的问题。

人的连续性

孩子不仅需要在相当长一段时间内在同一个地方生活和学习，他们同样需要与特定的人保持一定时间的交往。学生应该与一位教师共同学习三年，甚至更长，而并非像现在这样，通常只有一年。当然，这要由学生和教师双方共同决定。有的读者可能会问："三年不换老师？如果这是个好老师还好，一个坏老师呢？谁会愿意跟他学三年呢？"这个问题很好，这也是我为什么强调要由师生双方共同决定的原因。其实，你应该有权利随时拒绝一个坏教师，你的孩子没有义务跟一个糟糕教师学习哪怕一年。我们不是有权利随时更换不喜欢的医生和律师吗？我们同样应该有权利更换教师。

在高中，一个教师通常教一门具体学科课程，并负责学生在这个特殊领域的全面发展。我曾经有过这样的经历。当高中数学老师的时候，我很高兴有机会与一群学生在一起连续学习和工作几年。看着孩子们成长确实是一件令人欣慰的事情。电影《站着讲》（*Stand and Deliver*）中那个英雄教师的生活原型——杰米·埃斯卡兰特（Jaime Escalante），就曾坚持认为，他至少需要三年时间以便与同一群学生一起完成教学任务。他认识到我在这里所提出的问题，学生需要知道有一个人真正关心他们。有时候，即使看不到学习数学的意义，他们也会出于对那个教师的信任和爱而坚持学下去。当然，更多时候，那个教师能够使学生明白学习的真正意义，从而使他们增加兴趣，自主学习。

现在的学校强调专业化和效率，任何反对意见听起来似乎都是异端邪说。我确实认为没有什么必要开设专门的特殊学校去满足少年儿童的所谓发展方面的特殊需要。教师并不需要专门的训练，并不需要一定拥有一个咨询专业的学位才有资格对学生在学术和心理方面的一般问题进行咨询指导。当然，职业咨询专家的作用是不可替代的，我们需要他们解决特殊问题和培训教师。教师也不能借口说没有受过道德教育方面的专门训练，而逃避作为道德教育者的责任和义务。所有成人都应该成为孩子的人生咨询师和道德教育者。数学教师也应该同样关心学生在英语和科学学科上的学习情况，关心他们在社会方面以及道德方面的发展。数学教师首先应该是一个教育者，其次才是一个数学教育者。

　　如果将关心作为首要目标，我们或许可以接受某些专业分工的做法。例如，有些小学将教师分成一些小组，每个小组的教师在几年内负责一群学生。在这种安排下，孩子们有机会接受数学和语言专门教师的指导。这样，他们既能获得一种连续性，又能享受到高质量的专门指导。也许孩子们还可能从这样一组教师中找到他们最信赖的一个。从这点来考虑，这种做法也许比那种让一个教师连续几年负责一群孩子效果更好。不过这两种实践都值得去实验。

　　现在，对师生关系连续性的要求比以往任何时候都更强烈。近年来，校园悲剧时有发生。有些孩子被谋杀，有的死于意外事故，有的自杀。每当这些事情发生后，一些心理咨询专家就被派到那些出事的学校里去。也许有必要让这些专家对行政人员和教师进行一些指导，对那些受到强烈刺激的孩子进行一些抚慰。但是对学生而言，最好的心理安慰和指导应该来自他们自己的教师，因为教师应该最了解他们，也最关心他们。教师是最应该向学生表达同情、安慰和提供指导的人。问题在于，在今天的学校里，教师和学生并不充分了解对方，彼此之间难以建立一种关心和信任的关系。我们必须解决这一问题。在所有我们强调的连续性里，师生关系的连续性其实是最容易建立的，同时也是最重要的。教师需要学生，学生也需要教师。学生需要有能力的教师关心他们，教师需要学生对他们的关心予以反馈。

课程的连续性

杜威（1963）曾经指出，连续性是衡量教育活动效果的一个长期性标准。他认为，学校教学内容必须与学生过去和将来的个人生活经历联系在一起，共同来经受时间的检验。可是人们常常没有真正全面地理解并贯彻这一思想。杜威的观点往往被解释为学生有权利选择自己想上的课程。自由选择是培养学生参与民主生活的一个合适途径，但是，自由选课并非就能保证连续性，因为学生基本没有权利决定学校开什么课程，而且，如果仅仅是给予学生选择的权利，而不给他们与老师进行必要对话的机会，那么这种选择的自由很有可能导致混乱，而不是连续性。结果可能变成，学生选择一堆互不关联的课程，使学校看起来像超级自选市场一样（Powell，

Farrar & Cohen, 1985）。在超级市场里，人们往往缺乏自我，做决定深受同伴影响。阿德勒（1982）及其同事恰当地对这种所谓的自由选择提出了批评。不幸的是，他们又矫枉过正，主张不管是谁都要上一样的课程。这两种观点都有问题，哪一个也不符合我们对真正民主的承诺。

如果我们能够重新建构学校课程，那么这种建构应该完全围绕关心主题来进行。关心主题包括：关心自我，关心周围的人，关心陌生人，关心动物、植物和自然环境，关心非生命的物品和器具，以及关心知识和想法。而现实的情况是，我们无法从头开始。好在关心教育与现存的课程设置也不完全冲突。有很多学生对文学、艺术、数学等传统课程怀有极深的兴趣。所以，从折中以及实际的角度出发，我们可以建构这样一个新的中学课程。这个课程可以一分为二：一半是现存传统课程，另一半是以关心为中心的课程。（我在这里不讨论小学课程，公众对小学课程改革的投入明显多于中学，而恰恰是中学课程急需改革。）

假设将每一天分成八个时间段，按照对半分原则组织学校课程。在午餐时间，师生应该围绕关心主题来开展各种各样的对话。午餐后的活动也以关心为主题。一组教师与学生一起工作，指导学生开展各种活动和讨论。活动和讨论的主题可以包括健康、性、养育孩子、家政管理、驾驶安全、营养学、吸毒问题、环境保护等在日常生活中与我们息息相关的问题。当然，教师和学生共同确定讨论话题。学生将在中学里度过六年时光（七到十二年级），那么他们将有机会探讨相当多的问题。教师自然应该承担领导者的责任，确保每一个学生都能在这些讨论过程中掌握相应的知识和技巧。

很多主题将会由文学和历史引入。但是学生将不会在那些所谓经典的文学作品上花费太多时间，也不会埋头于研究编年史。相反，他们将会从文学和历史领域选择自己真正感兴趣的问题来研究。譬如，幼儿与老年问题、宗教信仰、道德和义务、剥削和压迫、战争与和平，等等。教师应该就一些重大问题向全体学生进行一定的讲解，也应该就一些特殊问题对学生进行个别指导。

一天的另一半时间将会侧重于传统课程。这些课程将以传统学科为基础，着眼于多种能力。它们可能以不同学科的形式来组织，但课程设计也应该考虑对关心态度和能力的培养。在这部分课程中，我们着重于改进而不是革命。实际上，这样的改革已经正在进行之中。女权主义者、文化保护者以及社会批评者的观点极大地影响着这种改革。经过多年有成效的努力，现存的学科课程结构有可能彻底让位于一个全新的课程系统。

新的课程改革将会充分重视人类能力与智慧的多样化，因此将会在中学层次上建构不止一个课程体系或模式。每一个模式都应该包括反映关心主题的课程、讲座、专题讨论等。每一个模式也应该包括以改革后的学科课程为基础的新的特殊课程。

假设我们要在中学建立四个同样重要的课程专业：一个是语言与数学专业，这与现存课程看起来相似；一个是以技术为中心的专业；一个是艺术专业，着重培养孩子在音乐、绘画、舞蹈和戏剧方面的特殊才能；还有一个是人际关系专业，着重研究人和人际关系。可能会出现一些有趣的交叉重叠现象。例如，那些在空间图形以及运动方面具有天赋的学生可能会对技术课和艺术课同时发生兴趣。未来的职业运动员、运动治疗师以及专业教练就可能将技术和艺术这两个专业结合起来。这四个专业及其产生的重叠交叉基本上可以全面反映加德纳所主张的多重能力理论。我认为这是一个相当现实的建议，与主张建立小型专业化学校（Magnet School）的观点并没有实质性的差异。当然，我主张将全部四个专业都设置在同一个学校，这样更有利于学生之间的交流和专业转换。我也希望各种各样的社会组织能够进入学校，配合学校进行有关关心主题的教育活动。

这些专业中没有一个是专门为升学做准备的。相反，每一个专业都可以既为升学做准备又为就业服务。同样，没有一个专业是单纯为某一具体工作而打基础的职业教育。在这一点上，我与阿德勒意见一致。学校是教育部门，不是职业准备场所。但是，学校为智慧的选择提供机会，而这些机会与人类全面发展的目标相联系。学校的每一个专业或者课程都应该为广泛的人类职业活动和非职业活动做准备。

在这个计划里，每一个学生每天都有一定时间学习以关心为主题的课程，也有一定时间学习传统课程。我们不想设置一堆彼此没有关联的课程；相反，我们试图将所有课程有机地结合在一起，以一种连续性贯穿各个学科领域和关心主题。这个计划倡导合作精神，鼓励师生双方都参与到课程建设过程之中。教师必须充分地了解学生，能够将学生目前的学习兴趣与他们以前的生活经历结合起来。教师还要全面了解社区社会和具体学科知识，以便将学生现在的学习生活与他们的未来联系起来。这样一个课程设想充分认识到未来发展的普遍规律以及可能的变化。

小结

为了有效地应对时代的挑战，把关心引入学校，我们必须重视教育的连续性。

第一，教育目的的连续性。学校是关心中心，学校的第一个目的是教育学生学会关心。应该光明磊落地宣传这个教育目的。目的上的连续性要求教育者帮助所有学生正确对待人类关心领域内的重要问题，培养学生在专门的关心领域发展特殊才能。

第二，学校场所的连续性。学生应该在学校的同一幢建筑内学习足够长的时间以获得一种归属感。虽然我希望看到更多小型学校，但是我不否认在规模较大的学校里也有可能创造集体感和归属感，关键在于我们是否重视这种归属感的创造。学生应在一幢建筑内学习和生活至少三年，如果能待上六年最好。

第三，师生关系的连续性。不管以个人还是小组为单位教学，在学生同意的前提下，教师应该与学生一起工作至少超过三年。

第四，课程的连续性。主旨是显示我们对人类不同能力的关心与尊重，做法是开设多种课程专业。不同专业没有高低贵贱之分，每一个专业都反映并服务于人类关心的主题。

在后续各章中，我将深入探讨这个以关心为主题的学校课程。

第六章

关心自我

在每个关心领域，我们都能够确认许多主题。"关心自我"是一个巨大的题目。从某种意义上来说，我们关心的任何人或者事物都与我们对自身的关心有所联系。而且，如果我们将自我置于关系中来理解，那么个体的自我就更不容易从它所处的各种关系中分离出去。尽管如此，我们仍然拥有个人化的身体。因为这个身体，我们作为个体可以体会生长的过程。我们成长，衰老，遭受痛苦。这个过程也可以被他人所认知。我们以这种个体身份参与到各种职业和娱乐活动之中去。在本章中，我将探讨自我的下列组成部分：自我的物质生活、精神生活、职业生活以及休闲生活。自我的其他组成部分，诸如情感和智力生活，将在以后的章节中涉及。

物质生活

身体对我们是如此重要，但是令人奇怪的是，学校对其几乎毫不重视。早在古希腊时代，教育者们就开始推崇智力活动，不过他们当时也认识到一个健康的身体对智力发展必不可少。在现代社会，大多数母亲也都意识到这一点。我们知道孩子需要锻炼、休息和充足的营养，以维持饱满的精神和鲜活的智力。尽管如此，我们反对学校将强身健体仅仅作为提高智力的途径。身体是独立的存在。物质形态的身体与精神和思想相互作用而使我们拥有一个完美的自我。

作为父母，我们当然希望保全孩子的生命，但并不是所有人都充分地注意到孩子的身体健康问题。由于社会的发展变化，家庭在孩子成长过程中的作用有所减少。学校必须更多地参与进来，帮助孩子关心自己。这个问题是如此之大，一次讨论不能解决全部问题。即使集中于一个问题，也很难讨论充分。我们这里只能围绕几个核心问题来展开讨论，看一看学校能为此做些什么。

首先，似乎可以将现在互不关联的一些教学内容以关心为主题有机整合起来。现在各自为营互不联系的体育课、家政课、驾驶教育、性教育、毒品教育、健康与卫生教育以及父母准备教育应该能够结合起来。教这些课的老师应该组成一个大的团队一起工作，共同探讨教育孩子关心自我的问题。

学校里只负责运动与锻炼的体育部应该废除。高中毕业以后，就没有人强迫我们进行锻炼或者参加比赛了。我们必须明确身体锻炼的意义，自己负责健身。学校中的体育课应该在身体保护、调试以及锻炼方面提供更多的讨论，也应该为学生提供相应的锻炼与娱乐的模式。应该鼓励中学生使用学校的运动设施与器材。他们也应该有机会参与集体运动项目，这应该是一个完整的教育计划的一部分。学生在其中讨论竞争与合作的意义。

除了让学生学会为何健身、怎样健身以及在哪里健身，学校还应该开展与健身有关的一系列社会与经济问题的讨论。譬如，十多年以来，健身成为一种时尚。无数人开始慢跑，很多人参加健身俱乐部。举重、划船、骑自行车、原地跑，甚至像壁球那样的运动也都风行一时。人们都想练得大汗淋淋，练出更理想的心脏节律。这种健身兴趣本来无可厚非，但是应该引起注意的一个问题是，当这些大人在公园里慢跑的时候，孩子们却在家里电视机前打发时光。孩子们可能认为，大人锻炼是为了减肥和延缓衰老，而大多数孩子这时还没有时间关心这两件事情。我觉得孩子们也应该关心这些事情，学校应该帮助他们如何关心。

20 世纪 80 年代的健身运动似乎呈现一种自私和狭隘的态势。为什么不能与孩子一起玩球？为什么不能擦地？为什么不能栽种一棵新常青树？这些难道不是锻炼吗？当然不是每个人都有孩子，但是有无数孩子需要富有活力的成年人的陪伴。同样，也不是所有人都拥有一个后院可以养花种草，但是社会上有很多绿化活动需要大量志愿者。我谈这些的目的是增强自我理解，探索更多的锻炼活动，同时也将社区服务引入健身活动之中。

我们还可以从其他角度来探讨目前这种健身狂热。跑步时一定要穿上特制的跑步服吗？骑车的人干吗非得套上那种闪闪发亮的紧腿裤呢？是什么力量在推动大家互相攀比赶时髦呢？可以让学生们做一个抵制广告的实验。在一个月之内，我们不买广告推销的任何商品。我们买电视上看不到的牌子，买没有被广告吹捧的点心。我们穿上老掉牙的旧衣服骑车、跑步、打理花园。这个实验的目的很简单，就是鼓励反思。要让年轻人思考这样的问题：我为什么要这样做？这样做是否帮助我达到了目的？我们的实验还会使年轻人体验一下幽默和风趣。时而嘲笑自己一番也许是一种最好的锻炼呢！理解自我是关心自我的前提。

对健身的讨论还有助于对时间管理问题的分析。即将步入繁忙的成人期的年轻人有必要认真对待这个问题。在家里其实有很多锻炼的机会，只不过因为我们或者太疲惫，或者不愿意利用，或者那些机会本身看起来太像工作。不过这确实是一个使我们面对现实的好机会。劳动是我们永远逃不掉的现实，我们的身心健康或多或少取决于我们怎样看待劳动。擦厨房地板可以变成令人生厌的苦差，也可以变成给你带来满足感的乐事。大多数人看到整洁的地板或者光滑的家具都会产生愉悦之感，但是有多少人真正愿意享受劳动过程的乐趣呢？想一想擦地板时的情景。我们要弯腰、伸手、用力、加速。这过程完全可以让你出一身透汗。这不是很好的锻炼吗？遗憾的是我们不经常这样看问题。打球或者跑步时出汗是乐趣，也象征从工作里的解脱，而擦地却意味着劳动。我们为什么将劳动与娱乐如此截然分开呢？

将劳动、锻炼和娱乐结合起来也许能够帮助年轻的夫妻稳定家庭生活。现在的年轻人缺乏过家庭生活的准备。小伙子们不习惯做家务，姑娘们抱怨要做两份工作。历史不可能重演，不可能回到过去妇女当全职家庭主妇的时代。因此，年轻人必须学会合理安排家务工作，免得一方过分疲惫并产生抱怨。

难道我在说体力劳动其乐无穷吗？我不想给人这种印象。很多年轻人，特别是年轻的母亲们，已经在承担太多的体力劳动。我也不想说擦地板总是一件快乐的事。我自己决不愿意整天就是干这样一件事情，也不想把它变成工作而以此谋生。勉强和重复都不好。

有人也许会愿意以擦地板谋生，我不会。

这里存在更深层次的问题。我们不是简单地让人们积极地看待体力劳动，这里需要深刻的自我分析。我们需要思考一系列问题：我的人生将会是什么样子的？如何既能够满足我生理方面的需要，又不忽视生活的完整？必要性与美德有什么关系？能够从非干不可的事情中发现乐趣吗？

为什么难以把家务劳动变成一种积极的锻炼，变成一种富有乐趣、人们乐此不疲的事情？部分原因在于长期以来它与妇女联系在一起，并且是一种得不到报酬的义务劳动。尽管家政管理纷繁复杂，远比一般性有偿职业富有挑战性，但是大多数男性还是固执地将其视为女性的工作，是有失男性身份的差事。这样一来，女性自己也会认为无偿的家务劳动低人一等，而尽量走出家门去工作。即使是有偿的家务劳动，也被认为是低级工作，很少有人愿意干。我在这里呼吁，应该严肃认真地看待生活中看似平凡的劳动。应该看到这些劳动对我们个人和集体的真正价值，它们应该是我们关心领域内的一个重要组成部分。

营养问题和吸毒问题应该以相似的方法来处理，那就是公开讨论、严肃分析、认真检讨目前流行的政策和实践。学究似的研究要抛弃，咬文嚼字如同做科学实验似的态度也不可取。重点在于老师和学生平等合作，共同提出与我们生活息息相关的问题。有的孩子也许有兴趣对一本菜谱进行美学和历史学的分析，有的则可能愿意进行实地考察，遍尝当地不同餐馆。不管干什么，他们都应该了解怎样在烹调和储存过程中保持食物的营养价值，都应该学会欣赏食物所具有的哺育生命、滋养生活的功能。

探讨吸毒问题时应该认识到，吸毒不是一件新生事物。尽管它是一个严肃问题，但也不妨以幽默的态度来处理。我们不是看到过吗？吸毒的人有时就像中了毒的小猫一样滑稽。有时他们变得一副病态，有时其行为具有攻击性，有时其行为则令人厌恶。重要的是要讨论，而不是简单地灌输大道理或者提供一些客观信息。吸毒不仅仅是青少年的问题行为，也是人类长久以来摆脱不掉的疾瘤。

与营养和吸毒紧密相关的另两个问题也是青少年十分关心的，那就是安全和外貌形象。安全主要涉及驾车安全和性安全。学校里的驾驶教育应该更多涉及安全教育和责任教育，也可以和一些基本的家政技术训练结合起来。譬如，可以让学生学着处理家用电器的小毛病，对家庭建筑进行一些安全检查等。所有这些活动都应该结合更广泛的有关责任感的讨论。在下两章里我还将谈到这个问题，现在我想强调的是，在进行这些教育的时候，我们应该尽力避免一种分离现象：技术与价值的分离、思想与行动的分离以及学术课程与非学术课程的分离。我们这里讨论的所有话题都同时具有理论和实践的意义，都要求我们对价值观、选择和承诺进行探讨。

正像讨论吸毒问题自然涉及安全与责任问题，营养的话题也必然涉及外貌形象问题。体育课和卫生课对这个问题有所涉及。人们一般将适当的营养与个人卫生联系起来，人们不是常说要有干净的皮肤和闪光的头发吗？但是更多的问题需要探讨。这样的讨论也使我们有机会探索性别的社会构建。为什么外貌形象对女性如此重要？苏珊·布朗米勒（Susan Brownmiller, 1984）在一本书中针对社会对女性的期望提出批评。她列举出一大堆对女性所谓"重要"的事物：身体、头发、衣服、声音、皮肤、动作、情感、欲望。所有这些，除了最后一个，都是应该开发培育的，而女性的欲望则要尽力压制。是否这些期望已经成了历史了呢？这个问题还可以导致对媒体上广告的讨论，对男孩女孩互相欣赏等现象的讨论。

诸如外貌形象问题可能在多年以前的"生活适应"课上讨论过。现在有些人对此问题的态度可能与当年要素主义者（Essentialists）对生活课的批评一样，认为对此的讨论缺乏智力开发内容。其实这样的讨论并不缺乏智力内容。正相反，这个问题可以而且应该涉及大量历史、哲学以及文化上的分析。教师应该有准备地对名著加以利用，从康德、卢梭以及斯坦利·霍尔（G. Stanley Hall）等人的著作中选择他们对女性、外貌形象以及欲望的论述进行讨论；也应该鼓励学生讨论有关的电影、小说和歌曲。我们的讨论可以和以前生活适应课的讨论完全不同。那时候，人们重点讨论什么样的外在形象适合什么样的职业和社区角色，现在则可以利用这样一个青少年感兴趣的问题来进行重要的文化批评研究。

健康管理应该成为关心的一个主题。这个问题及相关的医疗保险问题或许可以在高中最后一年进行探讨。学生应该了解有关医疗费用、病人利益、纳税等方面的知识以及在健康管理领域内现存的和可预见的危机。他们还应该学会如何与医疗系统的工作人员打交道，提出问题、陈述要求、获得信息等。这些问题往往涉及个人的具体情况又具有普遍性，讨论时都应该涉及。

在处理像健康管理这样的问题时，教师自然而然地要教给学生有关数学、经济学、伦理学、社会学、时事政治以及人际关系推理等知识。应该按照需要具体分配教学时间。如果一个人想知道要把其收入的多少用于医疗卫生上，那么就应该花时间讨论一下。算术不只属于数学课，它出现在任何需要它的时候。不管教什么内容，教师可以随时随地停下正在讲的内容，来讨论突然冒出的一个算术问题。她或许会说："让我们确信每个人都会解决这个问题。"然后接下来的几天也许集中于学习有关的数学知识技巧。有的读者，特别是专家们，可能会惊讶于我的建议。是的，我在建议非数学教师也要教数学，我在建议学生应该学会的任何东西都应该成为任何教师知识储备的一部分。如果我们将知识分门别类，变成各个专家的事情，那么怎么可以期望孩子们掌握所有的知识呢？在以后讨论关心知识本身的时候，我会说明保留各个学科专家的必要性，但是现在我要强调，所有教师都应该有能力处理日常生活中的数学问题。他们的数学知识储备也不应该仅仅依赖专家讲授的数学课。必须打破专家崇拜的神话。

医疗保健问题涉及人们接受医疗服务的权利和机会问题。这也给学生提供一个机会来探索少数民族、劳动阶层、失业人员以及低收入阶层所面临的问题。这些问题往往在诸如"美国民主问题"这样的课上被寥寥数语带过，得不到深入和全面的分析。当学生们讨论自己接受医疗保健的机会及其问题的时候，那些社会问题的重要性自然凸显出来。而且这里还会有机会使学生们讨论伦理以及其他关心问题。

关心自我涉及对生命各个阶段的理解，包括出生和死亡。如今，孩子们很少有机会看到不同年龄阶段的人。学校按年龄分班的做法使孩子与其他人打交道的机会更加稀少。孩子们也没有多少机会了解各个年龄阶段人们的问题。仅仅靠社会学习课上为数不多的几个抽象乏味的题目是远远不够的。其实，有一些学生本身就来自非常独特的文化，在那种文化里，几代人共居一家，和谐相处，互相依靠。这样的生活可能带来哪些问题？我们能从这样的文化里学到一些东西吗？它对我们的家庭生活又有什么启示呢？探讨这些问题同样需要各个学科的知识。文学、历史、社会学、政治以及心理学都有助于我们的讨论。

生孩子这个问题往往局限于给未婚先孕女孩子上的课，或者在性教育课上略有提及。对它的处理是孤立的，与其他各个学科毫无关系。像萨拉·鲁迪克（1989）所指出的那样，号称探讨人类普遍问题的哲学课都对其避而不谈，好像人类没有经历出生这一环节而是被什么力量随意抛到生活里来的！出生是人生历程的开端。生产标志着一种爱的开始，这种爱引导我们抚养和教导孩子的历程。我们在痛苦中诞生新的生命，新生命赋予我们这些作为父母和教师的人以新的力量。这过程使我们学会接受、保护和成长。

一个新生命的诞生可以和其他很多话题发生联系。例如，学生应该了解作家笔下有关出生与战争的故事。鲁迪克曾经引用简·亚当斯（Jane Addams）对母性的描写。亚当斯将母亲比作在战场上的一个艺术家。她写道："假设这个艺术家在炮兵营里坚守岗位，他接到命令轰炸一个美丽的地方，譬如，威尼斯的圣马克大教堂，或者任何别的伟大建筑。我敢肯定，这个艺术家一定不忍心开炮，即使开炮了也一定会心存愧疚。相反，如果是另一个自己从未创造过任何美的东西也不关心艺术品的人，就可能不会对此命令有任何犹豫。"（p. 186）同样道理，母亲们应该是反对战争的。亚当斯一直坚定地反对第一次世界大战，而与她在很多方面思想一致的同事杜威却对"一战"持支持态度，即使不大情愿地。想一想，这么短短一段故事有多少丰富的含义可以让学生们体会探讨！

学校也基本上不重视死亡问题，除非有悲剧事故发生了。这时候，学校的反应还是富有感情的，但是往往也不过是请一些专家进入学校，帮助做一些心理咨询工作。约翰·西尔伯（1989）认为，关于死亡的教学应该是"第一个早期教育目标"的一部分。他主张这种教学应该是一种"使学生认识现实的训练"（p. 4）。我认为他的主张经不起推敲，甚至少带有浓厚的宗教色彩或者家长制作风。他认为今天的孩子们只熟悉电视上虚构的死亡。他主张对孩子们进行早期道德教育，教导孩子们通过实践美德获得幸福，并且认识到，死亡在前面等待所有的人。他的这种观点与弗洛伊德所主张的道德和伦理生活发端于恐惧的思想有很多相似之处。

与他们相反，当代女权主义者认为，道德生活发轫于爱和从属

（Noddings, 1989; Sagan, 1988）。从这种观点出发，我们应该集中发展人际关系，以便在孩子们的生活里提供一种连续性，并且为孩子们的道德发展树立榜样。

西尔伯的观点当然是错误的。他认为如今的孩子没有关于死亡的直接知识，与一百年前的孩子相比，他们不大可能经历兄弟姐妹或年长者的死亡。这种说法可能适用于一些孩子，但却不是很多孩子生活的写照。我和我丈夫小的时候，从没有听说过有什么人被谋杀了，可是现在我们自己的孩子呢？所有人都认识至少一个遭遇不测的人，大多数孩子知道好几个。塞尔博尔对孩子今天生活的世界视而不见，尤其对生活在大城市的孩子视而不见。他不关心孩子们的真实生活，反而热衷于一个虚构的世界。

讨论死亡对增强自我理解很必要，不过我们与孩子们讨论死亡的主要目的应该是保全他们的生命，而不是无休止地提醒他们每个人都难免一死。如何避免夭折应该是学习关心自我的一部分，应该是生理教育的内容。但是它不应该完全围绕着恐惧来进行。这种教育应该植根于对生命的维系和保护。应该探索如何珍惜有生之年，利用宝贵时间去探索，去奋斗，去享受生活，去热爱人和这个世界。自我的物质生活当然与精神生活不可分离。

精神生活

当代公立学校教育最严重的缺陷可能是对人的精神世界的忽视（Noddings, 1993）。宗教在学校里成为禁忌。对灵魂的探寻、对精神的求索不受重视，就像这种追求不存在一样。即使一些课程涉及神话学，它也只被小心地界定于其他异教内的神话。基督教里的亚当和夏娃的故事极少被谈起，除非有人抗议说："那不是神话！"这样的抗议值得讨论。对这个问题坦诚公开的讨论只会使学生受益。为什么很多人认为亚当和夏娃的故事只是神话？这个故事具有神话的哪些特征？为什么又有一些人将亚当和夏娃的故事视为一个历史事实？我们当然不会将一个同学 2+3=7 的观点信以为真，那么，为什么要尊重在亚当和夏娃故事上人们的不同看法呢？

一种反对意见认为，教师没有受过这方面的训练。对这种所谓人有专业之分的论调我不以为然。我愿意看到有关宗教的学习能够在以关心为主题的教育活动内占一席之地。但是，这个题目不应该局限于特定时间。任何时候只要有需要，我们就应该对此加以探讨。在神话学方面受过一定训练的教师应该有能力来处理宗教问题。神话不仅仅是编造的传说或者虚构的故事，神话反映着一个群体的精神世界，传递着这个世界最深层的恐惧、希望、追求以及挣扎。有了这样的理解，我们就不必担心将宗教与神话混淆及其带来的弊端。它们当然不是一回事，但是宗教的确催生神话并且促进神话的流传。对此进行探索应该是学校教育的一个任务。这种教育要求具有批判性思维，它也的确锻炼批判性思维。

宗教学习不仅有助于培养学生的批判性思维，也同样与关心自我息息相关。精神和肉体不可分割，灵魂的追求与自我的完善紧密相连。学校里应该认真探讨下列活动：沉思、祷告、幽默、诗、仪式、歌曲和舞蹈。所有这些活动在一定意义上都能够提升你的精神，而不伤害你的身体。这些活动可能使你体验精神之美，有时候它们本身就是精神之美的产品。

我丈夫和我很久以前就放弃了对正式宗教的信仰，但是我们一直喜欢儿时学会的圣歌。星期天的早晨，当我们驾车远行，收音机里传出的几乎都是宗教音乐。我们情不自禁地就跟着哼唱起来，一首接一首。这时候，同行的孩子们就会吃惊地问："你们怎么会唱这么多的宗教歌曲呢？"其实，他们应该问的是，为什么我们没有教会他们唱这些老歌。长期以来，我们想当然地认为，人们要么只能在宗教场所学会这些歌曲，要么就没有机会接触它们。如今我们老了，阅历丰富了，看问题不再像以前那样简单了，我们这才发现，有关精神方面的问题实在是太重要了，不能将它们轻易地归入灌输说教类产品。精神生活是我们每日生活的一部分，也是我们智力生活的一部分。

可是，现在几乎没有公立学校进行任何有关宗教的教育。我们错误地认为，宪法规定的政教分离要求公立学校远离宗教。这种理解无疑是偏颇的。政教分离的政策只要求国家公立机构，包括学校，不可树立并且强迫所有人接受某一种宗教观念。我们不能在学校里进行任何宗教灌输。然而，政教分离政策也没有得到严格的遵守。人们一直对教会学校在购买教材上接受政府资助一事颇有微词，在公共场所唱圣诞颂歌也招致一些人的不满。但是同时，人们似乎忘记了，当对着国旗宣誓的时候，我们会说"以上帝的名义"。我宁愿将"上帝"的字眼从那里删除，因为它错误地向人们显示，我们大家都信仰一个上帝，我们的国家也只接受这一个上帝的保佑。而且，这个上帝源自《圣经》的描述，经常以男性的形象出现。这种表述将一种宗教观点变成了正式官方语言，我认为这才是那些坚持政教分离的人应该挑战的。但是，宗教——更广泛地说，精神信仰——实在是太重要了，公立学校没有理由将其忽视，有关宗教问题的争论应该是课程内容的一部分。

很多课程可以围绕宗教主题而开设。可以开一门课，来探讨不同文化里的人们对上帝和神的不同理解。通过考查上帝的不同定义，讨论许多重要而难于被人理解的神学问题。可以开设另一门课，来研究宗教和政治的关系。这门课也必然涉及有关种族主义和性别歧视的问题。特别重要的是，让年轻女性理解宗教在维系男性统治地位的过程中所起的作用。如果要使教育成为真正自由的人文教育，那么有关宗教和政治关系的学习应该是一个根本性的教育内容（Ruether, 1983; Spretnak, 1982）。宗教学习应该是以人际关系学习为专业的学生的必修课，同时也应该成为其他专业学生的选修课程。与之相似的是，艺术专业的学生应该有机会上一些有关宗教与美术、宗教与音乐以及宗教与文学的课程。

宗教是黑人文化富于特色的一个重要组成部分。学生们应该有机会了解黑人如何从一个白人强加给他们的宗教里创造出黑人基督教会，从而得以欣赏和佩服曾经是奴隶的黑人的天才。一个曾经是压迫与奴役黑人的工具被改革成黑人解放和团结的力量，这是多么了不起的事情（Walker, 1983）！描写黑人基督教及其影响的歌曲、诗篇、小说和传记作品丰富多彩。很多作品同时也有助于我们了解黑人以外的文化。这些作品应该成为信仰教育的一部分。

历史与文化都与宗教紧密相连。没有必要的宗教知识，一个人就难以真正了解一个特定的文化和种族部落。还有，正像荣格（Jung, 1973）所宣称的那样，上帝是一个精神存在。有关上帝的概念深深植根于人类的精神世界，人类对精神连接与归属的追求是普遍的。学会对不同信仰的接受和欣赏可能会产生非常积极的效果。有的学生也许会发现一个适合于自己的精神信仰模式。了解了其他人的精神追求后，他们会更好地理解与自己信仰不同的人。学生们可能会形成一种真实而有益的谦恭心态，这种心态能帮助他们把一个普遍性的精神追求变作一种个人化的表达方式，并且认识到这种表达方式的长处与短处、可爱和可怕之处。受到这种教育的学生将不大可能成长为宗教极端主义者。

有些人担心，对宗教的讨论可能会在年轻人身上引起另一种反应，也就是与宗教狂热正相反的那种对宗教满不在乎的消极态度。这种情况往往发生于大学阶段。当大学生们利用所掌握的新的分析事物的手段来审视他们早期的宗教信仰的时候，可能会对宗教产生那种消极态度。不过，我所主张的教育并不是要等到大学时才进行。而且，我也不鼓励采取数学分析那样的模式去研究宗教问题。我们的目的是要使学生对精神和信仰问题有更深刻的理解，而并非要全盘否定宗教信仰。从这个根本目的引申出来另一个重要目的，我们希望学生通过学习认识到这样一个道理：我们可以承诺于某一种信仰，献身于某一个组织，但是不一定完全接受这种信仰和这个组织所主张的一切。我们可以成为富有批判意识和能力的追随者、鼓吹者、朋友或者支持者。

我想让孩子们学习很多知识。其中之一，他们应该理解解放神学（Liberation Theology）和女权主义神学是如何恢复我们祖先对人类身体的尊重，重新将身体和精神结合起来。在这些主张里，人的身体成为生命的中心，一切救赎和复活的思想都离不开人的物质存在。灵魂不能够独立于身体而存在，灵魂也并不高于身体。当身体不再富有生机，譬如死亡来临或者陷于罪恶或者消沉状态时，那是值得悲哀的事情。这些神学主张将精神重新引入我们的生命，并且追求生命赐予的美。教师和学生都应该广开思路，对这些有关灵与肉、身体与精神的问题展开探索。在探索过程中，任何立场和见解都值得重视。

学习甚至亲身参加有关宗教信仰的活动可能有助于维系和丰富我们的精神世界。孩子们或许可以从一个特定的宗教获得某种启示；经过深思熟虑后，或许决定放弃某一信仰。他们可能被宗教文化所震动，着迷于巴赫的音乐、米开朗琪罗的绘画和富丽堂皇的教堂建筑。他们也许会受到其他方面的影响，譬如，宗教调动军队的能力，知识分子对教会清规戒律的挑战，圣经故事、诗歌和寓言，各种宗教仪式，以及妇女在一神教中的不平等地位，等等。宗教信仰对人可能产生的影响几乎无边无际，信仰无疑处于我们生活的中心。可是，公立教育却严重忽视它的存在。这个事实令人汗颜。毫无疑问，作为教育者，我们的责任包括正视精神信仰问题。

这里必须提醒我们自己，不能依赖一个课程改革的设想解决所有教育问题。课程改革当然是重要的，我也已经介绍了很多我自己的主张。不过学校课程改革存在一个由来已久的问题，学校习惯上将所有重要的内容不加选择地统统包揽，使其成为一个大杂烩。我要重申，信仰教育必须以开放的探索和讨论为主，绝不能沦落为让学生接受一堆可以用标准化考试来检验的所谓事实。当然，一些知识性的阅读材料应该成为课堂讨论的基础，但是学生们仍然可以用各自不同的方式来达到课程要求获得学分。如果他们愿意显示一下在这个领域内的知识，那么可以参加考试，也可以写文章、做研究，或者口头答辩。不管采取什么形式的教学和考查，我们的目的一定要明确。我们之所以研究精神问题，是因为它无论对我们个人还是集体都至关重要；它事关我们的生死命运，它是我们的终极关怀所在。

职业生活

在讨论职业生活的时候，我对"职业"一词的用法基本上与杜威当年的用法一致。杜威认为，职业不仅仅是一种谋生手段，也可以是任何一个我们全身心投入的任务或者工作。职业是我们愿意付出精力去做的任何事情。不同的人做不同的事情，处于不同生活阶段的人也有不同的兴趣。我将既探讨一般意义上的职业准备，也涉及有关人生发展的问题与任务。

人生各个发展阶段导致不同的发展任务。按照时间顺序，学生应该学习有关各个年龄阶段的发展问题及其任务。婴幼儿期、童年期、青春期、成年期和老年期，可以从心理学的角度对这些阶段进行研究，这可以成为关心自我的重要话题。同样可以从历史的、多元文化的以及社会学的角度讨论它们。讨论还可以结合社区服务来进行。这样，学生不仅有机会为老人或者孩子提供一些服务，还可以因此检验和巩固他们在教室里学到的知识。

除了可以将社会学习带入发展问题的研究中来，文学艺术也可以发挥作用。我们知道很多高中英文教师使用一些文学作品，诸如《麦田里的守望者》（*The Catcher in the Rye*）和《独自和解》来讨论青春期的发展问题，同时进行作品的文学分析。这样的讨论还可以扩展到包括儿童文学、童话以及其他探讨成年及老年期情感发展的作品。你会从玛丽·戈登（Mary Gordon）和多丽丝·莱辛（Doris Lessing）的小说中找到完美的例子。当然还有很多优秀的传记作品可以借鉴。玛克逊·格林（Maxine Greene）也不断向我们展示怎样将文学和传记作品带入理论创作中。当然要力争选用最精华的作品，但是也不能独尊经典，不能允许某一作品长期霸占一个课程。

在广泛探讨人类职业生活的时候，杜威曾经提出孩子们有四种兴趣：交流、建构（制造东西）、表达（唱歌、跳舞、画画）、探究（解决问题）。没有比这更好的理论可以作为小学课程的基础了！如果孩子们自然地融入这些活动之中，那么他们将有机会发展有助于解决未来生活问题的能力和技巧。显而易见，所有这些兴趣都可以融入游戏之中，而且根本没有必要将玩和学严格区分开来。实际上，如果没有这种区分的话，孩子们就不会忍受学习的劳累乏味之苦，现在我们看到的孩子们小小年纪却老气横秋的现象可能就会少得多。

上小学四五年级的时候，我和表弟开始玩一个赌棒球的游戏。大约有两年时间，我们完全着迷于此。我们各自的父母都很支持我们。他们买来漂亮的金属盒子，让我们用来保存各自球队和选手的比赛记录。他的队从属于全国大联盟（National League），我的是全美大联盟（American League）。（当然，在真正的赛季里，这两个联盟里的队并不互相比赛，但在我们的比赛里他们互相较量——我们是在打赌嘛。）我们记录每个选手的比赛情况。我们将每个选手击球打垒次数的上限定为1000，然后再乘以他成功击中的次数。我们将结果换算成分数来得到每个选手的平均数，诸如9/27或者

333/1000。记得那时候我们刚刚上完四年级，对小数都一无所知，但是我们都很擅长乘除法。当夏天接近尾声，游戏中选手们的打垒次数也越来越多，我们决定建立一个换算记录卡的档案。用1000去除2和50之间的每一个数，然后就去档案卡上找商数，再乘以击中次数。我们不断检查结果，制定一些规则，譬如四舍五入。

我们喜欢玩的另一个游戏是打牌。祖母教我们怎么玩。我觉得这个牌戏是一种令人愉快而又自然的学习负数的途径。当然，那时候我们甚至不知道负数这个名称呢。这个牌戏真的很有意思。当一个牌手落到陷阱里，他必须想办法得到一个正数才能爬上来。在他爬上来的同时，另一个不幸的家伙则在井里越陷越深。

我们还玩其他游戏。我们学了很多数数的技巧，还学着为自己的游戏制定规则。我们也不断地从其他的游戏中获得灵感来完善自己的游戏。玩可真是大有学问！

玩累的时候，我们就坐在祖母家临街的美丽大枫树下看过往的车辆。我们数车有多少。杰克数往北开的车，我数往南开的。这可不是件简单的事！我们所在的地方类似于一个丁字路口。从日光大道开来的车既可能路过我们，也可能远我们而去。那么，我应该只数那些路过我们并且往南开的车吗？算不算公共汽车和大卡车呢？我们学会了"车辆"这个词。对了，怎样处理自行车呢？还有那些很稀罕的微型车呢？像甲壳虫的那种车也偶尔可以见到。最后我们决定，谁数到这类不常见的车，就给谁额外加分。

所有这些游戏活动对我们数学能力的发展都功不可没。这些能力和技巧涉及区分事物、建立规则、发明算法以及安排顺序。整个夏天我们就沉浸在这些游戏之中。除了玩打赌棒球，我们有时也打真正的比赛。当然，那时候我总是没有多少机会真正上场，因为男孩子们总是嫌我们女孩子不够好。不管怎样，这些游戏和比赛对我们智力的发展大有益处。

当我有了自己的孩子时，我们发明了一种智力数学游戏，专门在等人的时候玩，譬如看医生的时候，或者在餐馆里，等等。在那些时间里，孩子们学会了"4×20+4×3=4×23"这样的乘法题。后来，当我的小女儿准备高级微积分考试的时候，她会在夜里突然给我打电话。"妈，你有空吗？""有。""有这样一个向量……"然后就像在等医生时做的那样，我们合作解决一个难题。

在这些故事里，你看到孩子们是那样专注于他们做的事情。他们全身心地投入那些活动，结果是，他们学到了东西。当然，并不是所有的孩子在我们这个大家庭里都对某一种游戏感兴趣，真正重要的是给所有孩子提供机会，使他们投入某一些活动。有些孩子可能对某些事物感兴趣，如果这些事物恰巧是教师和家长自己的领域，那么这些孩子可能会受到另眼看待。这种偏向要尽量纠正。大人们特别不能对那些在学术方面表现突出的孩子给予特殊关照。教师以及其他和孩子们一起工作的人应该尽可能地来源于多种职业，具有各方面的兴趣。这样，他们能够对孩子们表现在学术以外的兴趣给予注意和重视。

我们在很广泛的意义上讨论职业，涉及人类发展的兴趣、倾向等。我相信这种广泛性对我们理解自我至关重要。但是还必须讨论今后要用来谋生的职业。我所主张的分专业教学应该有助于孩子们未来的职业选择。有些人担心，如果实施那样的教学，有些孩子在二年级的时候就与修水管的工作永远联系在一起了。这不是我的本意。我很赞成阿德勒的主张，即学校不应成为某一特殊职业的准备；相反，具有某一方面特殊才能的孩子也应该有机会考虑多方面的发展。譬如，擅长机械的学生应该跨学科地选课，而不应将自己限定在机械世界里。重要的是学科设置的背后应该有一个正确的价值观念体系。所有的诚实劳动都是可尊敬的，都应该被重视。你可能选择修理水管，或者研究柴油机械，或者教钢琴。无论干什么，你都有理由为自己骄傲，全身心地投入你所选择的事业里去。

中学阶段的课程教学应该包括学科和职业咨询内容。譬如，选修学术数学的孩子应该有机会了解学术数学心理学，了解研修学术数学所需要的心理素质等方面的问题。这种咨询工作应该注意孩子们某一方面的连续性，鼓励他们的兴趣和进步，但是也应该注意可能的变化。

以这样一种开阔的视野看待职业，上了年纪的人就既不用担心退休，也不必准备一个从工作到休闲的过渡。我们将面临的不过是从一个职业到另一个职业的转换而已。当我们学会欣赏所有那些人类投身其中的事业时，我们也许就会打破那种恶性循环的职业等级制度，将成人和孩子从职业的桎梏里解放出来，而且也许还会更加欣赏与幼儿和老人有关的职业。这是我的理想，我知道将其变成现实还有漫长的道路要走。而这个理想理解起来并不难，那么是什么因素使它的实现变得如此之难呢？学校应该讨论这些事情。要将学校变成关心的中心，我们必须讨论这些事情。不应该这样威胁孩子们：如果不学好数学，那你就只能干那些艰苦的体力劳动。相反，应该诚实地教导他们：人生的道路有千万条，有各种各样的方式可以发展自己的才能，可以养家糊口，可以在社会中赢得尊重。种植、修理、服务、关心老人和孩子，这些和舞文弄墨或者管理公司一样重要。孩子们应该学会理解，只要全身心地投入某一种事业和活动中，那么你就是幸福的。真正不幸的是，如此之多的人是因为失败才干上他们干的事情，并且认定是因为自己的无能才导致选择的失败。

休闲生活

休闲生活与职业生活紧密相连。我们可以全身心地投入工作之中，同样可以全身心地投入娱乐活动中。实际上，很多人发现休闲生活远比正式职业生活令人留恋。人们普遍相信，休闲娱乐活动旨在将人从工作的疲惫以及日常责任的乏味中解放出来。这样理解的话，娱乐就变成一种逃避。其实，休闲娱乐也可以具有积极的创造性。这样的话，任何我们真正感兴趣的事情，即使不得不干的工作，只要我们感兴趣，也可以成为一种娱乐。

应该使所有年轻人学会发现什么能使生活保持新鲜感，什么能给他们以动机和活力。一个调节得当、充实完善的生活应该包括工作之余的间歇，能给你补充能量，使你感觉生活既是有意义的也是有趣的。为了保全我们孩子的生命和身体健康，必须使他们学会自我思考、自我理解。要问的一个问题是，怎样使你的休闲娱乐生活有助于你的整体生活质量的提高？怎样使你的部分生活有机地融入你的全部生活？这样就有很多事情需要考虑。长时间坐着工作的人在休闲时间或许就应该选择一些稍微剧烈点的锻炼活动。有不少人试图将一些身体活动与创造活动结合起来。譬如，我自己绝大多数的锻炼是通过园艺劳动获得的。园艺对我不是不得已才干的事情，我喜欢挖沟、耙地、撒种、施肥，我乐此不疲。全神贯注于这些活计一两个小时之后，我感到真实的满足和快乐。娱乐活动必须给你满足感。它必须使我们感觉愉快，必须能满足我们的某种需要。

另一个问题是，随着年龄增长，应该如何调整休闲娱乐活动呢？我不是在建议要时刻鼓励孩子们为他们的整整一生做准备，或者要求他们为了所谓的成熟而放弃童年的快乐。我不是那个意思。但是，休闲娱乐活动确实在常常不必要地强化人们的代际分离。我们不是常说，那是小孩子干的事，那是老头子干的事吗？也许有的事情更适合孩子，有的更适合老人。但是，在很多这种以年龄区分活动的过程中，我们失去了对生活的热情，失去了人与人之间的相伴相依。为什么大人就不能偶尔玩玩跳房子？为什么孩子就不能与爷爷奶奶打打纸牌？

学校必须更好地计划在职业教育和休闲教育两方面扮演的角

色。在安排休闲教育活动的时候要有长远打算。目前是把孩子们局限在几个运动项目上，目标是拿冠军。应该面向所有孩子开设休闲教育的大课。应该着眼于孩子一生的健康健美。我们既需要锻炼孩子的身体，也需要通过休闲教育帮助他们获得精神、情感和社会方面的发展。

最重要的是，学校要帮助孩子思考休闲娱乐选择，进而提高自我理解能力。为什么孩子们愿意成群结队地逛商店？为什么他们愿意节省下零花钱去买价格不菲的名牌运动鞋？他们到底喜欢什么？他们想怎样过一个有趣的人生？大人必须认真思考这些问题，并且和孩子一起探讨。不能简单地告诉孩子们，他们现在过的是人生最美的时光。那样的话，他们就对未来没有憧憬了。而且，青少年时代也不一定就是唯一的好时光。我们要帮助孩子们做好迎接即将到来的日子的准备，我们没有理由沉湎于眼下的时光。我们必须与孩子们讨论，跟他们一起体验，向他们现身说法。我们要让孩子懂得，生命既是消费性的也是准备性的——我们要珍惜享受每一天，也要时刻为未来做准备。

到这里为止，我大体上勾画了一个关心自我的框架。也许我的主张与你自己的想法有所不同。这不要紧，我只是向大家展示一些可能性，并邀请更多的对话。我知道有这样一个不同的关心自我的框架：留心身体变化，也注意精神需求。每天按时上班，下班回家的路上做些运动。吃完饭，然后上床睡觉。这样一个框架似乎也不错，但是它有一个重大的缺陷：忽略了自我的关系性。如果我们与他人脱离，我们就不能实现真正的自我关心。在下一章，我们将讨论如何关心身边的人这个重要问题。关心别人实际上是关心自我的继续。

第七章

关心身边的人

无论从自然还是伦理的意义上来理解，关心都代表着一种特殊的关系。在这个关系内，甲是关心者，在关心着另一个人乙，而乙也意识到甲对自己的关心。像我描述过的那样，甲在这个过程中的心理状态显示出下面两个特征：高度专注和动机移位。甲全身心地倾听，体会乙所表达的需要和兴趣，并且做出适当反应。另一方面，乙接受甲的关心，并且以特定的方式予以回应。当乙的回应被甲所感知和接受，那么这个关心的过程就完成了。如果关心者和被关心者任何一方没有做出适当的反应，关心的关系就没有在二者之间形成。

　　上面的描述适合所有情境里的关心关系。在这里，我将着重探索持续时间较长的关心关系。这样的关系在本质上可能是平等的，也可能是不平等的。譬如，成熟的夫妻关系就应该是一种平等的关系。夫妻双方都应该同时成为关心者和被关心者，都应该时刻准备成为关心者，也都应该时刻准备以被关心者的身份恰当地回应受到的关心。朋友、同事和邻里之间的关系也应该是这样的平等关系。

　　但是很多关系在本质上是不平等的。在这些关系里，一方长时间扮演关心者的角色，另一方则有必要成为被关心者。这种情况在父母与孩子、教师和学生以及代理人与客户之间很常见。在这些关系内，总有一方长期依赖另一方。当然，有时也有角色互换的情况发生，但总的来讲，这些关系基本上是稳定而不平等的。

　　那么，我们想要孩子学些什么呢？怎样关心自己最亲近的人？如何以我们对关心关系的理解来指导我们在学校里的所作所为？让我们首先来探讨平等关系。

平等关系

我们希望爱人、朋友、同事以及邻里之间的关系是一种平等的关系。在所有这些关系中，如果一方希望成为关心者，另一方想当然地将被关心视为自己的权利，那么这种关系就会出问题。我们知道，正是基于对女性受剥削的恐惧，女权主义者对关心伦理持保留态度。他们担心女性被动地扮演关心者的角色。这种恐惧不无道理，那么如何才能消除这种恐惧而又坚持关心呢？

伴侣和爱人

找个伴侣共度余生是大多数人的愿望。这不仅是源于性生活的要求，更是对与另一个人心心相印、互相依靠的渴望。大多数人都希望与某个人分享生活中的喜怒哀乐。如果工作中有什么有趣的事情发生，我就常常想："一定让吉米也听听！"在讲述故事的过程中，我们享受生活的快乐。我们乐于重演一段时光，因为愿意与爱人分享。

很多研究证明两性之间对于亲近关系的建立与维系有不同的看法（Belenky, Clinchy, Goldberger & Tarule, 1986; Gilligan, 1982; Miller, 1976）。生物学、心理学以及文化研究方面的理论都可以解释这种差异。两性都渴望连接，渴望关心，但是，女性对这种渴望的表达似乎在文化上更易于被接受。我看过国家公共电视台的一个很感人的节目。主持人比尔·莫耶斯（Bill Moyers）与诗人罗伯特·布莱（Robert Bly）讨论男性情感是如何被压制的。布莱说，男人在情感上需要一个男性母亲。男孩子需要母亲具有保护性的爱和关切，他们同时需要这种爱来自一个能够引导他们成为真正男子汉的人。我们在学校里注意过男孩子的这种需要吗？布莱的真知灼见何时能够进入教育者的视野呢？

女性的有关问题也许不同于男性，但同样重要。长期以来，我们的文化期望女性成为关心者，要求她们将婚姻和稳定的人际关系放在人生的首位。当我上高中和大学的时候，女孩子所接受的人生建议是，要学会藏起智慧。我们在功课上要出色，但不能超过男孩子。衡量一个女孩子是否成功的根本标准，是看她找了一个什么样的丈夫！所谓干得好不如嫁得好。今天的女孩子应该好好阅读并且讨论描写职业女性奋斗经历的作品。很多这样的作品，特别是关于女性在 20 世纪初奋斗经历的传记作品，常常让我感动得落泪。在那些日子里，女性为了在事业上取得成功而不得不遭受人们的误解、侮辱和歧视。为争得一个与男性平等的地位，她们要经历种种艰难与挣扎，在这个过程中又有多少天才被浪费了！今天的孩子们，无论男孩还是女孩，都应该熟悉这段历史。

但是，所有这些与我们说的寻找一个人生伴侣有什么关系呢？今天的情况与半个世纪前正好相反，很多年轻女性感受不到嫁人成家的压力，倒是感到一种为了职业成功而放弃婚姻的压力。我的很多研究生就认为人生不可兼得，要么做职业女性，要么做贤妻良母。那是两个完全不同的世界，没有办法兼顾。今天的中学教育也在强化这种认识。学校不是要求女孩子尽量参与到数学和科学学习中来，以便为将来所谓真正的职业世界做准备吗？没错，学校应该鼓励孩子为将来的职业生活早做打算，但这只是学校任务的一个方面。学校还必须为孩子提供探索职业与人生的关系的机会。

我常常想，如果自己也像今日很多女性一样，拥有放弃家庭这个"自由"的话，那么我将拥有一个什么样的人生呢？高中的时候，我学习成绩拔尖，但却不能正大光明地追求我在学术方面的兴趣。我感受到一种内在的压力，即早早结婚生子以实现作为女性的价值。请注意，我说我受到一种内在的压力。我的意思是，我受到一种长期以来约定俗成的生活方式的压力。这种压力无所不在，我都不知道它从何而来。我忍不住想，如果长在今天，或许我也会选择做一名职业女性而放弃家庭生活。

这种想法让我震惊，使我恐惧。果真那样的话，我就会失去已经成为我生命最重要组成部分的一切：一个好男人持久的爱情，儿女膝下的乐趣，随处都有的花草树木、小动物，以及永远敞开门的家……当然，这并不是美好生活的唯一标志，但这的确已经成为我的美好生活。从我的故事里或许可以提出这样一个与教育有关的问题：我们是否可以与年轻人一起分享有关生活的智慧，使他们在我们的鼓励下有机会思考自己对生活的渴望，从而做出正确的人生选择呢？年轻人需要倾听我那样的故事以及其他完全不同的故事。

现在，越来越多的女性选择其他女性作为生活的伴侣。这种选择应该被世人接受。不仅仅被接受，如果这样的选择是基于真正的爱和理性，那么它还应该被赞美。很多做出那种选择的女性像我一样拥有一个美好的生活。也许此刻她们也像我一样，在充满阳光的书房里阅读或者写作，一只小猫在膝上玩耍，莫扎特的音乐在耳边流淌。

我上面的描述当然只有在特定的文化背景下才有意义。我将尽量突破这种背景来阐述我的观点。但是请让我暂时仍在这个背景下更深地分析一下学术界年轻女性所面临的问题。我曾经与无数大学女生交谈，在谈到男性时，我悲哀地发现，这些女孩子的失望感和挫败感是那样严重！当然，不是所有女孩子都有这样的感觉，但是确实很多。不少女孩子干脆放弃了与男性为伍的打算，尽管她们并不是同性恋者。她们决定要么与同性建立关系，要么就干脆独来独往。很多这样的女孩子心中留有自己母亲人生的影响。母亲的生活充满了遗憾和恐惧，她们不想重蹈覆辙。她们也看不到在婚姻的框架下还有任何别的选择。我曾经这样问她们：难道男人们现在不比以前更加敏感、合作、主张男女平等吗？她们对我的问题的反应往往是"别开玩笑了"或者"远远不够"。

有这样一个例子很具有说服力，特别能够说明关心伦理的作用。在一次讨论会上，有个人提及我在本书某一章里指出的一个现象，那就是男人在描述家务劳动所用的语言时反映出他们对其的态度，也就是，家务劳动和照顾孩子是女人的事。这是男人们所用的语言："我把垃圾替你倒了。""我替你把孩子的尿布换了。""我帮你扫地好不好？"说实话，就是我那位颇具女权意识的丈夫有时候也这样说话呢！遇到这种情况该怎么办呢？我从来不当面把这个问题指出来。我建议等到类似的情况在电视上或者其他非个人的情景里发生，这时候再指出来，并且加以讨论。

但是，当时参加讨论的人——无论男的还是女的——却不同意我的建议。他们认为我的立场不坚定，对男人太宽容、太放纵了。要让男人及时学会为人之道才对。甚至有一个小伙子都站起来说，当他做错了什么事的时候，他想立刻就被指出来。人们全都认为在私人关系中，我们应该尽量开诚布公。

这样的观点听起来不无道理，但是从关心伦理的角度来看，这样做有害处。在关心关系中，我们如何以自身行为对待对方依赖于我们对彼此的需要。为什么我不能当面指出我不喜欢丈夫那样说话？简单地说，因为我爱他，我不想伤害他。我确信，如果我当面立即批评他，他会受伤害。因为我们彼此关心，所以我们不能抓住对方的某些语言不放，我们必须超越一些原则的东西。我十分清楚，当我丈夫那样对我说话的时候，他的本意确实是要帮助我，而且事实上，在我们家确实是我主要负责家务管理。他确实是在帮忙，而我是负责任的人。当然，所谓的责任不是一成不变的，夫妻对此要经常加以协调。

当我们生活在一种充满关心的关系之中，我们互相言传身教，巩固加深这种关系。我们不需要责备、忏悔、饶恕和惩罚。也许有的人需要这些方法。如果你知道这样的方法对你的另一半起作用，你也知道如何恰当运用它们，那么你或许应该使用这样的方法。到底会有多少人愿意这样做不得而知。但是，更重要的是，你必须清楚你爱的人是否会对你的批评回报以感激和积极的行动。我们没有必要在彼此关心的双方之间阐明什么伟大的道理，或者促进什么伟大的事业，但是，我们有责任促进彼此的道德发展。

我本人当然更熟悉学术界女性的生活，不过我十分清楚，并非所有女性都像我一样，伴随着莫扎特和肖邦的音乐，在充满阳光的书房里度过她们的早晨。不同的女性有不同的生活方式。但是，我们都有必要理解，女性无可避免地受到来自文化的压力而以各种途径发展与男性的关系，进而寻觅一种连接。社会学家和心理学家已经告诉我们，未婚少女怀孕生子的一个重要原因是她们渴望建立一种亲密关系。一个婴儿代表着某种特殊的连接，一种亲子之间永远的连接。如果生活中其他关系都被打断，也没有可能与一个男性建立一种长久的平等关系，那么生个孩子就变成一个非常难以抵挡的诱惑。我认为很有必要帮助少女们探索这种诱惑。至少要让她们知道，即使母子间那种似乎牢不可破的关系也可能被其他社会经济因素所破坏，甚至摧毁。看看现在有多少孩子是被祖父母们带大的！总而言之，任何成人都需要至少一种平等而牢固的关系。这种平等关系能够保证你在其他不平等的关系中，诸如亲子关系中，进行关心与被关心的交流。

在试图建立这样一种平等关系的过程中，所有年轻人都需要探索一些基本问题。有个电影《烽火田园》（*Shenandoah*）很好地说明了这个道理。电影中一个年轻人要求吉米·司图尔特（Jimmy Stewart）扮演的角色将女儿嫁给他。司图尔特问那个年轻人是否喜欢他的女儿。"我知道你爱她，"司图尔特说，"但是，你喜欢她吗？"司图尔特道出了一个所有成人都应该与年轻人分享的人生智慧，那就是，要建立并且维持一个持久稳定的关系，我们必须彼此喜欢。一旦浪漫的爱情消失甚至开始波动，喜欢就变成连接双方的一种纽带。我们都不想伤害我们喜欢的人。我们喜欢这样的人，他们有能力过一种我们欣赏的生活。我们自然地支持这样的人，因为在他们身上我们发现自己欣赏的东西。这种发现是任何符合道德的人际关系的坚实基础。

电影《屋顶上的小提琴手》（*The Fiddler on the Roof*）探讨了另一个基本问题。电影主人公已经结婚多年，有一天他突然这样问他的妻子："可是，你真的爱我吗？"有感于周围的年轻人自己选择伴侣，他不禁自问是否自己的人生缺少了什么。你爱我吗？我拥有那种特殊的魔力使你的眼睛发亮，使你的心灵歌唱吗？这是多么美妙的问题！这样的问题当然应该在性教育课程中讨论。在回答这些问题的时候，我们还必须涉及生理学、文学、艺术、历史等方面的知识。应该阅读《罗密欧与朱丽叶》（*Romeo and Juliet*）、《红字》（*The Scarlet Letter*）等古今名著。应该倾听居里夫人的爱情故事，还有柏辽兹、瓦格纳以及伯恩斯坦那些表现美好爱情的音乐作品。

我的观点是，每一个伟大作品都同时是对人类情感与智慧的探索，都包含对人类终极命运的思考。我们应该让这些存在主义的思考与情感教育启迪我们。

最后，关于人生伴侣的讨论也有助于批判性思维的发展。我们应该帮助年轻人区别虚幻的梦想与可指导行动的思考。记得读高中的时候，我开始独自阅读弗洛伊德的作品。尽管那些书艰深难懂，它们至少让我懂得压抑对一个人的情感生活多么有害。我决定让想象自由飞翔，但是同时决定区别幻想与现实的关系。很多时候，幻想的意义在于它自身，不能将幻想落实于行动。很多事情我可能在幻想里沉湎，但是在现实中却让我厌恶。意识到这点让我很吃惊，也很欣慰。这种幻想就如同给你的大脑洗个热水澡一样，使你放松，也让你清醒。

我们必须帮助年轻人正确面对来自内心深处的诱惑。我的原则是：你可以尽情胡思乱想，但切不可随便轻举妄动。当然，其他见解也值得重视，我也确实认为应该把事情的另一面说清楚。滥用幻想会对自己造成精神伤害。有很多这样的事例，有的人甚至认为自己的想法本身就对别人构成了伤害。其结果是，这样的胡思乱想导致自己精神崩溃。我们不想让年轻人倒退到迪士尼米老鼠那样的生活，沉浸于虚幻的美梦之中。一个自由健康的心灵必须能够将幻想与现实分清楚。

虽然我主张公开讨论幻想在生活中的角色，特别是在性生活和心理健康领域的作用，但是我不认为学生们应该公开他们的幻想。

教师有责任保护学生的隐私。不需要讨论幻想的具体内容，至少不应该在课堂上讨论，要讨论的是幻想这件事情本身。应该鼓励学生对幻想进行自我评价。要让他们确信幻想是正常自然的行为。他们需要信息和标准来判断自己的精神生活质量。

一个精神健康的人有可能将幻想似的思维应用于真正的解决问题的过程之中。将二者机械地分开反而有害心智发展。当你确信可以将思考落实于行动，不落窠臼的想象有利无害。我们往往习惯于缜密严谨的逻辑思维，但想象和幻想有时也可以带来意想不到的效果。

以上只是关于学会理解爱的简短讨论。让我重复我的主要观点，对于大多数人而言，没有什么比一种稳定的充满爱的关系更重要的了。关心你生命中一个特殊的人远胜于关心一切原则和事业。你可以在生活的各个方面学会关心和被关心，没有一套约定俗成的方法。对命运的思考、对存在的质问只对我们的心智发展有利无害。处在一种亲密的关系之中，我们才有机会理解关于道德的秘密，才有机会学会如何完善我们的道德。

朋友

关心关系存在于友谊之中。在哲学和教育领域，友谊是一个时隐时现的话题，但它却是我们人类真实生活的永恒存在。朋友是青少年生活中不可缺少的人。而在交友和维持友谊方面，他们需要成人的指导。

　　哲学家亚里士多德更把友谊关系视为道德生活的核心。他有很多关于友谊的精彩论述。在《尼各马可伦理学》（*Nicomachean Ethics*）一书中，他这样写道：评价友谊关系的主要准则是看一个朋友是否真心希望他的朋友好。当我们与人为友的时候，我们希望自己能给朋友带来幸运。我们想着如何让朋友受益，而不是想着让自己受益。亚里士多德把友谊关系分成很多类：源于共同政治经济目的的友谊；源于共同兴趣爱好的友谊；源于对双方美德彼此欣赏的友谊。最后一类友谊无疑被亚里士多德视为友谊关系的最高层次，也是最能持久的友谊关系。

　　正如亚里士多德所言，学生们需要懂得，那种基于共同兴趣爱好的友谊关系可能是真诚的，但未必是持久的。这种友谊关系往往随着共同合作的任务完成而消失。棒球比赛季节结束以后，从军队退伍之后，或者在同一公司的合作项目完成以后，友谊也就结束了。当然，过去的朋友可能依然彼此祝福。而那种以互相喜爱和欣赏为特征的友谊关系才是最珍贵的、最美丽的。这种友情能够带给朋友一种特殊的道德责任感。我们希望朋友有道德。亚里士多德当年对"美德"（virtue）一词的用法与我们现在不尽相同。他在更广泛的人格的意义上使用它，而今天人们强调它的道德含义。但是，我们仍有理由希望朋友德才兼备，具有健全的人格和高尚的道德。真正的朋友彼此互相保护，不仅保护你免遭外界邪恶势力的伤害，而且阻止你内心邪恶思想的滋生。当我们开始关心，像朋友那样关心的时候，我们就在完善自我的道路上不断进步。

友谊关系是怎样开始的？是什么使人们走到一起？学生们应该有机会了解亚里士多德的见解。当然，应该听一听《达蒙和皮西厄斯》（*Damon and Pythias*）的故事，见证一下长久牢固的友谊。也应该讨论一些不成功的人际关系，诸如哈克贝利·费恩和他的奴隶吉姆，《紫色》（*The Color Purple*）里的塞丽小姐和莎格，《人鼠之间》（*Of Mice and Men*）中的赖宁和乔治，《简·萨默斯的日记》（*Diaries of Jan Somers*）里的简和莫迪。这些人物是怎样对待友谊关系的？友情能够成为成功人生的一部分吗？什么时候个人的人生追求可能背离亚里士多德所主张的友谊关系准则呢？

应该鼓励学生探讨忠诚这一概念。"无条件的友谊"存在吗？那种不管发生什么都永远站在朋友一边的友谊是可取的吗？这个问题涉及对人际关系滥用和剥削的问题，需要对其进行仔细分析。必须强调，友谊关系是一种平等关系，朋友双方必须共同维系人格之间的平等。不能胁迫友人来履行他的责任。如果关心是最重要的事情，那么我们不应该强迫任何人做任何事。

对大多数人来说，另一个问题更加麻烦。什么时候道德应该战胜友谊？这个问题听起来令人疑惑，换一个问法可能易于理解。当不道德的行为发生在朋友身上的时候，我们是否还应该保护朋友？几年前就发生过这样一件可怕的事：一个男孩杀死了一个女孩并且向他的朋友们夸耀此事。他的朋友们，以忠于朋友的名义，竟然没有把他杀人的事说出去。

从关心伦理的角度来看，道德和友谊之间不存在什么内在的冲突，因为我们有责任帮助朋友成为道德高尚的人。但是，道理并不难理解，真正困难的是如何处理具体问题和面对冲突。当我们说"友谊比一个轻微的偷盗行为更重要"或者"谋杀的严重性远大于友谊"，我们其实是在某些道德原则上绕圈子。在我看来，更应该问自己：我们朋友的行为是否是出于关心？如果他们的行为没有体现关心，那么我们就不应该任其所为。像谋杀之类的行为，我们必须立刻报告而不能保持缄默。但是，真正的朋友不能到此为止，而必须尽自己所能帮助犯罪的朋友。即使在法律上已有定论，而道德上的关心不仅没有结束，反而刚刚开始。关心是我们的目的，关心要求我们不轻言放弃。如果我们有能力助一臂之力，就不能看着朋友倒下去。我们有责任与他们共渡难关，帮助他们在跌倒的地方重新站立起来。

友谊关系是一种平等的关系。朋友双方没有高低贵贱之分，都必须为友谊付出。年轻人必须要理解，有的时候结束一场友谊是非常必要的。当你确认你被你的朋友出卖、利用，或者朋友强迫你做错误的事情时，你必须与其一刀两断。这样做并非在结束一场友谊，因为如果双方共同接受的标准一旦不存在了，友谊也就烟消云散了。

友谊中的性别因素值得讨论。男性似乎更容易陷入某些朋友关系中不能自拔，从而做出反社会行为。那些行为往往与所谓男性气质连在一起。有很多男孩子失足就属于这种情况。另一方面，女性更难摆脱压迫性的关系，譬如歧视女性的夫妻关系。在这样的情况下，年轻人必须认识到，他们虽然有责任帮助关系的另一方完善道德，但他们也有权利要求对方为其行为负责。这是一个很复杂的问题，没有什么适用于一切情况的秘诀。在与人打交道的时候，我们总要面对各种问题。处于道德关系的中心，人往往是很脆弱的。

同事和邻居

我们与很多人一起工作，与很多人相邻而居，我们不可能和每个人都成为朋友。与不是朋友的人如何交往？是否需要一个不同的伦理准则呢？哲学家们在讨论关心伦理的时候就提出这个问题。当我们关注的不仅仅是面对面的人际关系，而且是更广范围内的关系，这时候，这个问题变得尤其重要。

需要指出的是，学会关心并不要求我们放弃其他重要道德准则。实际上，如果我们准备将关心给予所有我们遇到的人，我们必须对他们接受的社会习俗和行为准则予以充分的尊重。如果没有道德上的理由拒绝这些习俗和准则，那么我们必须学会对其做出适当的反应。这种接受和尊重使我们与所有人打交道的日常生活变得和谐顺利。

有时候人们会错误地认为在一种文化里人们遵守的准则或规章制度就是这种文化的道德。实际上那些东西可能不过是道德的某种反映形式而已。在很多情况下，这些准则或制度需要严格推敲，不可盲目遵循。在必要的时候，我们甚至可以放弃某些准则而追求一种关心关系。一些思想家推崇公正为道德行为的最高准则，以此作为衡量其他准则的基石。这个思想有它自身的缺陷。如果一个人可以自圆其说他的行为，他往往可以声称他的行为就是正义的。

记得几年前，一群邻居要求我和我丈夫在一个请愿书上签字，来抗议住在我们附近的另一个家庭。那户人家经常把他们的庭院搞得一团糟，从不及时打扫干净，整个居民小区的面貌因此受到影响。那些邻居试图通过请愿的形式迫使那个家庭搞好卫生。我们理解这些邻居的要求，但是我们想，这样做的结果可能会伤害那个家庭。一旦那个家庭感到受到谴责和强迫，就有可能出现损坏我们邻里关系这类更坏的情况。

现在回想这件事，我感到当时我们有很多地方做得不妥。即使和那个家庭只有几步之遥，我们竟然对那个邻居不甚了解。我们很少想到要主动去关心一下那个家庭。相反，我们花了很多时间辩论，是我们对居民小区的美感要求重要呢，还是每个家庭拥有自由安排他们财产的权利更重要。最后我们决定不在请愿书上签字，因为我们认为那个家庭的自由更为重要。我们自认为做了一个正确的决定。但是，因为从来没有机会与那个家庭进行直接的交流，我们一直无从知道他们对整个事件是怎么想的，那个家庭也一直与整个小区的人们不相往来。虽然我们出于对那个家庭的关心，而没有采取抵制他们的行动，我们的思想过程也是正确的，但是结果怎么样呢？我们没有与那个家庭建立起互相关心的邻里关系。那些在请愿书上签字的人家也不过是看到，那户人家后来在自己房前屋后支起一大排树篱笆，在生活方式上则没有任何积极的变化。

所有学生都应该学会如何评估判断各种价值观念，如何有原则地进行推理，以及如何为自己的立场辩护。同时他们也应该明白，这些技巧不过是道德生活的一部分而已，真正掌握这些技巧也不是一件容易的事情。道德生活更重要的内容是如何与别人和睦相处、互相支持，特别是在意见分歧的时候。应该时刻提醒自己，一个决定做出之后更重要的是行动。如何才能达到我们的目的而尽量不给他人带来痛苦和麻烦？怎样才能帮助那些需要帮助的人？如何才能保证我们与别人在同一片天空下更好地生活和工作？

对于学生来讲，同学就是同事。除了友善和尊重，同学之间还应该怎样做呢？关于这个问题的讨论使我们有机会探讨社会结构是如何支持或者损害同事关系的。让我们讨论一个学生们都熟悉的例子吧。我们知道，学生们为了取得好的学习成绩而互相竞争，有时候作弊问题就浮出水面。很多学生不认为作弊是错误的，部分原因是教师和家长总是在说："你要作弊的话，受伤害的将是你自己。"这种观点在我们这个高度竞争性的社会无疑经不起推敲。我想成人之所以这样说，大概是那种避免道德判断的习惯使然。他们不愿意使用道德语言来评判生活中的问题，譬如作弊。但是事实是，这种观点不仅是错误的，而且是伪善的。它代表了一个成人世界令人吃惊的失败：他们没有能够有效地保护那些献身于公平竞争的孩子。只有在一个没有竞争存在的环境里，孩子们学的东西才与他们个人幸福息息相关。每个人都知道，当代学校没有提供这种环境。那么我们必须让孩子们明白，当他们以不正当的手段竞争，譬如作弊，他们就是在伤害别人，其行为没有体现丝毫关心。

还有更重要的问题需要讨论。到底为什么让孩子们彼此竞争、互相对抗呢？有些人回答：因为我们要培养孩子们投身于一个竞争的文化。那么我要问：竞争本身是一件有价值的事情吗？是不是所有人都热衷于这样一个充满竞争的生活呢？作为教师，我们有责任反思这些问题而且鼓励学生思考这些问题。有的时候某些东西的匮乏会导致人们互相竞争。可是我们并不缺乏"优"和"良"呀？我们人为地将匮乏引入学校里来。这到底是为什么呢？

学生们应该辩证地看待竞争的作用。对此有一本好书值得介绍。书的名字叫《独自和解》。吉恩是这本书中那个不快乐的主角。当吉恩变得越来越有竞争性的时候，他的学习成绩随之越来越好。在反思自己的这种变化以及这期间他与最好的朋友芬尼的关系时，吉恩回忆道：

　　我觉得自己好像变了一个人似的。我一直是一个好学生，尽管我从来也没有对学习本身感兴趣。学习本身使道格拉斯激动，我却激动不起来。现在呢？我不仅仅学得好，而且出类拔萃。这一切都被切特·道格拉斯看在眼里，他是我唯一的竞争对手。不过我发现切特被他自己对学习的兴趣所影响，他被某些他感兴趣的东西牵着走。譬如平面几何让他着迷，但是立体几何却让他提不起精神。一本新书使他发现一个看待世界的新视野，他就如饥似渴地阅读其他相似的书，对我而言，这些书却大同小异。（p. 46）

吉恩发现对学习本身的真实兴趣是竞争的障碍。除了得出这个结论，吉恩还开始认为竞争无所不在。自己最好的朋友芬尼也是一个竞争对手，即使芬尼从来没有把竞争当作自己的学习动机。以后发生的不幸事件当然是这种嫉妒和狂热驱使下的残酷竞争的一个结果。长大以后，反思这一切，吉恩认识到不仅仅芬尼的悲剧，更大的战争的悲剧都可归咎于这种"对人类心灵的忽视"。这种忽视使人认为对手和敌人到处都是。他和他同学的故事不过是一个例子而已。

所有人，除了芬尼，都不惜代价将自己置身于一种战斗的状态。我们全副武装迎接那个看不见的敌人的挑战。可是，那个所谓的敌人从来没有像我们所想象的那样对我们发动进攻。那个敌人根本就不曾存在过。（p. 196）

学生要知道什么时候合作比竞争更重要。教师应该思考竞争是否能够满足我们对连续性的需要。竞争能够帮助我们培养有能力、关心他人、爱人并且可爱的人吗？

反思这些问题，教师可能会走向另一个极端，那就是谴责一切形式的竞争。这是不必要的。大学生常常问我是否所有的竞争都是不好的。作为回答，我建议用这样三个测验来衡量一个竞争是健康的还是有害的，即回答这样三个问题：有竞争存在，整个行动是否还使你感兴趣？你能否为对手的成功感到高兴？竞争是否使你提高学习或工作业绩？如果你能给每一个问题一个积极的答案，那么竞争并不一定是坏的，或许还是有益的。

让我们再来思考这样一个问题：我们对自己的朋友和家庭负有道德责任，对同事也有这种责任吗？答案是肯定的。但是，我们的责任可能会以不同的形式表现出来。我们不强迫家人和朋友去做他们日后会后悔的事情，我们同样不应该强迫同事做这样的事情。我们应该努力使同事变得更好而不是更坏。不过，要记住，我们对同事不可能像对家人那样透彻了解。所以，当我们一厢情愿地对待同事的时候，我们也许只是在按自己的想法行事，我们的行动根本没有对他人发生任何效果。如果一个危机真的发生了，应该花时间真正了解陷入其中的同事。我们必须与他交谈，听他诉说，与他共处，然后才能给予他具体的支持。当然，交谈、倾听等本身也是表达支持的形式，有时候这些就够了，你不需要再给予具体的建议或者其他形式的帮助。

不平等关系

学生最需要学习如何处理平等的人际关系，而教师更需要了解如何分析处理不平等的关系。有些人际关系其性质就是不平等的，关系的一方必须承担主要关心者的角色。学生当然应该学习如何在一种不平等的关系中关心他人，但是他们更应该学会如何成为积极的被关心者。被关心者的角色不可忽视。只有学会如何分辨关心、接受关心，年轻人才能逐渐学会关心他人。

亲子关系

大多数人天生就对小孩子有体恤爱护之心。即使那些粗野的青春期男孩子也会很温柔地对待婴儿。在一些高中，教师开始安排一些可能中途辍学的学生去帮助小学里学习有困难的孩子。当这些年轻人辅导小孩子做家庭作业的时候，他们开始认识到自己具有的潜力，进而认识到教育的价值。当然，有些时候他们自己在辅导的材料上也有困难，这不算什么大不了的问题。重要的是，他们比辅导的孩子知道得更多。而且，通过辅导别人，他们自己也在学习。搞数学的人经常说："学微积分的最好办法是教微积分。"这当然不是说人们可以从教别人开始自己的学习，接受别人的教育总是第一步。但是，当你亲自教别人的时候，你对所学的东西才更加清楚。所以我说巩固小学教育成果的最好途径也许是让小学毕业生回来教小学生。

我们有很多理由让青少年更多地与小孩子在一起。首先，养育孩子是每一个成年人都要完成的一个重要任务，人们需要充分的准备才能胜任这个任务。完全依赖家庭教育和父母的指导是远远不够的，尤其是在今天。其次，青少年需要机会发展他们正在形成的利他主义。他们当然具有极强的自我意识和个人主义，但是，他们同时也富有深切关怀他人的潜力。可惜的是，学校很少给他们提供机会发展这种潜力。我们教导学生要为别人着想，也运用很多规章制度来强化学生良好的行为习惯，但是，我们不善于发现孩子身上的优点，不积极地想办法完善他们的优点。第三，我们也需要精力充沛又乐于助人的青少年为我们提供服务。我们应该承认对他们的需要，并且努力让青少年对我们的需要给予积极反应。每次当我听到年轻人说他们整天无所事事，我就深深地为这些年轻人和我们这些成年人悲哀。我们这代人常常被繁重的关心他人的工作压得喘不过气来，而我们的年轻人却在抱怨无事可做！

第四，让青少年与小孩子一起搞活动可以成为他们正常课程学习的一部分。我说过让小学毕业生回到小学教小孩子可以成为巩固小学教育的一个途径。长期以来，学生、家长和教师都在抱怨，初中七、八年级花费太多时间复习过去的教学内容。在很多学校，这两个年级的孩子仍然在他们本应该在五、六年级就掌握的内容上兜圈子。而且，到这个时候，他们已经对这些内容不感兴趣。为什么不能将辅导小学生这个活动纳入七、八年级初中教育的内容中去呢？我不是在建议那种偶尔为之、时有时无的辅导活动，我在主张教师和学生进行有目的、有计划的长期的辅导。一个七年级数学老师可以指导他的学生辅导四年级的孩子。每次数学课的一部分时间应该用来计划和评估学生的辅导课。根据学生不同的基础来确定每一个人要辅导的内容和年级。譬如，对长除法基本掌握但仍然欠功夫的学生就应该去那些以长除法为主要教学任务的课堂里去。那些对大多数内容都已经掌握的孩子应该去那些进度较快的课堂里，这样他们自己也有机会挑战自己。这些孩子也可以去任何年级帮助那些有学习困难的特殊儿童。

这样的计划要求对七、八年级的整个课程进行重新建构。这也与我对高中课程改革的思路相一致，即每一天的部分时间应该用来进行关心教育。这种改革的目的是多重的。我们要培养富有爱心和有能力的人，我们要满足年轻人的发展需要，我们需要年轻公民的服务，我们要提高孩子们的学术能力。

如此改革的结果不仅仅是学术方面的。我们知道大多数女孩子通过替别人照看孩子而获得一些与小孩子打交道的经验。有些男孩子也有同样经历。但是，绝大多数男孩子拒绝这种劳动，认为那是女孩子的事。很多家长也不相信男孩子可以干好看孩子的工作。特别是现在有关性侵犯的事件时有传闻，连我也不敢轻易让我的儿子去单独给人家带孩子。更安全的做法是让男孩子在有别人监督的环境下做这种工作。不管怎样，男孩子一定要有这种经历，因为这种经历非常有助于他们成长为有爱心的人，有助于他们日后与异性建立平等的关系。

与小孩子打交道还有另外一个好处，它有助于年轻人对自我认识的深化。应该鼓励大孩子们反思自己的童年是怎样过来的，哪些特殊的人和事深刻地影响了他们的生活。与小孩子在一起也给了他们展望未来的机会，思考自己将来是否会从事一种与儿童紧密相连的职业，是否孩子从此就是自己生命中最重要的一部分。如果一个成熟的大孩子经过深思熟虑之后决定他将来不要孩子，我们应该尊重他的选择。当然他的这种想法也许会改变。我们这种新型教育就是要给孩子们提供机会，探索检验他们的真正动机与兴趣。传统教育从来不给年轻人这种探索和选择的机会。其结果是，他们的职业选择很可能是草率的。更坏的情况是，他们随波逐流地结婚生子，把自己抛到没有准备的人生角色之中。当然，一个有责任感的成人可以具有公民应该具有的对孩子的关心，而不一定亲自从事照顾小孩的工作。但是，如果一个人有自己的孩子，深切而有效地关心孩子应该是他一生的承诺。我们必须培养这种承诺。

女孩子尤其需要正确理解关心的适当形式，拒绝不健康的关心。病态关心的一个基本特征是连续不断的自我拒绝。对这一问题，鲁迪克（1989）的阐述再清晰不过了：

为了自我拒绝而自我拒绝，只能损害而不能完善一个人的爱。母亲们更易于陷入这种危险之中，因为社会对她们的自我牺牲常常给予奖赏。母亲们否认自己的需要，却把这种需要强加给她们的孩子。一个自称自己一无所有的人缺乏一种自信，而这种自信对于关心接受另一个人是必需的。（鲁迪克这里是在评论西蒙娜·薇依关于掏空自己的灵魂而接纳另一个人的论述。）如果你不是自愿地掏空自己，你怀有恐惧地奉献自己，那么你会不自觉地在你孩子的身上寻找你丢失的自我。一个真正乐于奉献的灵魂不求回报，因为奉献本身就是奖赏。（p.122）

综上所述，我认为有关孩子的学习应该成为中学教育的一个重要组成部分。而且小学高年级的孩子就应该开始参加关心幼儿的实践。关心儿童应该成为所有孩子教育中的一个主题。

师生关系

现在让我们来讨论另一种本质上不平等的人际关系：师生关系。师生关系一般不可能达到亲子关系那样密切，但是理想的师生关系仍然可能是一种亲密的关系。对一些学生来讲，教师比家长更重要。从小到大，很多教师在我的生命里发挥了无与伦比的作用。难以想象，没有他们，我的生活会是什么样子。二年级的老师发掘了我的阅读天分，放手让我博览群书。五年级的老师鼓励我大胆探索，自由冒险。七年级的老师帮助我转学到一个环境更好的学区。我是那么热爱这位老师。记得有一年我生病了，咳嗽不断，她来看我，还给我带来一瓶她自己做的番茄汁。在那之前我从来没喜欢过番茄汁，但是因为那瓶番茄汁是她给我做的，我是那么喜欢吃。直到今天我仍然喜欢番茄汁超过橘子汁。我还记得，她参加了我的高中毕业典礼，她是我在毕业典礼上最想看见的人。还有我的高中数学老师，他是我成为数学教师的原因。很多年之后，在他生命的最后几个月，我每星期都去看他。失去他像失去父母一样使我心痛不已。即使在研究生院里，教师的影响对我也至关重要。我的导师对我选择哲学专业起了决定性作用，他使我热爱哲学。就像高斯说的，如果我们爱一个人，就会从他那里学到东西。

师生关系不是平等关系。教师肩负着学生不应该承担的责任。马丁·布伯（1965）指出，教师必须要有包容精神。教师在工作中必须从两个角度看待问题：从他们自己的角度和从学生的角度。为了完善学生的世界观，教师需要经常以学生的眼光来看待这个世界。好教师不轻易否定学生表现出来的任何需要和进步，他也会从学生的现有基础出发给每个学生确立更高的目标。这一切都需要创造和维系一种充满信任的师生关系。

教师必须时刻记得他们与学生的关系是不平等的。在与著名心理学家卡尔·罗杰斯（Carl Rogers）谈话时，布伯（1964）试图向他说明这个观点：

> 一个人向你求助。你和他的角色之间存在本质上的不同。他是来向你求助的，而你对他却毫无所求。不仅如此，你有能力帮助他。他可以给你做很多事情，但是他无法帮助你。而且，你真的可以洞察他。你也可能犯错误，但是你知道他的内心。他呢，却不懂得你的内心。（p. 487）

同样道理，教师可以洞察学生的内心，而学生却不能如此洞察教师。我们没有理由要求学生这样理解教师。如果我们这样要求学生，那么师生关系有可能演变成为一种成熟的友谊关系，而那种正式的不平等的师生关系就消失了。师生关系当然可以而且应该体现友谊关系的温暖，教师当然也可以与学生交朋友，但是师生关系的本质不是平等的。教师的包容是学生最需要的。在教师的包容下，学生自由探索，这是好教师所求之不得的。教师自己的个人和职业需要不能局限学生的发展，这是身为教师的最大责任。

　　学生也肩负责任。作为关心的接受者，他们必须对教师的努力有所回应。一般情况下，这种互动关系是自然发生的。如果孩子们在家里受到父母的关心，那么他们对教师的关心进行反馈应该没有什么困难。不过如果教师的关心在方式上有别于父母，那么孩子们可能会无所适从。来自不同文化背景下的教师和学生往往经历这种困难（Heath, 1983）。这样，建立互相信任的师生关系就需要更多时间。简单地理解另一个文化是远远不够的。实际上，往往正是这种所谓的理解掩盖着对其他文化的程式化认识甚至偏见。孩子们来自不同的文化，同时也都是特殊的个体。每个孩子都需要与他的老师建立一种独特的关系。

　　如果关心以不被学生接受的方式出现，那么它也不可能被学生认识到。如果父母体罚孩子，还认为那是为孩子好的话，孩子可能会怀疑其他一切关心他的努力。这种情况给教师的工作带来更大的困难。教师需要更认真地倾听和理解孩子。

身为教师的一个最重要的任务就是帮助学生学会接受关心。如果一个孩子在进入小学时还没学会如何接受关心，那么这个孩子的人生将处于危险之中。他会遇到各种各样的困难，包括学术上的。除非他学会对他人的关心进行恰当反应，否则，他不可能健康地长大，更不可能学会关心别人。这是那些吸毒成瘾父母所生孩子的最严重的问题。这些具有反应障碍的儿童不能对成人的正常期望做出反应。教师要花费大量时间与这些孩子建立一种关心关系。

所有孩子在与教师打交道时都必须感觉安全。应该允许学生承认错误，产生疑惑，甚至表达对某些课程的反感。学生也有责任与教师交流他们的需要和想法。学生一定要明白，他们的反应会激发也会打消一个教师的热情。学生对教师的影响是巨大的，应该与学生公开讨论这种影响。教师和学生肩负着不同的责任，他们各自对师生关系的贡献也是不一样的，但是师生关系永远是双向互动的。不应该要求学生去教他们的老师，但是学生也应该对教师促进自己进步的努力给予敏感的积极的反应。我们都对这样的现实再熟悉不过了：在中学阶段，甚至在大学阶段，学生要么把教师视为与之战斗的敌人，要么把教师看作无法超越的权威，他们只能暂时忍受其控制（Crozier, 1991）。在这样的关系里，学生失去的不仅仅是学术知识，更大的损失是那些可能使其终身受益的友谊和智慧。

结论

我们再进行一个富有挑战性的思想实验：如何有效地养育一个由不同孩子组成的大家庭？我希望读者们简短地回忆一下你们读过的两个章节——《关心自我》和《关心身边的人》。在以上的讨论中，我们难道没有发现有无数机会可以对孩子进行历史的、文化的和智力的教育吗？我们讨论的内容难道不是对所有人都有意义吗？在我们讨论的哪些领域不需要批判性思维呢？那么，为什么还坚持认为让孩子们学习那些约定俗成的文化知识才是最重要的，让孩子们学习那些一成不变的各个学科才是最恰当的教育目标呢？

有专业经验的读者可能已经在考虑评估问题了。如果我们将关心主题作为教育的中心，那么我们将如何检验我们的实践呢？可以这样回答这个问题：看一个家庭是否健康幸福，我们要寻找一些特定的标志。这些标志包括：快乐健康的孩子、体贴合作的行为、处理生活中常见问题的技巧、智力上的好奇心、开朗的个性、愿与别人分享的心灵、探讨存在主义问题的兴趣以及建立和维系亲密的人际关系的能力。

第八章

关心陌生者和
远离自己的人

我们已经讨论了如何在自己生活的小圈子里完善道德生活。如果我们的父母为人善良，富有爱心，那么我们的道德生活就有了一个良好的开端。关心伦理极其重视父母与孩子间的爱的连接。我们拒绝弗洛伊德等人所主张的广为流传的观点，即道德始于恐惧。恐惧当然影响道德生活，但是道德的根源是爱，道德也在爱的关系中得以体现。因此，重要的是要关心孩子，要让孩子感觉到认识到关心并且对其做出反应。当充满信任和关心的人际关系在孩子的生活小圈子里建立起来时，他们才有可能在更广泛的环境里学会关心偶尔遇到的人、陌生者以及外国人。但是必须认识到，关心陌生人不是一件易事，会面临很多困难。在本章中，我将首先讨论这些困难，然后探索一些克服困难、学会关心的途径。

远距离关心的困难

我在 1984 年出版的《关心》一书中的有关内容曾经使不少读者感到不安。在那本书中，我写道："我们（人在美国，譬如说）不应该承担关心远在非洲的饥饿儿童的责任，因为我们大多数人没有办法对那些儿童完成一个有实际意义的关心行为。当然可以寄去十美元以表同情，但是没有人能够告诉我们，我们的捐款是真的用在了灾民身上，还是流进了某些贪官的腰包"。今天我仍然认为我当时的阐述是准确的。对远方人的关心确实是困难的，但是，我并没有说因为有困难就袖手旁观。

那么，我们到底对那些远离我们的人负有什么样的责任呢？这个问题值得详细讨论。在试图关心远方人士的过程中，一个最大的危险是情绪化的趋势。情绪化的一个标志就是以煽动性的语言宣传代替实际行动。我们创造出来一个又一个富有感染力的口号，诸如"生命只有一个""我们共享一个地球""所有生命都有生的权利""救救鲸鱼""救救红树林""地球为先"以及"没有人是一个孤岛"。因为这些口号动听而又正确，我们愿意与倡导这些口号的人站在一边。青少年们尤其容易被具有煽动性的语言和行为所鼓动和诱惑。他们甚至可以侵犯一个团体以显示对自己所属团体的忠诚。教育一定要对这种行为倾向进行探讨。必须提出这样的问题：我们到底对谁负有责任？对什么样的事情我们必须三思而后行？

有一种绝对主义的倾向值得注意。在处理世界事务时，人们可能过分依赖所谓绝对的道德原则。我们总是想当然地认为，任何人都视自由与幸福为最高目标，追求自由与幸福乃天赋人权。但是在一个远离我们的地方，我们想帮助的人却可能有比自由幸福更直接更具体的目标要实现。对那些人来说，也许温饱问题更加紧迫。也许他们对自由和幸福的解释与我们的根本就不一样。也许我们眼里的敌人在他们看来却不是敌人，或者所谓的"敌人"自己也受累于特定社会制度和习俗，也许也和我们一样在努力创造一个更好的生活。当然，也许有些人确实邪恶。因为相距遥远，我们的判断依赖于我们对他们的印象，受制于各种各样的道听途说。因为准确的判断是如此困难，我们往往轻易放弃努力而仓促表达立场。

正常的情形是，如果怀有良好的动机，我们一般站在那些受压迫的人一边。因为试图改变这些人的境遇（当然根据我们自己对好与坏的定义），我们要为自己找到指导行动的充分理由。譬如，在过去的二三十年里，我们常常原谅受压迫者的暴力反抗行动，因为我们更加同情他们作为"经济暴力"的受害者。我们不认为他们是暴力犯罪者。我们允许示威者为了达到他们的正义目的而采取暴力行动。这种允许是有问题的。经济压迫和行为暴力是两种不同的伤害行为，不应该将二者混淆。没有理由放任我们同情的人去从事伤害他人的暴力行为。

对这些问题需要进行更加深入的哲学探讨。学校里当然要讨论这些问题。关心伦理的本质是要建立一种人与人互相关心的文化，没有任何一个人应该被冠之以邪恶而遭到我们的唾弃。不应该将那些与我们政见不一或意见不同的人视为敌人而孤立。当我们决定对远离我们的人采取某些行动时，我们必须问自己，我们的行动会对那些具体的人产生什么影响。当我们情绪化地接近某一人群，我们可能同时疏远了另一人群。像心理学家告诉我们的那样，创造心理上的距离感是在道德上孤立他人的最为有力的工具（Bandura，1988）。即使怀有良好动机，我们却可能放任我们的行为伤害别人，继而制造新的敌人。

所以，关心那些与我们相距遥远的人是不容易的，必须理解相关的困难和局限。我们要认真研究我们所使用的语言。让我们审视一下"二战"时候盟军为轰炸敌人居民区的决定所做的宣传吧。我们有听到"盟国面临压倒一切的危机"（Walzer, 1977）这样的说法。考虑到当时纳粹德国和其他法西斯国家对"自由"世界所构成的巨大威胁，这是事实。但问题是，压倒一切的危机就允许我们采取任何行动吗？假如将这些事情事先告知参加空袭轰炸的年轻人：你的轰炸将会使怀孕的妇女流产，会炸飞老人的腿，会让少女的脸变形，会让小伙子丧失生殖能力，会弄瞎孩子们的眼睛，会烧死猫和狗——假如士兵们知道这一切，他们还会参加轰炸吗？他们还会面对面地做这些事情吗？

有人会反驳，这些后果并非我们的目的。我们预料到这些后果，但我们并没有计划主动造成这些后果。不过，丘吉尔也曾经直白地表明，盟军毁灭性的轰炸就是要让德国人"吞咽品尝一下他们以前强加给人类的痛苦"（Walzer, 1977, p. 256）。我要问，是谁给人类带来了痛苦？是生活在德国的孩子吗？是那些怀孕的母亲吗？是那些老弱病残者吗？有人试图对"无辜"一词重新定义，以逃避受到滥杀无辜的指责。他们声称没有谁在德国是无辜的，因为每个德国人都与纳粹有这样那样的关系。有的哲学家也持同种观点。萨特就认为每个人都对他所存在的世界负有责任。从一个角度来讲，这个观点不无道理，我们确实对发生在我们这个时代的事情负有一定的责任。但从另一个角度来看，这个观点根本站不住脚。难道一个不谙世事的小孩子，譬如希特勒的小孩子，也要对纳粹所犯罪行负有责任吗？孩子是无辜的，他们没有理由接受我们残忍的报复。

回到现实生活中来。我们应该帮助学生分析语言是怎样被运用的。记得我在学校担任行政官员时，曾经有机会与一群中学生交谈。我问他们有关指责他们从附近超级市场偷东西的报道是不是真的。没有一个人承认偷了东西，但是，很多人确实认可这个事实，他们干了那事。"我们从那里拿了东西。"他们说。"拿了东西？"我非常气愤，"你们为什么不干脆承认偷了东西呢？"你瞧，这些年轻人已经学会为其行为进行狡辩。在他们看来，"偷"只意味着你从某人那里拿了东西，而且那个人被你的行为所伤害。而从一个大型的管理松散的自选市场拿东西不会伤害任何人，所以就不算偷。由此可见距离在道德游离过程中所起的作用，以及人们怎样滥用语言来开脱罪责。

远距离关心至少面临两大困难：第一，我们无法接近要关心的人，我们无从得知他们是否接受了我们的关心；第二，有一个弄巧成拙的可能，我们的行为也许还会给那些我们要帮助的人带来痛苦。在这两种情况下，实际上，我们都对那些要关心的人的情况不了了之。我们过分依赖抽象的概念来进行判断，也被那些富有鼓动性的口号所迷惑。同情来自想当然的推测。关心流于形式。空泛的不切实际的原则左右着我们的行动。我们的所作所为不但无益，而且有害。

多元文化教育的一个目的是使学生了解其他文化中的人民及其习俗。我们希望知识可以减少误解、偏见和对陌生人的恐惧。但是，知识本身无法建立一种充满关心的人际关系。有不少研究已经证明了这一点。了解其他文化有利无害，但是知识本身不能带来积极的人际关系。

具有多元文化知识的人有时候也会犯以偏概全的错误。有些组织和单位向其雇员发放各种关于多元文化的小册子等宣传资料。甚至一些名牌大学也搞这种名堂，用几页纸向教职员工介绍一个少数族群，譬如亚裔美国人。这种教育的结果是，很多人想当然地认为所有亚裔都不愿意被称作东方人；所有亚裔孩子都学习努力；都无条件地顺从父母。我们忽视了这样一个事实：亚裔像其他族裔一样，虽然作为一个文化团体具有一些特点，但是其内部也是丰富多彩充满差异的。

这种依赖知识建立人际关系的倾向与追求方法论的笛卡尔传统有关。但是，现实是，没有一种灵丹妙药可以帮助你取得他人的信任和关心。欲关心别人，你必须真正设身处地为别人着想，你必须将自己融入另一个人的生命中。关心需要培养，关心需要时间。

知识当然是重要的，但是获得知识的最好途径是人际交往。了解另一个民族或群体的历史和现实以及她的文学、艺术、神话和传说是非常有用的。但是，要让孩子们真正全身心地投入这种学习中却不容易，他们需要强烈的动机。动机的一个重要来源是体验另一种人生。如果我们关心的人让自己阅读某一本文学作品，我们很可能就会去读那个作品。阅读一本书，从中探究一种人生轨迹，我们与他人的生活会发生某种奇妙的联系。现在的问题是，多元文化课以及文学课常常是单独开设的，与所涉及的人没有关系。这种分离一方面可能导致课程涉及的人的反感和抵制，另一方面使上课的人产生盲目的自信和对所要了解的人的进一步的偏见。

我曾经在一所大学讲授一门关于女性和道德理论的课。虽然这门课很受学生欢迎，但有些事情还是让我失望。首先，虽然那门课的内容对男性和女性都同样重要，但是几乎没有几个男生来上。其次，课程内容导致很多女生产生一种强烈的气愤——通过学习，这些女生发现，她们原来饱受男性社会的欺骗。女权主义者或许会说这种气愤完全合理而且必要，因为气愤会激励女性为自己的权利而斗争。可是，我认为气愤也会导致隔阂，隔阂则会导致新的压迫。

进行伦理学或者性别学研究的人一定要仔细审视自己的研究内容和可能的后果。女性、非裔美国人、土著美国人以及其他少数民族需要有机会研究他们自己的历史，为自己的文化而骄傲。有时候我们需要在一个小团体内探索某一个问题，与和我们拥有共同兴趣和背景的人一起探索，这样的小团体可以催生一种特殊的集体归属感。应该让身处主流社会的人更多地听到弱势人群的呼吁，更好地理解和接受他们的行动。这样面向特殊群体的课程对妇女和少数民族的教育具有特别重要的意义。

且慢，有人会问，难道这些课程只应该开给少数人群吗？难道不应该把女性研究和伦理学融入学校的核心课程吗？这种融合的主张确实越来越多，我们应该对此严格审视。简单地取消伦理学和性别学而将其纳入目前的所谓核心课程将会是一个严重的错误。除非我们创造一个全新的核心课程，否则不能取消或者融合。必须正视这一点：目前的核心课程充斥空洞的原则和概念，与我们需要的新课程大相径庭。将那些课程融入这样的核心无异于毁灭这些课程。

让我重申这一点：如果我们将学校课程围绕关心来重新设计，那么有关女性和少数人群的研究会自然地成为新课程的内容。例如，我们将探讨这样一个问题：如何才能培养出比现在这代人更好的一代？这样一个问题将会引出一系列其他问题：是否男孩子也应该和女孩子一样学会照顾人的工作？到底是什么导致种族歧视的？遭受歧视的时候人们是怎样想的？为什么所有——至少大多数——群体都认为自己才是真正的人而视外人为另类？当我们说培养更好的一代人时，我们是怎样定义"更好"的？目前存在的课程都或多或少与这些问题有关，但在一个以关心为主体的新体系里，这些旧课程不再是中心，它们将为更重要的任务服务。只要这些课程还占据中心位置，那么它们将把任何改革内容淹没。

但是，对排斥与隔阂的担心仍然存在。有些特殊课程确实导致种族间和性别间的紧张关系加剧。正是对这种现实的担忧使得人们主张课程融合。或许我们应该要求从事那些特殊科目研究的人更加重视包容与和解。教授这些课程的教师应该尽力保护少数来自主流社会学生的利益，鼓励他们的兴趣。教师和学生应该共同探索如何使来自少数民族或者弱势群体的学生与主流社会接触，与那些被视为他们的压迫者的人接触。这些少数群体的学生可以维系一个特殊团体的从属感，也可能向外延伸，适当接纳他人。少数群体的这种行动不会导致控制他人的威胁，而主流社会的任何融合举动都有统治少数人群的倾向。

关心那些与我们不在一起的人，我们会面临种种困难。当我说"与我们不在一起的人"，我指那些因时空所限与我们相隔的人，也指那些即使物质距离不大但是心理距离遥远的人。我们没有办法保证完成对一个远方人的关心过程。相隔遥远，关心者无从获得被关心者的反馈，所以，即使关心者怀有多么良好的愿望，她所启动的关系也难以成为真正的关心关系。还有，当我们仓促投入关心他人的行动，但却不能建立一种关系时，我们将只能依赖于抽象的知识来指导我们的行动。这样做的结果是，我们难以将自己关心的人视为真正的个体。我们可能错误地认为他们想要过与我们一模一样的生活：拥有一样的知识，做同样的工作，进行一样的宗教活动，打发每一天的日子。我们也可能错误地假定他们想过与我们完全不同的生活。因为我们与他们没有直接的关系，我们的行动可能轻易地沦为一种没有实际意义的慷慨。还有，当拥有对远方人采取某种行动的意愿和能力的时候，我们倾向于先发制人。我们会过于自信，过于骄傲，过于不耐烦，从而不能认真地倾听和鼓励他人的意见。我们忽视了别人也想要努力并有所作为的。这也是目前教育的一大弊端：我们总是在试图把一样的教育给予所有学生。改革家们自认为知道别人要什么或者想要什么。由此可见远距离关心的难度。

让我们再深入讨论一下关心他人过程里一个非常大的困难：情大于理或者被情绪所控制的情况。滥用同情和对陌生人不加信任，这两种情况都很普遍。长年战争以后，简直难以相信我们是如此地将敌人非人化，对其恨之入骨。当我们面临威胁之时，我们将那些威胁我们的人置于道德生活以外。一旦将自己与那些人分离，我们会对局外人做出自己人难以想象的事情。

另外，将一个社会群体定性为敌人，这也使得那个群体内外的人都更加站在各自一边，从而使两边的人更加孤立分化。最近，法国一个犹太人墓地遭到破坏的消息震惊了整个世界。所幸的是，事件真相很快就大白于天下。原来是两个犹太极端主义者犯下的罪行。他们企图嫁祸于阿拉伯人，从而使全世界的犹太人更加团结起来与阿拉伯人对抗。他们试图加强一个群体对另一个群体的仇恨。这种行为无疑让热爱和平的人感到悲哀。学生们应该从这样的例子中获得教益。这样的例子提醒他们，每一个社会群体都可能为了自己的利益而牺牲其他群体的福祉。

我们倾向于将自己的所作所为与一切好的、正义的东西联系起来。同时我们谴责我们的对立面，视其为错的、邪恶的。我们将不友好和负面的道德判断强加给新来的异乡人。为了消除罪恶，我们首先将某些人定义为罪恶。而这样做的结果是，我们在自己和他人那里都创造出我们原本要消除的罪恶（Noddings, 1989）。

准备关心

面临如此之多的困难和问题，如何还能将关心送给远方的人？我们具有哪些义务？我们怎样才能更有效地教育孩子，使他们学会关心？我会将这些问题放在一起讨论，因为很明显，如果我们有义务来实践关心，那么我们就必须教导孩子如何关心。但是，我们没有必要强调孩子有义务去做我们决定的事情，因为即使我们的分析是正确的，孩子不是我们，他们有自己的人际关系、情感和工作。

首先，学校应该教育孩子正确理解我们自己以及我们各种各样的承诺。在第六章中，我们讨论了个人生活的各个方面，诸如身体的、精神的、职业的和休闲的生活。我也指出，那样的一个讨论并不是完整的，甚至有一点误导，因为自我并非一个孤立的个体。自我处于关系之中，自我发展时刻与他人发生联系。这种关系中的自我是我们这里讨论的出发点。

为什么我们倾向于将自己所处的团体与其他团体隔离开来，并且不自觉地对圈外的人进行负面评价？一个重要的原因是，我们对关心怀有一种自然而深刻的渴望。我们需要被别人关心。我们需要在自己的小人际关系圈子里被爱，需要在一个稍大的范围内被认识、被尊重，需要在一个更大的环境里感到安全。加强自己与自己所处团体的联系给我们更多的安全感和从属感。我们努力从自己的圈子里获得更多的爱，而尽可能免受来自外面的伤害。

问题在于，大多数在我们圈子外的人与我们想法一致。他们和我们一样珍惜充满关心的人际关系，需要保护他们自己免受外部进攻。当我们开始理解自己为什么愿意画地为牢，为什么愿意把自己与他人隔离开来，我们就有可能学会理解从属与接触的区别，以及已经建立的关系与可能建立的关系的区别。目前，越来越多的哲学家、社会科学家和教育家都在表达一种对群体的肯定和对个人主义的批判（Bellah et al., 1985）。这是一个积极的趋势，但是必须认清，群体也有自身的问题。

应该让学生们理解一个群体的力量。一个群体的所有成员团结一致维系它的存在，促进它的发展。作为它的成员，我们被其支持，也受其局限。我们可能被这个群体的风俗习惯所影响，而自己却意识不到这种影响。不管我们自己对个性特点多么引以为荣，我们的个性已经深深打上集体的烙印。所有这些都是描述性的，理解这些可能性并不能告诉我们如何行动。

我们会自我评估对各个团体的承诺程度，然后决定自己怎样参与到团体活动之中去。个人需要对团体做出承诺，这也是历来教育的一个目标。神学家保罗·蒂利希（Paul Tillich）曾经说过，我们希望每一个学生都成为一个独立的个体，同时都成为一个集体中的一员。不错，我们既想要人们合理地抵制极端集体主义对个体的漠视和压迫，同时也希望个体以集体为家，接受集体的制约。

一个问题是，很多团体往往变成一个个膨胀的个体。就像一个人会有自己的敌人一样，一个团体也会有对手。与自己圈子里的人共同行动会使我们感到安全。只要我们与某些人维系一种积极的关系，我们就不用担心和其他人的关系。这是一个不好的倾向。更坏的情形是，有时候，我们与自己人的关系会要求我们不公平地对待圈子外的人。我们会对圈外人做出一些圈里人根本就不能接受的事情。

这种在社会交往过程中学到的知识往往比书本知识对学生更

有影响。我们在日常生活中观察思考，与形形色色的人打交道。我们随时检测自己的知识，也依靠想象来判断自己在各种环境里的行为。在学校里，学生必须有机会对他们自己产生疑问。他们要研究自己，而不仅仅研究更广泛意义上的人类。

现在的学校经常忽视这样的疑问和反思。孩子们在历史课上了解一些历史事件，在文学课上探索一些人类的生存状态，在科学课上得到一些技术发展的动态，有时在数学课上偶尔也会计算一些与实际生活有关的得与失问题。但是，他们没有机会探究那些更深刻的具有人文意识的问题，而那些问题对他们自己和更广泛的人类都更有意义。

让我们回到以前讨论过的一个例子："二战"时盟国对敌国居民区的轰炸。非常有必要让孩子们了解这个事件。他们必须了解诸如此类的无数人间悲剧。他们应该审视当年盟国所持的理由，包括那些对轰炸造成伤亡的估算以及"为了大多数人的利益而不惜牺牲少数人的利益"的论调。学生们还应该对其他问题进行思考。这些问题包括：人类之间怎么可以发生那样的暴行？是什么因素导致它的发生？我自己可能参与那样的行为吗？我能面对面地有意识地伤害一个怀孕的妇女吗？我是不是可能在不经意的情况下做出那样的事情，譬如喝醉了酒的情况下？如果我关心的人让我做，我会做吗？

如此讨论的目的并非要决定谁对罪行负责，也不是要个人放弃自己的团体而投身于另一个。我们要让学生学会理解，进而抵御那些使个人和团体参与暴行的压力。我们应该促使那些主张轰炸的人将他们的理由和建议落实到人的生命上，然后再问：是否我们还要参与到那些涂炭生灵的暴行之中？如果我们内心存有关心，那么我们必须要说："你要对我进行解释，不仅从金钱花费、领土得失、攻城克敌等角度。你还要让我知道有多少家园会被毁灭，多少身体会被伤害，多少精神会被扭曲，多少母亲会痛苦欲绝，多少孩子会流离失所。让我知道这一切，让我思考这一切，然后再问我，我应该做什么，与谁做，为谁做，为什么。"我认为这是关心教育所使用的语言。

面对远距离关心这一问题，我们不仅需要对自我的清醒认识，也需要对他人的正确评价。抽象的囿于书本的知识是远远不够的。每一个人都可能给我们一个简单却有生命力的主意。人们之间必须保持交流。个人之间、群体之间、国与国之间，交流都必不可少。当糟糕的事情发生时，我们要立刻与我们的对手甚至肇事者开始讨论，而不是将他们孤立起来，自己与之划清界限。这一点适用于处理国际关系。长期以来，我们习惯将自己置身于道德代言者的立场，动辄以政治压力或者经济制裁的手段，来对付那些危害他国利益的国家。也许我们应该采用更坚定而友好的协商途径。通过持久的对话协商，我们给那些对我们产生威胁的国家传送一个强有力的信息。国家间关系紧张的时候尤其需要民间交流。学生、艺术家、科学家和其他行业的人需要在友好关心的气氛下进行接触。危急关头不能回避交流。拒绝接触将会拉大双方之间的距离，强化情感和精神上的孤立，从而促使我们将对方剔除道德领地。这种情况往往伴随更坏行动的发生。维持交流途径的畅通将使我们有可能避免与对方隔离，为我们提供了解对方的第一手信息。

关心伦理不依赖于道德判断，不诉诸谴责和惩罚。关心伦理更重视提高人际关系的道德水平。建立、巩固和完善人际关系是关心伦理的要务。当我们与他人联系在一起，我们才有机会发现并且培养别人身上的优点。有人会问：这样做适用于所有人吗？这个世界上难道真的不存在彻头彻尾的恶棍，在其身上找不到任何好的东西，与之发生任何联系只会有害无利？我想的确有这样的人存在。我们的任何行为也必须要有限度。这种认识使我们更加理解人类道德生活的脆弱性，以及在完善人际关系过程中要付出的代价。

我们如今生活在这样一个时代，语言的作用被发挥到极致。我们听到大量有关少数民族、文化以及性别关系方面的笑话。很多时候这不是件坏事，因为我们由此认识到语言可以如此伤害别人。但是当我们没有限制地运用语言，嬉笑怒骂竭尽讽刺之能事的时候，我们对他人的恐惧、怀疑和厌恶就构成我们心灵深处的一个"阴影"——如同荣格所说。这是我们作为个体和集体文化的一部分。我们不愿承认这一点。但否认并不能消除那个阴影。它与我们如影相随，并且导致我们在语言和行为上的暴力行为。

在学校里，对有关种族、文化、宗教和性别的问题，我们更多时间是在灌输而不是在教育。我们需要更多的对话。对话往往导致更多的疑问。对话可以帮助我们找到解决问题的办法，也可能让我们陷入更深的悲哀。读者们可能已经发现，这本书的很多章节都结束于提出更多问题或者认可不确定性。当我们努力理解他人，承诺于人际关系，但是苦于达不到我们的目标的时候，我们就需要与别人进行坦诚的对话。通过对话，我们往往会为某一问题找到适用于此时此地的答案。即使对话没有催生出解决问题的办法，我们也有了一个良好的开端，有利于更进一步的积极探索。

教师和学生应该讨论有关人际关系的种种问题，特别是排斥性这一现象。现在有不少团体建立的目的就是使得具有相同文化背景，很多情况下来自相同受歧视、受压迫背景的人可以在一起生活和学习。在同一团体内，他们确认和加强共同的传统纽带。在很多大学校园，非裔学生喜欢住在非裔学生宿舍。女子学院的女生也抗议将他们的学校变成男女同校。几乎所有大学里对少数民族和性别研究的课程的需求都在上升。与此同时，这个趋势使得那些传统学者和教师感到不安，他们担心自己所珍视的传统受到威胁。

有的排斥性与资格连在一起。像著名的克利夫兰交响乐团或者旧金山四十九人橄榄球队这样的团体，你不可能想加入就加入。加入这些组织的前提是你必须拥有能够展示的天赋。同样道理，学生只有努力展现学术成就才能成为荣誉团体的成员。有一点需要指出，很多学生成为荣誉团体的成员，但是他们并不高兴。有的学生加入了某些荣誉团体却不想让别人知道。对他们而言，这是一件既使他们骄傲，也令他们难堪的事情。

有一个问题：大学校园荣誉社的会员资格与在克利夫兰交响乐

队拥有一个席位是一样的吗？人们期望克利夫兰交响乐队的成员长期维持高水准的演奏技巧，而大学荣誉团体的成员却不需这样。加入荣誉社是对一个学生过去成就的肯定。但这是事情的全部吗？我希望年轻人好好想一想。如果加入某一个排斥性的组织需要你成功通过很多检验，那么你应该为加入它而骄傲，也应该积极地参与各种组织活动。加入某个组织之前，你应该提出下列问题：这个组织的目的目标在道德上是可以接受的吗？这个组织的构成机制有利于其成员的健康成长吗？这个组织是否能够时常打破自己的界限与外面感兴趣的人进行交流合作？与外界交流合作时不用进行筛选性的考查考试吧？它与别的有价值的组织或团体有任何互利性的联系吗？它为青少年在某一领域提供有效的教育活动吗？如果这是一个你应该加入的组织，对所有这些问题你都应该给出正面的答案。当然也有些问题其答案应该是否定的。这些问题包括：这个组织是否基于与其根本任务无关的原因排斥他人？它开展的活动是否旨在伤害或阻碍他人的成长？所有以上的问题都可以用来评估很多组织团体的价值，譬如街道团伙、教堂、邪教组织、娱乐俱乐部或者荣誉团体。

让我们再来看一下那些吸收成员不以个人成就为基础的团体。对只为非裔学生开放的宿舍和只招收女生的学校，我们能说什么呢？这些组织机构可能会通过所有以上那些问题的检验，除了一个问题：这些组织排斥他人确实基于与其根本目的无关的原因。他们基于种族、文化或者性别因素而排斥他人，这是可接受的吗？

我认为可以接受。但是我的立场也需要讨论。我的理由是，当评价某一个排斥性的组织的时候，必须重视我们所处社会的权力关系。如果特权阶层试图建立某种排他性的组织以维系他们的特权，其行动必须受到抵制。但是，如果一个少数群体或者来自社会底层的受压迫群体寻求某种排他性的行动，其行动在道德上也许是可接受的。譬如，很多女孩子在女子学院与男性分开的环境里确实在智力上、社会行为上以及职业发展上表现得更好。那么，如果我们的目的是使女性在这些方面得到发展，我们就应该承认，女子学院对男性的排斥基于一个可接受的标准。

同样的论证适用于对建立黑人学生宿舍的支持。如果我们确认白人统治阶层的存在会构成对黑人利益的威胁，那么白人就应该被合理地排除在外。我们尚未生活在一个平等的社会。如果人人享有平等，那么基于种族、民族或者性别上的排斥就没有存在的理由了。在现实社会不平等的条件下，所谓这些排斥构成对白人的歧视是不足为道的。什么才是真正的歧视？只有当歧视他人的人拥有统治社会的权力，有能力阻止他人与之分享经济和文化财富的时候，歧视才有实际的作用。当然，这个道理是很难让来自上层社会阶层的孩子所接受的。这些孩子主张一视同仁，以平等的名义，所有学生接受一样的竞争。他们忽视了一个基本事实：因为社会不平等，来自不同社会阶层不同群体的孩子不是从一个出发点竞争的。

不过，我也希望少数群体的学生严肃地思考其他一些问题。他们应该积极地尝试与外面的世界沟通。他们应该与其他团体合作开展有益的活动。应该邀请其他组织一起开展各种丰富多彩的文化交流活动，诸如庆祝、辩论等。更重要的是，不应该搞任何旨在伤害他人、危害其他群体的事情。

到此为止，我集中探讨了一些与外人打交道过程中的问题，诸如非理性以及程式化。我已经建议，学校应该花费更多时间教育孩子如何理解自我以及与自己密切相关的人。现在我建议，学生必须学会正确有效地与陌生人打交道。与外面世界交流的通道必须是畅通无阻的。在与人实际沟通的过程中获得的知识是最有力量的，也是最可靠的。

这种教育的一个结果是可能使孩子们避免寻找敌人。当我们认识到别人身上的罪恶往往是我们自己罪恶的反映时，我们就可能更容易宽恕他人，在遇到冲突时选择对话而不是暴力。当认识到我们道听途说而来的第二手甚至第三手资料不再可信的时候，我们就会花时间亲身投入与人的联系过程之中，自己寻找可靠的信息。

我们自己所属的团体与我们潜在敌人之间的关系，有时候因为我们将其定义为敌人而变得紧张，有时候则因为我们的朋友已将其定义为敌人而变得紧张。我们对朋友的忠诚似乎要求我们行动一致。可以让学生们讨论联合国决策的过程。我们会发现很多时候很多国家——当然包括我们自己的国家——在投票时采取一致行动，而不管为什么事情而投票。学生应该客观地审视这样的情况。朋友之间就应该永远互相支持吗？还是应该各自坚持更高的道德原则，在必要时不惜牺牲朋友之间的利益呢？

学会关心的一个重要准备是认识到一个人可以同时站在争论的双方。特别是当我们试图将关心送给远方的个人或组织时，我们必须杜绝感情用事，杜绝出于对某一方的忠诚而与另一方为敌。很多时候我们可以将谁对谁错放在一边，对双方都以诚相待："请相信我，我确实希望你们双方都好。"暴力必须尽量避免。我们总是听到"他先打了我"这样的借口。这个借口绝对不能成为实施暴力的理由。除非在面临突然袭击时而不得不进行自卫，对他人实施暴力总是可谴责的。对事件的性质进行准确的定义是非常关键的。语言的应用也很重要，我们应该用同样的语言来描述和定义朋友和敌人的行为。如果一个孩子被伤害或者谋杀了，我们必须无条件地面对事实，找出元凶。没有什么可以商量的。但是很多时候我们无须陷入谴责和惩罚的传统模式中。面对朋友，我们可以坦诚相告："我理解你的处境，我知道你的本意，但是我看到了你行为的另一面，那与你的良好动机相抵触。让我们尝试别的办法。"

　　现在，让我们讨论一下如何做才能有效地为远方那些我们关心的人解除痛苦。像我以前说过的，关心远在非洲的饥饿儿童不可能像关心身边的饥饿儿童那样容易。那么我们能做什么呢？我们可以找到信得过的赈济灾民的组织，通过它们捐献我们的爱心。不能依靠纸面信息。要力争亲自深入这个组织，了解她的目标与运作，通过调查研究取得第一手可信资料。说起来容易，实际做起来可能很难。很多时候我们对近在家门口的组织是干什么的都搞不清楚。再者，有时候，即使是名副其实的组织也难免在特殊条件下做出让人不满意的事情来。通过一些组织试图对远方的人进行关心总是会有这样那样的困难。

有一件事我们应该尽力去做，那就是在我们自己的社区、国家和国际之间鼓励一种关心态度的形成。我们可以支持不同团体、组织和个人间的交流互访。我们应该倡导慈善赈济组织的公开行动。我们应该推选具有关心他人意识和能力的人作为领导。在所有这些行动中，要尽量避免那些没有实际意义的宣传鼓动。我们要投身于真正的关心。

在个人生活方面，我们也可以给学生建议。我们应该提倡节俭生活。在当今的学校里这种建议很少听到。更多时候我们这样教育学生：努力学习，你们可以拥有所有想要的东西。我们应该让学生学会克制自己对物质生活的欲望，学会思考自己的贪欲对他人意味着什么。

应该学会关心残障人士。我们常常感到与那些聋人、哑人、盲人、精神病患者、行动不便者以及其他残障人士之间有一种距离。面对这些人再说人人平等，那我们就是对不同人的不同生存状态视而不见。我们之所以感到与残疾人有距离，是因为他们不能对我们的行为进行正常的反馈。一个大脑受损伤的人是不可能与人进行学术讨论，解决数学问题，或者进行逻辑推理的。试图让这些人从事这样的活动往往是事与愿违的。那些能够与残疾人成功地在一起工作的人往往在残疾人身上找到了独特的人类情感反应。虽然这些人不能像正常人一样运用智力进行推理，但是他们的欢笑、拥抱、温柔的触摸却反映了他们真实而无价的情感。还有眼神和面部反应都向我们传递了很多信息。感觉痛苦以及释放痛苦后的愉悦也是重要的反应。玩耍、制作小东西、表演行为、富有节奏性的身体动作都是有价值的人类反应。无论是人类还是非人类的动植物，只要能够进行这些反应，都值得我们回报以真诚的关心。

护士和生理理疗师可以对我们的常规教育提供有价值的帮助。她们可以帮助我们理解人类反应的广泛性，教导我们如何鼓励最有意义的反应的产生。要再次申明，没有什么可以替代直接的接触。如果我们有关残疾人的知识完全来自书本和讲座，那么我们很容易对其产生某种廉价的同情，或者认为最重要的是避免歧视。在实际生活中，残疾人和具有特殊需要的人士各种各样，其具体情况五花八门。有的残疾如此微不足道，以至于我们不能不怀疑是否我们发明了一个问题，以便让那些所谓的专业人士有活干。有的特殊行为如果换一种角度完全可以视作创造性的一种表现。当然也不乏那些严重的残障者，很难在其身上发现任何有意义的人类反应。为什么仍然要保全这些人的生命就成为一个问题。如果我们想要公民严肃面对公共健康领域里的种种问题，想要他们充满智慧地、富有同情心地解决这些问题，那么必须在学校里进行这方面的教育。

第九章

关心动物、植物和地球

人类的繁衍生息离不开动植物。我们生活的质量取决于养育人类和其他生命的自然环境。我们也认识到，对于如何完善这个环境，还有太多的东西要学习。就像在其他关心领域一样，在这个领域内也充满冲突和形形色色的问题。很多人仍然对环境漠不关心。有的人采取形式主义的态度。有的人在解决有关问题时甚至以暴力侵犯别人。有关的讨论也常常浅尝辄止。要么寻觅一劳永逸的灵丹妙药，要么回到传统的陈词滥调。互相关心的人们往往在有关环境的问题上各执一词。那么，学生应该在这个领域内接受什么样的教育呢？

关心动物

很多父母给孩子小动物让其饲养，认为关心动物可以培养孩子的责任感。这种做法的确可以产生好的效果，但前提是父母必须同时向孩子展示，他们既关心动物也关心孩子。实际上，在很多家庭里，关心宠物成为一个负担。孩子不能履行职责侍弄好小动物，小动物的存在还使得父母与孩子的关系变得紧张。

很明显，在我们国家，家长们没有成功地教育孩子关心宠物。每年大约有 1000 万动物死在动物庇护所等有关机构。这些动物不是被杀死以给人类提供食物或皮毛。它们是被人抛弃，被那些曾经对它们有所承诺的人所抛弃。任何真心爱护小动物的人都会为这些不幸的生灵悲哀。这些动物遭受各种各样的待遇：忽视、离弃甚至暴力虐待。我要问：如果在生物课堂上只教学生如何分辨一个动物的身体结构，教他们了解动物消化系统的功能，而不去教导学生对他们学习的动物怀有同情和爱心，那么这种学习的意义到底在哪里呢？

也许生物教师会分辩道，学生的确应该学习爱护动物，但是不应该在生物或其他科学课堂上。我们已经有太多的东西要学了。不错，我们的确学了太多东西，太多没有意义的东西。我建议将学校工作日按照关心的各种主题来重新安排，以全新的课程取代原来的传统课程。当然，即使这种改革也不能保证没有新的问题产生。只要人们头脑中将凡事都分开想的思维习惯还存在，问题就会出现。为什么生物课上就不能教孩子关心动物？实际生活中，在很多事情上并没有严格的分野。关心自我与关心他人紧密相连，精神生活与社会生活不可分离，事实和价值如影相随。不管学什么，学习的内容、程度和方向等都应该由学习者的需要来决定。

与动物正确地打交道需要我们对动物行为进行认真的研究。对人类行为的敏感性是道德生活的基石，同样，对动物反应的敏感性是对动物产生爱心的基础。有心的父母会在孩子很小的时候就有意识地教孩子怎样使宠物快乐，怎样避免伤害宠物。"小猫咪不喜欢被抓尾巴。可怜的小猫咪！看，多可爱的小猫咪呀！"这样的口头表达加上富有感情的身体动作对孩子很有影响。孩子天生对父母的反应敏感，明白父母的态度。他们能够分辨真正的关心和冷漠的走过场行为的区别。当父母和孩子一起分担对宠物的爱心，那么照顾小动物就不会成为无聊的工作。富有爱心的父母不会让小狗挨一天饿，也不会让它身上生跳蚤。他们不会等着自己的孩子去做这些事，他们自己关心小狗。他们也关心孩子，所以会提醒孩子，小狗因为饥渴或者身体发痒而在受苦。

有的孩子对动物反应特别是痛苦极其敏感。我的一个儿子在大约八岁的时候不小心打碎了他的鱼缸。我只听到鱼缸破裂的声音。等赶到他房间的时候，我看到碎玻璃、水和金鱼到处都是。我儿子的手在流血，但我不能说服他离开房间半步。他大喊："你难道不明白吗？我的鱼儿要死了！"我只好不管他仍在流血的手而帮他救鱼。直到所有的鱼都被救起，他才让我给他包扎伤口。在我们家里，很多有关道德的争论和对知识的探索都是围绕动物进行的。

动物反应是一个重要的值得严肃探索的领域。科学家们对动物的交流方式已经有了很多研究。如果家长和孩子能够了解动物发出的各种声音和做出的各种动作的意义，那么他们就能从关心照顾动物的过程中得到更多快乐，从而更好地照顾动物。我本人对猫发出的声音有不少了解，例如一个出其不意的问候、请求（常常重复进行）、警告（不要碰我那里！）、求助（与请求的声音相似，不过声音更大）。猫的身体语言也很有意思：磨蹭、搂抱、伸出一只爪子摸你、用头顶你，甚至用鼻子轻轻触摸你。知道你的宠物想要什么，这当然有助你更好地照顾它，同时也使你和宠物在一起的生活充满情趣。

这些话题能够也应该进入学校。如果想要培养合格的父母，我们必须讨论这些问题。有关动物行为的电影不难找到。很多动物研究机构也拥有大量阅读材料。孩子们都喜欢观看海豚表演，倾听鲸鱼唱歌，但是最重要的事是要让孩子们学会如何对待他们身边的动物。不应该让能够感知痛苦的动物遭受痛苦；不应该强行分开幼仔和有能力照顾它们的动物妈妈；应该创造机会给那些有解决问题能力的动物发展它们的能力。观察一个动物有能力做出哪些反应，以帮助我们决定对其负有哪些义务。

孩子们应该了解，人和动物关系领域内有三大主题需要学习。第一，动物行为。我们需要了解各种动物的特征和能力。第二，对每一种动物行为的价值判断。对动物的某些行为我们可能欣赏，对某些行为可能厌恶。我喜欢我家猫的灵巧和优雅，但是我讨厌它猎杀小鸟的天性。第三，我们对动物所负有的义务。这方面的困难最大。但是正确理解并且履行义务是问题的关键。它不仅是我们与动物关系的核心，也有助于完善我们对其他人类具有义务的道德认识。

有关动物的很多话题是没有争议性的，当然可以在讨论这些话题时大大方方地进行某些价值观教育。譬如，每一个有理性有爱心的人都不会赞同人类对动物的残忍行为。必须教育孩子远离残忍行为。但是也有一些问题颇有争议，我们必须认真考虑不同看法。教师们应该能够正确认识广为接受的价值观念与富有争议的价值观念的区别。

我们知道，很多人主张饲养动物以获得皮毛。我觉得这种主张不可取。但是，我认为学生应该有机会接触这个主张。孩子们应该观看有关猎人的电影，听那些富有传奇色彩的猎人故事。很多西部片将猎人塑造成具有冒险精神和热爱大自然的形象。学生们应该探索狩猎在人类历史上的作用以及相关问题。如果希望学校成为一个对孩子们身心发展真正有益的地方，那么必须讨论有争议的问题。讨论有争议的问题时必须照顾到所有参加讨论的人的反应。这种讨论不仅有助于孩子们发展批评性思维，而且有助于培养他们倾听他人以及对他人意见给予恰当反应的能力。

人是否应该食用动物，这大概是有关人与动物的关系中一个最困难的问题。吃与不吃，这可是个大问题。对立意见相持不下，相关问题应运而生。那些素食主义者反对屠杀动物，抗议这种残忍行为。但是，屠杀动物也不一定总是那么残忍。反对食肉者还声称，屠宰场淘汰的动物杂碎和垃圾污染土壤和水源。以这个论点来主张节制可能更有说服力，而以此反对屠宰动物则有点牵强。有人会说动物粪便和杂碎正好可以作为农场的好肥料，化肥对水和环境的污染才更加严重呢。我认为从现实的角度出发，也许减少肉类供应比全盘停止更可行。很多素食主义者认为，饲养那些给我们提供肉类的动物消耗了太多的自然资源。大量本来可以用来种植谷物的耕地却被改成牧场，这种做法是不可取的。但是像上面说过的，这个观点如果用来主张节制，而不是全盘停止饲养动物，可能更加合理。

有些素食主义者的主张未免太简单，很多主张太过情绪化。有些这样的主张来源于宗教教条。应该让"温柔的奶牛"活着给我们提供鲜奶。奶是它们给我们的礼物，我们怎么可以杀死它们呢？但是这些宗教信徒并没有对其他有关问题给出合理的解释。譬如，怎样为奶牛催乳？应该用化学手段吗？不管用什么手段催乳都涉及人的介入，那么人们将注意哪些问题呢？对那些不产奶的公牛如何处置呢？随它们去？那是不现实的。完全放任动物自由生长，这恐怕是对动物情绪化的认识。那种放任将会最终导致人类介入动物世界，管理动物的生活。

宗教化的主张在反对食肉与不反对食肉两方面都能听到。有的人引用《圣经》里的句子："人统治兽。"这句话被解释为动植物的存在是完全为人类服务的。地球是人类的家园，不是动物的家园。而另一方面，同样的词会被理解为"管理"而不是"统治"。那个句子的本意是要求人类去关心动物而非主导它们的生命。

学生也应该了解有关利用动物进行科学研究的争论（Regan，1983; Singer, 1990）。哪些医学上的进展有赖于动物实验？哪些科学创新是本来不需要在动物身上进行实验的？学生应该自己进行动物实验来验证某一结果，还是可以从书本、讲座或者电影中学习就够了？在回答所有这些问题之前，学生应该清楚了解动物科学实验的过程，以及在科学研究中人们到底是怎样对待动物的。

在探索人与动物的关系过程中，我们的确可以学到很多知识。从上面有关讨论中可以看到，动物问题涉及宗教和精神的话题。西方的宗教领袖奥古斯丁（St. Augustine）对动物痛苦漠不关心，而一些东方宗教崇拜一切生命，包括动物生命。每一个不同的观点都应该受到重视，每一个观点都要被严格地审视，其长处与弱点要被充分讨论。不能仅仅因为某一见解是被某一宗教信仰所支持的，就简单地接受它。同理，也不能对任何来自宗教信仰的论点加以歧视。

有关动物的讨论对年轻人的精神发展至关重要。一方面，必须允许年轻人对动物生命怀有深切的同情；另一方面，也必须使他们学会批判性思维，抵制那些来自各种邪教和迷信的宣传鼓动。从来没有对这些问题有过思考的人最容易走极端，要么持情绪化的态度对待动物，要么漠不关心。

关心动物的过程里要学的知识实在太多了。大多数孩子都喜爱动物，都想知道动物们在哪里生活，生活得怎样。这种兴趣自然导致对地理学和其他科学的探索。我看过很多孩子趴在地图上寻找大象、考拉和企鹅的家园，那么兴味盎然、聚精会神。我的一个女儿在五岁的时候忽然对恐龙产生了浓厚的兴趣。她竟然记住了一大串各种难记的恐龙名字。我至今还记得在纽约的自然历史博物馆里，她从一个展厅跑到另一个，兴奋地喊着："剑龙！雷兽！看呢妈咪，角龙！"对恐龙的着迷不可避免地导致她对地质学的兴趣。我记得接下来的一年，她就在同一博物馆里的矿石展厅流连忘返。现在她是一个油田工程师，一个敏感的对开发矿产资源和保护动植物生命都充分关心的工程师。

大多数喜欢阅读的孩子在其成长过程中都经历了一个阅读动物图书的阶段。我记得我曾经读过阿尔伯特·佩森·图尔休

（Albert Payson Tuerhune）关于狗的系列故事、《黑骏马》（*Black Beauty*）、《美丽的乔》（*Beautiful Joe*）、《弗兰德斯的狗》（*A Dog of Flanders*），等等。我的孩子读过很多我读过的故事。他们还读过《我的朋友夫利卡》（*My Friend Flicka*）、《鹿苑长春》（*The Yearling*）、《一猫二狗的奇妙旅程》（*The Incredible Journey*），等等。我们都读过《彼得兔》（*Peter Rabbit*）、《不来梅的音乐家》（*The Musicians of Brementown*）和《柳林风声》（*The Wind in the Willows*）。我还记得和我的一个女儿一起读《吹小号的天鹅》（*The Trumpet of the Swan*），度过好多快乐的冬夜。我们都没有把这些故事作为作业或者什么任务来读。我们总是如饥似渴，恨不得把一本书一次读完。不到太疲劳或者由于什么别的事情打断我们的阅读，我们绝不会停下来。每当不得不停下来的时候，我们就盼望下一次快点读完。

大多数小学校的教室布置反映了孩子们对动物的兴趣。教室里饲养着金鱼等小动物，书架上有动物故事，墙上挂着动物图画。而到了高中，教室就变成了另一番景象。对动物的兴趣被视为孩子气。动物故事让位于"严肃"的文学作品，鱼缸和宠物也随之消失。我认为这种变化是教育过程中的一个盲点。因为孩子们现在有能力进行抽象思维了，就把活着的生物从教室里赶走？现在正是对孩子们进行严肃的关于动物教育的时候！我不会带孩子们去屠宰场或者动物保护机构去观看动物安乐死的过程，但是我会给高中学生介绍这些事情。这些年轻人将很快组建自己的家庭，如果他们脑中关于动物的记忆只是那些孩提时读过的动物童话，那么他们对每年一千万动物的死亡这一事实将只会无动于衷。我们必须再问一次这个问题：为什么有那么多人能够准确无误地分辨一只昆虫身体的各个组成部分，却不能理解体会那些被抛弃被虐待的猫和狗的孤独和痛苦呢？

我想强调一点，学习研究动物不是反智力的。这种学习要求你具有很多其他学科的知识，诸如文学、历史、科学、经济学、政治学、艺术、数学、心理学和宗教学。但是动物研究应该集中于关心，关心是重中之重。动物学习还有利于批判性思维的培养，在这方面有很多问题值得辩论。关于人与动物关系的争议很大程度上反映了社会层次上的问题。动物保护主义者的行为背后充斥着似是而非的观点。极端主义者不时做出这样那样令人难以接受的行为。面对这一切，学校怎么还能够不动声色，埋头于一成不变的传统学科教育呢？

关心植物

植物与人的关系不同于动物与人的关系。植物对人的反应不像动物反应那样直接和富有情感。但是，植物对光、水、营养，甚至人的触摸都能够进行反应。在小学里，孩子们有机会接触植物。他们在教室里养花种草，也给老师送花。在有的学校，孩子们卖花种筹集资金。到了高中，这一切就都消失了。小学生还有机会接受一些真正有价值的教育，而高中生却被迫远离那些有意义的学习而集中于知识的边缘，也就是那些无关紧要的信息和技术。这就像淘金者筛出了真金却留下了泥巴！在传统学科的禁锢下，一个学习行为反应、美以及神秘的生物链的机会永远失去了。

谁都知道，人类生活绝对离不开植物，但是学生在社会学习课上却没有机会讨论植物。也许有时讨论一些关于谷物出口之类的话题。当我们在拉丁课上阅读恺撒关于高卢战争的论述，没有人告诉我们恺撒还对植物学情有独钟，随其军队出征的还有一个草药师。我们读过的关于征服、移民和殖民的故事里很少提到绿色移民（Haughton, 1978）的事迹，殊不知这些故事是多么令人激动。

将植物历史、园艺学和粮食流通史等引入课堂将会改变目前政治史一统天下的局面。但是，矫枉过正的情况也可能发生。譬如，《绿色移民》（*Green Immigrants*, 1978）一书的开头就令人吃惊。作者声称在欧洲殖民之前，北美大陆上不存在植物园或者农场。作者的本意也许是那时没有欧洲风格的植物园或者农场。事实上，印第安人早就在自己的土地上种植粮食，开辟农场，建立起村庄和家园。学生应该知道，是印第安人教会欧洲人种植玉米和其他谷物，但是现有的课程要么完全忽视植物及其历史，要么强调西方科学文明对种植业的贡献。植物作为人类关心的一个领域和其他领域密切相关。将关心植物作为学校教育的一个中心，将使孩子们有机会带着感激和批判的态度来探究人与植物以及人与人之间的互动关系。

植物与人类精神生活的联系尤其值得讨论。想一想亚当和夏娃的故事。那棵能够分辨善恶的树是苹果树吗？为什么这棵传奇的树一直没有名字呢？是因为最初的植物——那些不知名的灌木杂草在其他一些崇拜女神的宗教里占有重要地位吗？（Stone, 1976）基督徒的圣餐礼开始于最后的晚餐还是有更早的起点？它与埃及神话里女神哈索尔的身体与血的传说有什么关系吗？当植物在宗教中的作用变成一个话题，那么你会发现，阅读《以西结书》《以赛亚书》以及《创世记》，都有了新的意义和兴趣。

长期以来人们都把植物作为某些象征。不少常绿植物出现在古希腊传说中。譬如，女神狄安娜将一美女木雕变化成一个黄杨木以逃离阿波罗的控制。常绿植物也广泛用于基督教仪式中。圣约翰草用于早期太阳崇拜仪式中，它的植物学名就来源于一个太阳神父亲的名字。早期基督徒经常以某些药草来命名新的宗教仪式，而药草从来都是异教徒礼仪的一部分。"异教徒"（Pagan）一词的原意是"乡村居民"（Country Dweller），乡村居民往往很难皈依像基督教这样的非自然宗教。一个人居住在乡间就容易对大自然产生崇拜之情，这个现象很值得研究。

关于植物和人类精神关系的文献不计其数，我在这里只是略述一二而已。我的目的仅仅是说明，对植物的学习与其他关心领域紧密相连，而且这种学习是多么有益和令人激动。所有学校都应该建有花园和暖房，窗台上要养花草。孩子们要学习如何照顾花草。即使他们长大后生活在城市，没有空间养花种草，在学校里的经历也会使其养成一种对植物以及培养植物的人的欣赏和感激。

植物与营养学的关系是不言而喻的。很多孩子不知道怎样烧菜才能不破坏营养。他们不知道蔬菜里到底有哪些营养元素。营养学的知识对今天的孩子至关重要。我想起读过的一本书《亲爱的先生》（*To Sir With Love*），书中那个聪明的教师教他的那些城里孩子怎样做色拉。

要知道，我们今天在教育这样的孩子，他们不知道为什么人们要把蜂箱放置在果园里，甚至不知道"蜂箱"为何物。他们也不知道一个新的农作物是怎样培养成的，不知道为什么大量使用化肥对植物有害。当了解了杀虫剂和化肥的害处之后，他们之中的一些人又走向另一极端，简单化地拒绝所有与现代技术有关的东西。其他人则对这些问题漠不关心，直到有一天某一问题闹大了，危及每一个人。对植物教育的忽视也是对批判性思维教育的忽视。

对可食植物的研究将我们与其他文化连接起来。我们有机会了解不同人的饮食文化和生活习俗。我们可以以植物为中心来讲述整个人类文明史。譬如，哥伦布当年向西班牙国王许诺要在新大陆建立橘子和甘蔗种植园。他以此成功获得国王对他第二次新大陆探险的资助。它将橘子种子带往拉丁美洲的一些地方。罗马人则把苹果种子传到英格兰，把橄榄带到西班牙和葡萄牙。西班牙人还把南美地区土著印加人（Inca）的很多农产品介绍到欧洲和北美。

至于植物的美学价值以及培育植物给人的愉悦则是不言而喻的，在这里还可以发现与其他文化的联系。学生们可以了解日本人如何巧妙利用植物、石头和水创造出超凡脱俗的美丽园林；澳洲土著如何用各种植物产品装饰他们的身体；世界各地的人们如何植树造林美化环境。孩子们还应该有机会亲自享受栽培植物的乐趣。

在最近的一篇专栏文章里，埃伦·古德曼（Ellen Goodman）描述了一个"城里人与大自然的和约"。她为我们介绍了一个城里人春天的礼仪——将西红柿嫩苗小心翼翼地栽到阳台上的盒子、罐子里。她是这样描写那些城里人的心理的：

在为西红柿嫩苗挖洞的时候，她的心里一定在唱着一首圣歌。花草植物的家不是在电冰箱里。植物生长，慢慢地。植物就像脐带将我们与大自然相连。它创造出一个合约，要我们与自然彼此关照。（1990，pp. 19-27）

孩子们应该学会培养植物，保护植物生长的土地。像温德尔·贝里（Wendell Berry）所写的那样：

土地是一切生灵的连接者。土地是生命之源。土地是我们最后的归宿。土地治愈我们的创伤，赋予我们希望，拯救我们的灵魂。土地将疾病变成健康，衰老变成年轻，死亡变成生命。如果不善待土地，我们将失去生活的空间。没有土地，我们将没有生活。（1977，p. 86）

关心环境

关心土地是关心环境的一个重要组成部分。在我们生活的这个时代，环境问题层出不穷。人们比以往更加关注空气和水污染、臭氧层消失、人口爆炸、热带雨林锐减以及物种灭绝等问题。与此同时，伴随着经济发展，人类对大自然的索求也在加剧。扩张和贪欲无所不在。学校对环境问题有所注意，但是却对培养具有真正关心精神的人不能给予应有的重视。环境教育仍嫌抽象。有关的课外活动，譬如废物收集，作用非常有限，根本达不到环境教育的目的。

如今，学生们有机会了解生态系统、食物链、物种灭绝以及自然保护区等问题。然而，他们得到的印象是，这些问题都发生在遥远的地方，譬如南美的亚马孙平原或者东南亚，而与他们自己的生活不相干。这就如同很容易批评南非的种族主义而不是自己家门内的种族主义一样。我们乐于讨论那些远离自己生活的环境问题。这种教育的结果是，学生没有学会如何面对强有力的反对观点，不知道别人的立场也许有一些可取之处。他们也不能够参与到复杂的政治过程中来，为社会带来任何改变与进步。如果学会一些采取行动的本领，那么他们可能从小做起，真正解决一些环境问题。

在环境问题上表达一个特定立场并不难。很容易加入一个声称保护森林的组织，但是森林保护问题其实极其复杂，简单地说，保护森林毫无意义。当你声称保护森林的时候，你要考虑很多因素，譬如砍伐森林以供建筑业之用、稳定林业工人的收入、保护建材业主的利益、防止森林大火和植物过度生长、保护野生动植物资源、采取非常规办法保护濒临灭绝的物种、开发森林娱乐业等。

学生们应该在两个层次上考虑环境问题：个人的和政治的。他们需要以个人的、具体的方式投身于环保运动，同时也要清楚知道如何投票支持与其利益一致的组织。如今这个年代极端主义盛行，假大空宣传当道。一个人必须时刻准备改变自己的许诺，有时候要敢于妥协，以便真正做一些有意义的事情。这样说起来很容易，但对那些习惯于将自己依附于某些组织的人来讲，做起来会很难。有的人则过度执着于某一高尚的目标而对持相反立场的人漠不关心。在环保问题上，我们有时需要采取折中立场，既要努力实现我们认定的目标，又要尽量避免给我们的对立面带来伤害。

学生们应该有机会亲自参加一些实际的、具体的环境保护活动。就像应该参与到对幼儿、老人和残疾人的关心活动中去一样，他们应该投身于清理小溪、植树种草、维护校园和公园内的苗圃花坛等活动之中。这些活动不仅可能使孩子们受到使其终身受益的环境教育，而且还可能引导孩子们对某些职业发生兴趣。他们可能被吸引到下面这些行业之中去：蔬菜种植、房地产开发、城市规划、土木工程、森林业、专攻花鸟风景的美术以及集中于动植物和环境领域的新闻业。年纪大的学生可以帮助年纪小的学生一起工作。以环境教育为中心的劳动服务活动对所有孩子都大有裨益。

正式学校教育的另一个重要任务是为学生提供一个对各种教育活动进行批判性探索的机会。在各个以关心为主题的课堂上，学生应该自由讨论他们参加的各种服务活动，参与的各个组织的需要及功能，以及活动过程中出现的各种问题。这样的讨论必然涉及很多学术活动，诸如阅读、搜集资料、写作、计算、计划以及交流。

学校的另一个重要任务是培养学生的自我反省能力，反省作为个体、某一种族、社会阶层或者任何一个组织或团体的成员的个人生活。任何组织的成员都需要具有一种效率感和责任感。身处逆境的人们需要动力和支持以改变生活，需要一种能够帮助他们尽可能控制自己命运的教育。教育他们为社会服务当然是必要的，但是更重要的是教育他们如何组织资源、寻找问题、确定重点、学会妥协等。

很多教育观点和主张，譬如弗莱雷（1970）所主张的"被压迫者的教育学"，对我们这个国家的城市和乡村学校都具有价值。这些教育思想与我的关心主张并不矛盾。在一所城市学校，学生们可以决定搞一些教育活动，并为之投入几周甚至几个月的时间。活动的主题可以包括：学校和街道安全、种族冲突、为来自破碎家庭的学生提供帮助、抵制毒品与酗酒、抵制消极广告影响、成为有知识负责任的消费者以及与警察治安部门建立一种互相支持的关系，等等。根据弗莱雷的主张，这些活动必须是出于社会底层孩子们自己想做的，而不能是由统治阶层强加给他们的。但是，在孩子们自主开展教育活动的过程中，作为学习集体的成员，教师也应该有所贡献。在每一个阶段，教师应该帮助学生寻找资源，培养学生解决问题的能力；应该时刻为学生评估他们所拥有的资源和信息，帮助学生确定新的方向。在这个过程中，教师的责任是既不强加给学生任何东西，又以一个合作者的身份引导学生成长。

我们的学校除了需要一个"被压迫者的教育学"，还需要一个压迫者的教育学（Noddings, 1989）。那些出身于中产阶级及以上阶层的学生，需要了解他们的生活方式对其他阶层人士的影响。他们需要知道，像他们一样的少数人消耗了世界上大多数能源和财富。这样的自知之明也许会促进他们过一种更加节俭和保守的生活。

应该对学生进行严肃的节制主义教育。我知道很多人对我的这个建议不以为然。有人认为，使人们保持对财富的无限追求是生产力、创造性、技术进步甚至慈善业的保证。我个人认为这个观点完全错误，但是，我也认为应该让学生听到两方面的主张。一个人不一定要先接受共产主义或者社会主义的主张才能支持节制主义。节制主义出于对个人和集体的责任感，它有利于他人也有利于我们自己的身心健康。

学生们需要理解，成功的人生有各种各样的表现，有的成功会比其他成功更加引人倾慕和追求。节制教育需要对流行的价值观进行彻底的改革。要向学生传递这样一个信息：学校教育不是通往上流社会的阶梯，而是通向智慧的道路。成功不能用金钱和权力来衡量，成功更意味着建立爱的关系，增长个人才干，享受自己所从事的职业，以及与其他生命和地球维系一种有意义的连接。在过去的几十年里，学校几乎被出卖了，这表现在对学生考试成绩的过度重视和对学校职业准备功能的无限要求。

当我们视智慧为教育的一个目的的时候，我们就会鼓励人们进一步留心自己的身体，注意自己的财富。财富不是越多越好，为了健康全面地发展，我们需要节制。今日少向生活所求意味着明天我们会过得更好。不能无端要求别人满足我们的需要。当别人有求于我们的时候，我们要乐于助人。当自己确实有所需求的时候，我们也应该大方地接受别人的帮助。我们要当自己命运的主人，但要承认没有他人，我们就无法生存。

你可能发现上面这些主张与基督新教伦理的联系。新教伦理是我们文化传统的一部分，从一开始就深刻地影响着我们的学校教育。对这个传统我们也应该怀着感激与批判的态度来进行探讨。这个传统包含哪些值得我们珍惜的真知灼见？哪些东西是消极的甚至危险的？哪些内容有助于对一个健康环境的维系？

诚实劳动，为自己和他人负责，过一种节俭的生活。所有这些都与关心环境紧密相连。我们不得不与他人分享地球的有限资源。我们要时刻准备互相帮助。我们不能向他人索求太多。在这里，我们发现关心的内涵如何有别于权利或者正义的内涵。如果自然和财政资源消耗殆尽，人类能力与信心的资源也所剩无几，权利还意味着什么呢？说所有人都拥有权利获得某一样东西似乎合情合理，而如果那个东西根本就不存在的话，那么对权利的强调就成为一个笑话。我们应该承认人类的需要，关心人的需要，而且对人的需要给予持久的反应。我们应该学会过一种节俭的、敏感的和负责任的生活。

第十章

关心人类
创造的物质世界

关心人类创造的物质世界，也就是各种物品和工具，与关心人类自己当然不同。关心物品不产生直接的道德影响。物品不会因痛苦而哭泣，因快乐而欢呼。物品不会表达爱或恨。尽管如此，我们怎样对待物品却对人类和物质世界都具有重要的影响。如果我们对所拥有的物品不加珍惜或者一味放纵自己的物质贪欲，那么就是在滥用这个世界的资源。我们的行为因此具有道德上的意义，要接受道德评判。

在另外一个意义上，可以将关心物品和工具视为道德生活的一部分。当我们想要成为有道德的人，就会认真思考应该过一种什么样的人生。从关心伦理的角度来看待问题，永远不能忽视自己的生活会对别人产生什么样的影响。另一方面，我们也应该认真思考古代希腊人所说的优良品质的意义。我们要在自己身上培养一些不能用道德标准衡量的优良品质，而且，欣赏别人身上的这种优良品质不仅在美学上而且在道德上也是可取的。这种欣赏就涉及对我们周围物质世界的珍惜和尊重。我们应该问下列问题：谁制造了这些物品？物品的现有形式是如何演进的？怎样评判物品的价值？如何使用这些物品？

物品的使用

大多数人谈到有关物品的问题时，会首先想到物品的使用。沙发和椅子是用来坐的，我们不愿意看到孩子们在上面蹦蹦跳跳，不愿意看到它们上面留有肮脏的鞋印。餐桌上的刀子是用来切割食物的，看到有人用刀往嘴里送东西吃，我们不由得皱起眉头。对工具的不恰当使用有时源于粗心，有时则因为无知。

物尽其用到底有多重要呢？玛利亚·蒙台梭利（Maria Montessori）将教育孩子恰当使用工具视为教育方法中的一个关键要素。她认为，如果孩子们能够恰当地使用工具，懂得物尽其用的道理，那么教师就应该放手让孩子们自由地使用工具。各种工具还应该有它们自己的"家"，不用的时候就放回原处，使一切都井然有序。蒙台梭利相信，孩子对秩序的热爱在其成长过程中的某一个关键期内会自然形成。她认为秩序"是和平与幸福的必要条件"（1966，p. 53）。在蒙台梭利的教室里，物质世界的秩序是用来引导灵魂深处的宁静，或者她称作"优雅"的一种品质。

即使大多数人都会怀疑今天的孩子是否还具有这种自然的秩序感，我们仍然认为恰当利用工具是重要的。我们都知道，当你想用某个工具而一时又找不到时，该有多沮丧。好不容易找到了，又发现你的工具要么很脏，要么坏得根本不能用，那么你还怎么开始工作呢？

在学校里，我们几乎不教孩子注意物质设施的秩序。实际上，批评家们一直在批评，学校长期以来强调秩序，从而压制了孩子们的创造力。学校确实重视秩序，但不是物质设施的秩序。学校重视的是带来控制和压抑的秩序，不是能够引导宁静和优雅的秩序。学校里处处可见这样的情景：座位横排竖直；学生在自己的位子上安静自习；简明扼要地回答教师提问；不准缺席；不经允许不能上厕所；等等。生活在这样的环境里，学生们不大可能体验到蒙台梭利所倡导的那种秩序感。

如果能够使各种设施和工具各尽其用、各归其位，那么我们就会有充分的时间和空间干我们想要干的事情。需要的时候，就能找到需要的东西；请求帮助，帮助就在身边。任何人所拥有的工作空间和工具都应该不受侵犯，即使是教师也无权随意干涉学生的工作。必须要有学生的邀请或者授权才能进入学生的世界。这种秩序应该由师生双方共同合作确定。教师为学生提供学习的大方向，在这个框架下，学生自由探索。教师还应该指导学生注意有关秩序和正确使用物质设施，让学生明确可利用的资源材料及它们的用途。为什么今天的年轻人对书桌、书本、铅笔等学习用品不加珍惜？这其实一点也不奇怪。成人虽然有批评甚至惩罚孩子对工具的滥用，但却很少引导孩子认真思考工具的使用价值。

对物品使用价值的思考必然导致对其形态的探究。为什么这个物品被设计成这个样子呢？能被设计成别的样式吗？带着这些问题，孩子们有机会探索写作工具、桌椅和书本等的演进历史。也应该让孩子们有机会了解身处于其他文化的孩子是怎样学习的，特别是当那些孩子缺乏我们所拥有的学习用品的时候。

应该引导孩子们认真研究物质世界。有时候，一个产品会有形形色色的各种品牌。哪一个是最好的？什么样的才是最好的？谁定的标准？是不是有些牌子更具有美学上的价值？是不是有些牌子综合起来看更胜一筹？

在研究物品的同时，应该引导学生探究他们自己的生活方式。他们也许会认识到浪费和不加节制的消费是在道德上不可取的行为。他们可能开始对夸张的广告产生抵触。也许他们还能学会从不同的角度对同一件产品进行评估。

为了做好上面任何一件事情，学生都必须拥有一定的知识。他们要了解特定产品或工具的工作原理。并非每一个人都需要懂得学术物理，但是每一个人确实都要懂得简单的发动机是怎样工作的。每一个人都应该知道，头发吹风机就像电熨斗一样需要通气口，烤箱开到450摄氏度会比250摄氏度使食物熟得更快。孩子们要了解凿子是被设计成干什么的。如果用一个凿子来刮东西的话，会发生什么情况呢？应该学会将家里能拆开的工具拆开，清洗，然后再组装还原。

对各种物品研究到什么程度呢？这应该由孩子们的特殊兴趣和能力来决定。在语言和数学领域有特殊爱好的孩子或许会对计算和测量工具更感兴趣。有音乐天赋的孩子自然要探究各种乐器。定位于机械技术领域的孩子则会时刻与各种机器和工具为伍，他们中的一些人甚至可能着迷于老式汽车、蒸汽机以及飞行物。而在人际关系方面想有所发展的孩子可能会对用于社交礼仪上的器皿以及服饰感兴趣，会留心于家具和家庭装饰，还可能爱上城市规划和环境设计。有的孩子可能具有超人际领域的发展倾向，那么，他们也许渴望探究用于宗教礼仪场所的物品。

就像对秩序有一些矛盾的认识一样，人们对物品也有不同的看法。物品似乎代表着物质主义，与思想世界格格不入。有些受过良好教育的年轻人确实对物质世界嗤之以鼻，指责科学技术是现代社会人类精神流失的罪魁祸首。1960 年代的反主流文化就被打上怀疑和鄙视技术的烙印。但正是在这里，我们看到将世界一分为二这种不良的思维方式。凡事要么是好的，要么是坏的。如果自然是好的，那么技术一定是坏的，反之亦然。

学校需要对物品和工具进行认真的研究。这种研究必须与我们的生活方式有关，与我们的道德义务有关，与我们对美的感受和对大自然的热爱有关。学生们应该学会拒绝技术万能论，也应该放弃技术无用论。物质世界就像自然世界一样充满了神奇。在我们学会恰当利用物质世界的过程中，这种神奇与我们紧密相随。

物品的安排

孩子们不仅应该学会正确使用各种工具，还应该了解对物品的恰当安排和摆设。在讨论秩序的时候，我们已经对这个问题有所涉及。合理地安排各种物品、建筑以及其他设施不仅有助于我们有效利用它们，也有助于我们的身心健康和美感体验。

日本人的园林艺术举世闻名。他们巧妙地利用树木、石头、植物和水，创造出引人入胜的宁静与和平。在以前的美国，女孩子们曾经接受一项基本的家政教育：家居装饰摆设。她们要学会如何安排整理晚餐桌、储藏室、餐具、酒窖、药草花卉、衣帽间以及育婴室。我们大多数人都不希望重返维多利亚时代受束于那些令人压抑的烦琐规矩，但是我们知道，秩序和秩序感有助于我们有效使用各种工具物品，也有利于我们保持内心的安宁。日本园林的超凡脱俗与维多利亚时代储藏室那散发着薄荷香味的秩序都不是随意可得的。

上小学之前，孩子们就应该学习家居摆设的知识。在一所蒙台梭利学校观看孩子们的饮茶仪式是一件多么令人喜悦的事情！孩子们用鲜花来装饰桌子，桌子上摆着真正的食品：牛奶和果汁。看不到假的道具食品。孩子们吃点心，饮茶，交谈。过后清洁一切，等待另一项活动的开始。

在安排学习物品的过程中，孩子们有机会接触历史、科学和艺术等各科知识。假定一组孩子研究我们国家的早期开发者。早期居民是如何设计家庭卫生设备的？考察他们怎样安排水井和厕所，还可以导向对土壤风化和污染问题的研究。这样的环境研究还会帮助孩子们理解为什么穷人总是容易成为各种疾病的受害者。进一步的探索还会揭示出这样一个事实：很多宗教信仰和政治意识形态倾向于掩盖人类痛苦。那么，在今天，这样的情形是否仍然存在呢？

诸如此类的讨论显示，如果以关心来重新组织教育活动，那么教育会变得多么令人激动。卫生对于当代人类生活意义重大。探讨卫生问题离不开科学、历史学、社会学、政治学、健康学、美学以及宗教学方面的知识。如果从历史的角度来探讨卫生问题，那么历史上对很多重大事件的解释就会增加一个新的注脚。第一次世界大战期间流行性感冒的大爆发就是一例。如果将卫生问题视为事关今日所有人的重大问题，那么它将带给我们一系列理论和实践上的挑战。一个厕所是怎样工作的？使用一次要消耗多少水？有没有安全而又节水的用法？那些从机器里流出来的变了颜色的水能够用来浇灌菜园吗？怎样才能变废为宝？如果你家里有一个小宝宝，那么你要考虑哪种使用尿布的方法给环境带来最小的危害：使用一次性尿布，换下就扔掉；同样使用一次性尿布，扔掉之前洗干净；使用非一次性尿布。讨论这个问题时，孩子们应该讨论包括用水在内的资源消耗等问题。

学生们还可以将卫生问题与动物饲养联系起来。屠宰场堆积如山的动物杂碎和粪便是怎样污染饮用水的？不同的屠宰方式导致怎样不同的浪费？哪些动物副产品可以利用？哪些被可惜地丢掉了？

探讨物品的安排设置可以从自己的周围环境开始，也可以从探讨处于远方或者过去的一个地点开始。不管从哪里开始，这样的讨论关系到我们今天的生活和子孙后代的生活。城市里的孩子应该探索他们住家的内外环境，进而探索城市规划问题。街道上有足够的树吗？怎样监控空气质量？用什么设备？哪些植物能够在这样的空气环境里生长？什么植物能够有助于空气净化？什么人类活动可以促进环境改善？

住在海边的学生应该关心海洋健康问题，应该了解海洋自我净化能力。像我们人类一样，海洋、河流、森林都在遭受摧残。它们的痛苦有多深？我们怎样才能减轻它们的痛苦？学生们当然要知道水样是怎样采集和分析的。大肠杆菌检验是怎么回事？为什么要关闭整个海滩来做这个检验？什么样的污水处理设备可以用于整个社区？经过哪些处理后污水才能流向大海？有更好的设备吗？开发和采用新的系统要花多少钱？

人类创造的物质世界充满神奇和腐朽、忧虑与希望。它与生物世界紧紧相连，也与社会和精神领域密不可分。人们在宗教仪式上使用很多器皿。一些物件的摆设具有特殊的象征意义。在宗教仪式上常见的器皿和物品包括：高脚酒杯、蜡烛、浮雕、徽章、手杖、地毯、刺绣服装、袍子、头饰、上釉玻璃、讲坛、经卷、塑像、火把、刀、祭坛，等等。对这些东西的研究不仅仅涉及宗教，还将我们引入艺术、考古学和人类学等领域。早期的宗教仪式与现代的有何不同？刚才提到的每一件器皿在一个仪式中扮演什么角色？哪些人才有资格接触那些神圣器皿？人们在什么地方举行那些仪式？他们怀有什么样的信仰？从艺术的角度来衡量，那些器皿有更多的价值吗？

在这里，我们再一次看到有很多途径可以探索存在主义问题。随着对宗教器皿的了解，有些学生可能想对宗教本身进行更深入的研究。其他学生也许要探索艺术、历史和考古学。还有的学生可能对器皿的生产过程更感兴趣，想尝试制作陶器、设计彩釉玻璃、编织或者刺绣。有的学生甚至还会对大规模开发生产这些器皿感兴趣。

孩子们还应该对社会性活动的礼仪规矩加以探讨。在各种不同场合，餐具和厨具是怎样安排的？人们如何着装？那些餐具是怎样生产出来的？有替代品吗？哪些东西在一个特定场合会被视为不合时宜？哪些更具有观赏价值？哪些仪式本身就令人生厌？用什么标准去判断？

在我们留心身边的各种物品器具及其使用和安排的时候，我们开始思考一系列的问题。其中一个问题就是：我们对人类创造的世界负有哪些责任呢？

物品的维护

我的高中历史老师曾经说过，"公民的第一个责任是保持所在地方的清洁卫生"。我同意他的观点，保持卫生的确是一个孩子对环境所能做出的有意识的贡献。可是，过去三十年以来，我们却在这个问题上缩手缩脚。我们不敢严格要求孩子注意整洁卫生，因为担心这种要求会妨碍他们的个性发展，扼杀他们的创造能力。我承认，在这个问题上，我自己的态度和行为也缺乏连续性。我喜欢秩序，主张家里要保持整洁。但是我也给孩子们管理自己房间的权利。只有当他们的房间变得实在惨不忍睹的时候，我才威胁要实行监督检查。我会在他们的卧室门上贴上这样的告示："此房间被卫生局强行关闭！"见到这样的警告，那个孩子往往显得如梦初醒的样子，接着便是一阵风似的大扫除。

现在回想起来，我的做法不是很妥当。我应该花更多时间教育孩子们真正关心身边的物品，而不是为了获得我的容忍或者认可而对待它们。应该准确评估玩具和艺术品的价值并且精心保护它们。当然，我们不想让孩子整天围着他们的物品团团转，做那些清洁保护的工作。应该允许他们自由地利用自己拥有的东西。但是，必须让他们懂得，以后对那些东西的欣赏和利用取决于今天如何关心它们。是什么导致了最近三十年来人们对秩序和整洁的放任呢？是人们对旧时代将关心物品与传统道德扯在一起的反感。那时候，整洁体面是社会习俗。大人教诲小孩子要保持干净整洁以取悦于人。我们不得不小心照顾某些东西，不然的话，"玛丽姑妈会认为我不明事理"。

今天，我们必须换一种角度来看待这个问题。需要采用新的标准去衡量我们对物质世界的关心。首先，我们要问：对物品的利用或者滥用会怎样影响别人？不仅仅指别人对我们的态度，还有他们自身的生活。其次，为什么某一件物品值得我们更多的关心？我们所拥有的东西对我们到底具有哪些价值？现代教育几乎彻底忽视了这个问题。

在以关心为主题的学校里，很多不同课程可以围绕探索物品来安排。要启动对话讨论物品对人类关心的需要。孩子们应该参与到维护学校环境和设施的活动中来。应该给他们时间欣赏自己劳动的成果。我们现在向孩子们传递的一个极其错误的信息是：你们要学好功课以便将来避免体力劳动。我说过，没有人天生就应该日复一日地从事那些肮脏、繁重、简单、重复性的体力劳动。但是，个人选择任何形式的工作都不应该被歧视。所有劳动都重要，都值得人们投入身心。所有劳动及其成果都值得孩子们尊重。

当我们一起努力使环境变得更加整洁美丽，我们也会对那些为了我们的环境付出辛勤劳动的人们产生更多的感激之情。这是学会关心最重要的任务：孩子们必须要有机会亲身实践关心；有经验的关心者要陪伴孩子们一同实践。没有多少人不经实践就学会对人、对劳动、对动植物以及知识的关心。我们需要与人面对面、手牵手地接触，这样才能发展对人的真实的关心。同理，我们需要亲自投身物质世界，在实践中关心。

物品的制造与修理

孩子们应该有机会亲自动手制造东西，修理东西。大多数小学生和初中生都有至少一个学期的时间接触一些工作作坊。在那里，他们学会如何使用简单的工具以及制作一些盒子或者领带夹之类的物品。问题是，这样的活动往往被视为真正学校工作——抽象思维劳动的前奏，因而不受重视。实际上，作坊里的简单劳动是涉及使用工具的复杂劳动的必要基础。学校的这种态度很有问题，因为它在告诉孩子，手工劳动低人一等。

所有孩子都应该学会安全使用电器。他们应该能够安装灯泡，更换电线，测试电源以及处理有关问题。孩子们还应该学会如何检测常用家庭设备设施，能够进行简单的水管和地毯维修。他们应该学会恰当使用各种工具并且合理保管工具。这样的学习既适合男孩，也适合女孩。

男孩和女孩都应该学会厨房里的工作。他们应该知道如何检测一个烤箱是否安置妥当，温度调得是否准确。他们要知道为什么烤制点心的盘子无论在烤箱里还是外面都要保持整洁，以及怎样正确利用各种不同炒锅。还要知道为什么炒青菜的时候不用加很多水。当然要知道如何使用各种各样的厨房工具，诸如搅拌机、量杯、刀子、过滤器、刮皮刀等。要了解各种工具的用途以及局限。譬如，很多人认为冰箱可以使食物永久保持新鲜，其实不然。

孩子们应该有机会学着制作一些简单东西。那些对此有兴趣的孩子应该有更多时间发展他们的天赋。现在编花篮的工作不知为什么成了简单劳动的代名词，成了好学校都不屑要孩子们干的事情。但是，我们中有多少人能够亲自编制一个可以派上用场的篮子？有多少人能够找到合适的自然材料，按照一个特定的用途设计一个篮子，然后亲自编成？纸上谈兵并不难，难的是亲自动手干。孩子们既要了解一个物品的制造过程，也要尽可能地动手尝试制作。他们应该学会尊重那些能够动脑设计篮子的人，也应该欣赏那些能够亲自动手做篮子的人。

除了学着制作简单工具和从事简单修理工作以外，孩子们还应该了解规模更大、更复杂的制造业和修理业是如何运转的。他们应该有机会了解制造业的历史。注意，我说的是让孩子们"有机会了解"那些过程。我当然不主张强迫孩子们描述鞋带的制造史，或者自动化的机械原理，或者轮船制造的过程，除非他们对这些东西真正感兴趣。但是我们知道，几乎所有孩子都愿意参观一个保留殖民时期文化的村落。在那里，他们观看纺纱、织布或者打铁表演。大多数孩子都会对工厂里流水线生产过程感兴趣。有的孩子在观看了印第安人制作独木舟的表演后，会尝试着自己造一艘船。对大多数人而言，制造业的历史比政治史更有趣也更有用，只不过后者往往表现出对人类的生活产生了更直接的影响，特别是当政治与制造业发生联系，或者当政治控制了经济生产的时候。

杜威曾经将制作东西视为孩子的四个最基本的兴趣之一。不幸的是，因为学校对孩子的这个兴趣不加重视，大多数人现在都对体力劳动心怀鄙夷。其结果是：一方面，我们自己干活时笨手笨脚，缺乏制作东西的能力；另一方面，我们也不会欣赏奇妙的技术与物质世界。

对物质世界的理解和欣赏

今天的学校，特别是中学，几乎是一座座空建筑。学校里没有多少摆设，特别是没有那些在家庭和工作场所里常见的东西。这是长期以来对所谓智慧和知识加以重视的结果。这似乎在说，一个人的精神可以与其身体分离！一个脑力工作者似乎比一个体力工作者高人一等。这个社会从来没有对那些保证我们每一天正常运转的体力劳动者给予过足够的尊重。

我们需要学会关心人类创造的物质世界。瑞士教育家裴斯泰洛齐（Pestalozzi, 1746—1827）最早开创了这种教育形式。他将实物和图画等大量应用于教育过程中。他的实物课集中于对各种物体的探究。我的主张与他的相似。教学可以从任何一个实物开始。譬如，对一盏台灯，我们可以提问："这个灯是怎样工作的？"学生们可以将灯拆卸开来，了解各个部分的组成及其实际运转。然后他们可以研究电学，了解电对灯的作用。这样他们就对灯的工作原理有了理论上的认识。还可以进一步探索有关灯光照明的历史。在这过程中他们可能会对早期人们捕杀鲸鱼的一个原因展开讨论。杀鲸取油以供人们照明之用，这样的行为是可取的吗？孩子们可以测量从台灯里发出的光的亮度和范围，了解灯的各部分在发光期间的作用。他们还应该进一步探讨人眼视觉对灯光的反应。孩子们可能会问：灯光与太阳光有什么不同？灯光是否能够保障植物的生长？还应该讨论灯的美学价值，如灯的大小形状是否设计得美观。

裴斯泰洛齐还非常关注各种物品与人的关系。他的课堂讨论经常涉及物品在人类生活中的作用。这样的讨论今天也时而听到，但是从关心的角度来看，我们更需要让孩子们关心客观环境以及环境里的各种物体。不能一味谈论物品对我们有什么用，要问我们应该怎样关心物品。作为学习的中心内容，台灯和烤面包机与二次方程和复式句型一样重要。

为了培养孩子们对人类创造的物质世界怀有真诚的感激之情，我们不妨问学生们这样一个问题：假设我们处于人类的初始阶段，一无所有，我们该如何生存？我们这个三十多人的集体可以共同创造哪些东西？为了制造出必需的用品和工具，我们要具备哪些知识和技巧？甚至可以做这样一个实验。让我们首先钻研一本书，这本书阐述了电动机和内燃机的工作原理。让我们一起学习这本书，直到我们全都能够通过一个以此为内容的标准化考试。通过了考试之后，现在我们就能够亲自制造一台电动机或者内燃机了吗？为了造出一个机器，还有哪些东西要学？还有哪些知识和技巧是书本没有教给我们的？

　　诸如此类的讨论都具有伦理学上的意义。狭隘的理论探索或者局限在假设条件下的研究对于现实生活中的道德行动没有多少指导意义。这个话题值得进一步讨论。我不想简化物质世界，使之变成为另一个更高级世界服务的中介。我们珍惜并且善待物质世界，这并不是为了完善我们的精神世界。物质世界本身是如此重要，它值得我们研究和珍惜。

　　当学生们对物质世界的理解逐步加深后，他们有可能更加理解自己的日常生活，并且更有效地安排自己的生活。自己能够修理东西，能够判断别人修理工作的效果，这些都是能够给人带来满足感的事情。具有实践意义的知识能够丰富、强化理论知识。

　　最后，对物质世界和技术的欣赏和感激可以抵制极端环境主义的危害。回头反思一下 20 世纪 60 年代非主流文化中的反技术偏见，我们会发现，那时很多主张不仅极端，而且也非常不现实。为了改善目前人类的生活条件，我们需要更成熟的见解和计划。这些见解和计划主张把关心引入每一个人类生活的领域，包括制造和使用物品的领域。

第十一章

关心知识和思想

到此为止，我们讨论了很多有关实际生活、终极命运以及一般教育的思想和见解。现在，我想就思想和见解本身展开一些探讨。应该怎样教育那些对某一学科领域着迷的孩子？又该怎样教育那些对某一学科怀有一般兴趣的孩子？简单地说，应该怎样教好现有学科体系内的知识？

我已经阐明，传统学科不应该成为学校课程的核心。要打破目前这种学科设置，首先应该停止为教这些学科本身而教。要保证教好对这些学科怀有特别兴趣的孩子，但不应该将这些课程强加给所有孩子。这些课程本身并不值得每一个人都学习。今天，各科教师都从本学科专家的角度来教学。他们要求学生学会像数学家、科学家、历史学家、文学批评家、美学家以及伦理学家那样思考。这样的要求是极其危险的，不仅对学生无益，对学科本身也有害。一般学生并不需要像数学家那样思考。大多数人可以在日常生活中有效地应用一般数学知识。应该鼓励学生找到各自应用数学的地方，选择各自对数学的态度。任何教学都应该从学生的目的、兴趣和能力出发。只有那些对某一学科怀有特殊兴趣的学生才应该有机会对那个学科进行更深层次的探索。

在本章中，我将对两门学科进行讨论。首先是数学，我本人有过多年的数学教学经验。然后我将讨论艺术，我将以一个哲学家和教育者的身份对其加以探索。我的中心主张是，应该引导那些对某一学科怀有特殊兴趣的学生深入那个学科特定的领域内，而对其他大多数学生而言，这样做则没有必要。我们的目的是为不同的学生提供因人而异的尽可能最好的教育。从学生的兴趣和能力出发因材施教也最符合我们国家的利益。如果我们需要数学家、工程师和科学家，那么应该引导那些对这些学科具有特殊兴趣的学生深入相关学科进行钻研。给所有孩子同样的教育带来的将不仅是所有人的平庸，还有学术上的倒退和智力上的反叛。

数学

目前有这样一个趋势，各个学校都力图使更多的孩子学数学。很多高校要求高中毕业生必须学过三年数学才能获得录取资格。这个规定促使高中要求越来越多的学生注册大学预科数学课。这样，准备上大学就变成了一件相当标准化的事情。无论你准备上大学读艺术、宗教还是工程，高中都要上三年数学。数学变成了对任何人都有利无害不可缺少的东西。

什么样的工作一定需要几何、代数或者三角函数？想一想，在这个社会上有多少我们不需要几何也可以做好的事情。当然，我们需要认识数字，也应该能够计算百分比，比较利率和理解简单的描述性的统计结果。除了这些基本的知识技巧外，还应该理解自己工作范围内所涉及的数学问题。但即使是这样的数学知识也不需要由像数学专家一样的教师来讲授。由与自己一起工作的同行来指导，效果可能更好。让我们来看一看一个几何课上学生们要解决的问题吧。我们要向学生介绍有关土壤酸化和植物生长的信息（Goldin，

1990, p. 20）。学生们要画一个分散图表并加以分析。但是，没有关于土壤酸碱度的分析，什么样的植物也不得而知，其他重要相关条件都被忽略。我认为，这样一个问题根本就不应该在数学课上解决！应该在生物课上探索这个问题，因为它涉及更多的生物学上的知识。在生物课上，学生们应该有机会亲自种植培养植物；应该考查影响植物生长的各种条件，诸如光、热、水和营养；应该研究不同植物对这些条件的不同要求；应该熟悉酸碱度的有关知识，了解大多数植物对酸碱的需要；还应该学习如何改变土壤的酸碱度。可以选择不同的植物进行实验，比较得出不同的数据。这样，统计学就变成真实的东西。如果在这样一个实验里，数学知识都派不上用场，那么让学生分析几何图表又有什么意义呢？

数学已经被用来作为筛选学生的工具。很多高中学生因为不喜欢或者害怕数学而被迫远离学校中的大学预备课程。如果这些学生进入社区学院后，有一天决定转入大学就读，那么他们还要重头再补修数学，哪怕他们选择的专业与数学毫无关系。

学校处于一个进退两难的矛盾境地。因为数学、外语和实验科学已经成为大学录取招生的有效工具，所以这些课程变得越来越难。但是，现在学校面临另一个压力：给所有孩子，特别是来自少数群体的孩子，一个公平的上大学的机会。这样学校就不得不尽可能地使更多的孩子注册为大学准备的数学课。为了迫使学生上几何和代数课，学校尽量不开设别的课。因为别无其他选择，所有学生就只好去学为大学准备的几何和代数。以机会均等的名义，我们为所有学生开设最少的课程——高中三年学完两年制的数学课程。至于别的更有趣、更有深度的东西，那就只好忍痛割爱了。似乎没有人想到应该改变这种课程要求。为什么要改呢？学生们总是要学某些课程的。数学不是他们要学的吗？反正那些上数学课的学生知道为什么要上。

让我们再从整个国家的层次上来看这个问题。我们用心良苦，但是如此教学却没有提高国家的教育质量。所以，应该停止"所有孩子都可以学"这样的政治宣传，停止以给所有孩子平等机会的名义而强迫所有学生都去学几何。应该只给一部分学生开设为大学做准备的数学，大学预科数学的教学也应该有更高的质量。除了大学预备数学外，我们还应该教授为其他所有学科打基础的数学。

学生们学不学数学不应该受年级限制，也不应该看他们是不是通过了某种水平的测试。课程应该完全对外开放，即使是现在专门开给所谓天才学生的数学课也应该对所有学生开放。教师应该与学生谈论学好数学应该具有哪些素质；要向学生说明如何关心数学、接受数学。人们可以为数学着迷，与数学对话，向数学挑战。人为地剥夺孩子们对数学这种可能的着迷是不对的。那些高难度的数学课应该接受所有对数学怀有热望的学生。任何学生只要想学，并且具有基本的准备，就应该被允许上那些所谓"天才"才能上的课。我们接受并且鼓励所有学生学习的目的和渴望。

有些人对这种开放教学模式提出异议。他们指出，有的学生的学习目的并不明确，而且变化无常。对那些不懂得一个严格的教育在人生中意味着什么的学生，选择会变得像儿戏。他们会尽量选择那些容易的课程，那些不需要下功夫就能通过的课程。我认为，这种批评基本上源于一种误解。我当然不是在主张有的课程应该要求很严，有的则应该宽松。我也不主张放任学生完全凭个人好恶去选修课程。相反，我认为应该在师生之间建立一种关心和信任的关系，使得有价值的信息能够有效地流通，学生能够及时得到教师的指导，挑战性的学习任务能够得到落实。我不认为很多青少年真的视自己的教育为儿戏。如果这种倾向真的产生，那么问题可能出在我们教育者的身上。一定是我们让孩子们觉得，他们的兴趣与学校教育不合拍。一定是我们公开或不公开地告诉他们，工程师的工作比幼儿教师的高级，或者医生高于护士，律师高于警察，经理高于厨师，等等。在这样的一种教育环境内，选择你自己真正想学的东西，确实就如同视教育为儿戏。这种情况一定要改变。

但是，在这种错误思想得以纠正之前，我们还必须面对今日学校的现实。不管是谁，只要你想通过教育获得一个你想要的生活，那么你就必须上那个不容易的数学课。那么问题就变成这样：在彻底改变现行教育体制之前，怎样才能使数学教育变得对所有学生都更加有意义有趣呢？

在数学教育领域内有一场越来越有影响的运动，这个运动被称为"建构主义运动"（Davis, Maher, &Noddings, 1990）。我想在此对这个运动加以介绍，因为它确实为我们提供了很多改革的可能性。当然，它也有自身的致命弱点。除非我们将它的主张有机地融于对整个教育的道德思考，否则的话，建构主义也不过沦为另一个方法论层次上的改革思路，其结果也不过是某种传统意义上的收获而已。

作为一个认知观点，建构主义认为，所有人的大脑精神活动，不管是感觉上的还是认识上的，都是一种建构。没有一种精神活动是对信息的简单复制或者对外界刺激的条件反射。如果你向我传递某种信息，我必须积极地倾听，理解你的意思，然后我必须把你告诉我的接纳到我自己已经知道的领域内，再决定我该如何处理你传递给我的新信息。我的反应取决于我的目的。如果我关心你，那么我可能对你报以类似同情的兴趣，即使我对你传递的信息并不关心。或者，我可能对你提出的话题极为关心，你的信息使我认识到我以前可能做错了什么事情。还有一种可能，在对你的信息进行认真评估后，我断定是你犯了一个错误。

建构主义者相信，人们的行为是受内部动机所激励的。人们能够对各种环境、事务以及抽象的理论进行认知分析，进而形成概念。建构主义教师愿意花费时间了解学生的心理和行为。他们时刻准备为学生提供挑战和建议，帮助学生建构自己的精神世界。

是什么在激励建构主义数学教师呢？一般说来，他们的教学观与其对人类如何学习的总体认识相一致。他们也倾向于相信，数学思维不但缜密、复杂，也允许模糊，鼓励探索。他们相信数学对于人类活动具有广泛的用途。基于这样的信仰，他们愿意增进学生的数学知识和技巧。这样的动机和认识很好，与喜爱数学的学生所怀有的动机和兴趣一致。

但是，建构主义作为一种教学原则必须要在一个大的伦理或者政治框架下发挥作用。每一个教师的教育目的必须是促进学生的发展，帮助他们成长为有能力、有爱心、可爱、关心他人的人。只有怀有这样的教育目的的教师在教数学时才富有灵活性。他们激励那些对数学本身着迷的学生往更深的层次探索，帮助那些视数学为某种工具的学生学好他们必须学好的必要知识，同时尽力支持那些对数学毫无兴趣但不得不上数学课的学生。在数学上对所有学生寄予同样高的期望，这不仅在道德意义上不可取，从教育学的角度来看也是一场灾难。这样的期望源于那种政治口号伴随下的运动，使我们的学校看起来更加民主和平等；而实际上，我们所做的不过是挣扎着控制所有学生。

下面，我将详细地描述一个以建构主义为原则的实际数学课程。我将首先介绍这个课程本身，然后对其实施过程中可能出现的问题加以分析。我将强调，如果以关心为中心的教育目的被忘记的话，那么整个课程将变得没有意义。

这个新数学课程的实施地点是一个有着1500名学生的普通郊区高中。大批学生注册第三年大学预备数学课——十一年级代数和三角函数。整个学校在这期间面临校舍紧张的压力。数学教研室提出的课程计划受到学校行政方面的欢迎。这个课程计划将所有学生分成两个班，每班有75到80人。一组教师担当教学任务。教室就设在学校的大食堂里。每一个学生面临三种选择，也就是在以下三个课程里任选其一：初级课程、标准课程和高级课程。这种设计照顾到不同学生的需要，譬如那些不喜欢数学但为了大学入学要求必须要上一年数学的学生，以及那些热爱数学、想尽可能在高中多学点东西的学生。课程计划说得清清楚楚，任何人都可以改变主意，放慢或者加快他们学习的进度。初级课程包括六个章节的教材内容，注册的学生要在每一个评分小节通过一次考试。但是完成这个初级课程并不能给你注册十二年级数学的资格。标准课程涵盖了九个章节的教材内容；高级课程包括十二个，甚至更多。每一个课程对学生的具体课业要求也有所不同。例如，高级课程班的学生可以不做那些简单的练习，但是要完成更难的作业。

一个严肃的问题是如何减少学生的考试压力。一次考试不定终身。课程成绩累计而成。所有学生都将 50 分带入第一个评分小节。如果一个学生通过了一次考试，那么他的分数相应提高，譬如，70分。如果通过第二次考试，分数会变成 85，第三次，95。

这样的评分制度大大减少了学生的考试焦虑。因为参加一次考试并不失去任何东西，那种由来已久的对考试的恐惧不复存在。学生们不用担心这样的情况会发生：参加最后一次考试，本来有 92分垫底，考完之后自己的分数却变成了 72。每一次考试结果都有三种可能："通过"、"不通过"和"通过 +1"。最后一种可能是对优秀学生的奖励。额外分数将加入学生在每一小节结束前所获得的基本分之中。

整个课程被设计成一个连续不断的发展过程。学生们如果没有通过第二章的考试，那么就不能开始第三章的学习。教学从第一章开始。一位教师，让我们假定她叫琼斯夫人，给整个班的学生介绍第一章的内容。然后，学生们分成多个小组，分别研究问题，教师不时来到每一个小组提供指导。星期五是考试日期。即使是第一个星期五，也会有一些学生准备好要参加第一章的考试。通过第一章考试的学生开始第二章的学习，会有另一位专门的教师负责他们。这样的过程持续到一些学生开始第四章的学习，这时候琼斯夫人又成为他们的专任教师。但是这时候仍然有一些学生还在啃第一章，琼斯夫人只好将她的时间分成两半，同时照顾两拨学生。

每一周都有一天专门用来研究超越课程框架的内容。一群学生在一位老师的带领下讨论教材里没有出现的数学问题。这些课外问题包括：丢番图三元高次方程、密码学、抽象几何、数理逻辑、数学史、计算机问题，等等。这个小组是开放的，任何学生都可以参加。如果让我来教这个小组，我会将各个关心领域的问题也引入讨论之中。这些问题包括：数学心理学、有效个别指导问题、人口与饥饿研究、动物进化、农业规划、少数民族贡献、女性数学家、伟大数学家的宗教兴趣等。

在我亲自参加这个课程教学的那些年里，此课程的教学以传统意义来衡量是成功的。在年度标准化考试中，我们教的学生没有人处在最低线上。在最低的 5% 中也很少有我们的学生。每一个学生都学到了东西。教材涵盖了从初级的前六章到第十六章。学生学习数学的动机普遍提升，当然也因人而异。

我最关心的并不是这种传统意义上的成功，而是学生们在这个课上是否学会了认识自己的潜力，是否学会了同学间互相帮助，是否学会了承担责任和义务，是否发现了数学在人类生活中的奇妙作用。对少部分学生而言，我还关心，他们是否对数学的本质和美有了更深的认识。如果忘记了我们教育的最主要目的，那么即使这样一个富有创新意义的课程也会带来很多问题。所以，有必要从这个角度再来分析这个课程。通过分析，我们有可能认识到为什么那么多教育改革的尝试都以失败告终。

一种诱惑是过分强调学生个人的进步。这个课程原本是鼓励学生共同学习和进步。我们没有为每一个学生都制订单独的课程计划，因为这不是一个完全个别化的课程。作为教师，我们提供集体讲解和个别帮助，也指导学生互相帮助。教师们没有躬身俯首一个个检查学生的作业。将教学科学化的压力很容易导致对考试的依赖，导致学生在学习过程中的孤立，导致教师作用的标准化。参加这样一个课程教学的人应该认识到它的独特性，抵制那些压力。

应用小组教学方法的时候，可能会产生这样一种倾向：将小组成员分工。这个教师负责上大课，那个教师专管个别指导，那个检查学生作业，等等。这种做法是一个致命的错误，与我们所主张的教育目的大相径庭。教师和学生必须在一起学习工作，在一起协作攻关，每一个人都是一个不可分的整体。教师不是一台教学机器上的零件。如果着眼于关心，那么小组教学会成为一个好方法，教师分工则有害无利。

随着课程的进展，教师可能会对学生的自我评估和自我管理能力产生疑问。这种情况实际上就发生在我们的教学过程中。有的时候，学生们在一个评分小节没结束的时候就达到了他们预先制定的目标，这时候一些学生想做数学以外的功课。虽然我总是试图鼓励他们向更高的目标努力，但是最后还是尊重学生自己的决定。因为我们是有契约的，即在某一段时间内学什么，达到什么目标。如果学生完成了应该完成的任务，那么剩余的时间就应该由他们自己支配。我是这样想的，而我的同事们却不以为然。一位老师甚至对我的做法很是气愤。她相信，作为教师，我们有责任想方设法使学生做得最好。她也认为，学生在数学课上就应该只学数学而不是其他学科。我认为这位教师的思想反映了一种控制哲学。这种哲学，这种意识形态，渗透在我们学校工作的每一个方面。基于这种控制论，我们必须滴水不漏地控制学生，当然这是为他们自身的利益着想。我现在认识到，如果我被那位教师说服，妥协于她坚信的控制哲学，那么我们整个课程的教学都会因此被扭曲。

另一种形式的扭曲同样麻烦。在我们那个课程之后，其他一些教师试图在他们的教学过程中也采用我们的方法。可是他们错误地理解了我们教学过程中教师的作用。他们将我们倡导的教师只是学生协助者的功能误解为教师只对学生的求助做出反应，其他什么也不需要做。他们放任学生，实际上允许学生整天甚至整周地坐在座位上无所事事！他们的做法与我们所主张的毫无关系。教师当然是开路人，是领跑员，要承担不可推卸的责任。他们要为学生提供建议，要试图说服学生，要激励他们、鼓舞他们，为他们协调目标，为他们提供具体指导。还有，最重要的，教师要为学生创造一种对话的氛围，帮助学生做出有理性的个人决定。放任学生仅凭个人好恶行事时，其个人决定是难以让人信任的。

那位主张严格控制学生的教师的态度反映了另外一个问题。她抱怨太多的学生选择在星期五参加考试，而实际上他们中的很多人根本就没准备好呢。很明显，一些学生还没有做完他们该做的功课，参加考试只是想碰碰运气。鉴于此，这位教师主张必须检查学生的作业情况，检查合格后才允许他们去考试。控制的需要再一次浮现出来。她确实诚实地认为她有责任控制学生的学习。每个星期四晚上她都挑灯夜战，检查学生的笔记本和作业。我阻止不了她，但也不想像她那样做。我采取另一种做法。在星期四白天的课堂上，我将那些打算第二天参加考试的学生召集在一起，讨论他们的学习情况。我从他们的笔记本中选择一些具体问题，问他们是怎样解决那些问题的。我们讨论他们的答案。我们在一起琢磨，为什么一些问题他们做不出来，有没有别的思路解决那些问题。我们的做法当然不同于那位教师的突击检查。我们在一起交流探索。我们的讨论往往吸引其他学生加入进来，他们也提出不少好主意。我们创造了一种集体主义的氛围。在这样的氛围里，不同学生发挥不同的潜力。学生们对一个问题的想法是那么的不同。有的学生只会告诉你怎样解决那个问题，有的学生的答案却反映出他们对数学问题结构上的理解。

最后一个疑问，有的人会对它的基本组织结构提出异议。为什么将初级班、标准班和高级班混合在一个课程内，每一个学生都拿五个学分？这公平吗？我认为公平与否在这里并不是最重要的问题。重要的是学生们的不同需要被认识到了，被满足了。关于公平的考虑本无可厚非，但是，过分强调它也反映了那种控制哲学的影响。

在这种控制哲学大行其道的今天，采用一种新的教学方法确实很困难，特别是一种强调相互尊重、有责任的自由、自我评价、公开合作以及关心和分享的教学方法。即使是那些怀有良好愿望的人也可能自觉不自觉地做出一个个决定，将一个很有希望的课程演变成另一个控制论影响下的传统课程。建构主义者往往强调要理解所有学生。但是理解有不同含义，理解必须因人而异。教育者的目标不是简单地理解学生，而应该是教会学生理解他们自己，理解自己的行为和目的。教会学生解决数学问题时理解自己为什么这样做，为什么那样做，这并不需要对数学问题本身一定要有什么高深的结构上的理解。

在这里，我想再对杰米·埃斯卡兰特说几句，他就是那位在第五章中我赞扬过的模范教师。我并不赞成杰米作为教师做过的每一件事。我不赞成他将不用功的学生踢出教室的做法。我反对他严厉惩罚那些不按教师要求做的学生。我也反对他将挖苦讽刺学生作为一种教学策略。很多学生或许能够体谅他恨铁不成钢的一片苦心，体会出他在残酷背后的慈爱，但是，有些学生可能永远体会不到他的关心。我们应该问这样一个问题：为了使学生通过一个重要的高等代数考试，教师就有理由对他们不礼貌吗？杰米确实也有对学生很礼貌的时候。他不断地对学生说："你就是最好的！"可是，这个可爱的赞美背后是这样的信息："你能学好高等代数！"那句话还意味着其他学生——那些不学高等代数的学生——就不是最好的学生。教育者要尊重不同学生的不同能力，帮助学生选择任何一个他们愿意学习的领域，帮助他们在自己的领域内尽可能做得最好。为什么一个学生必须通过一个高等代数考试才能赢得教师的尊重呢？

有关埃斯卡兰特的教学方法还有另外一个问题需要探讨。如果他是一个白人教师，那么他可能不会用同样的办法对待那些少数种族学生。那样吼学生会使他陷入麻烦的。可是难道身为少数种族教师教那些少数种族孩子，那种方法就可以接受吗？也许他的少数种族学生能够接受他的教学方法。也许少数种族教师和学生需要自由创造双方能够接受的教学方法。作为同行，我当然愿意支持他的工作，但是，他的教学方法的确值得商榷。可以肯定，并非所有少数种族学生都能够接受那种严厉的教学方法。一些学生没有学到东西，他的方法没有使所有学生受益。在与学生交往的过程中，在每一个教学环节，我们都必须时刻提醒自己我们的教育目的是什么。我们的教育目的应该指导我们所有的工作。

当然，会有一些少数种族学生和女学生对数学或者其他学科真正地感兴趣，甚至为之神往。但是，很多情况下，这些学生的兴趣是工具性的。为了读大学，他们不得不对数学感兴趣，而不是数学本身让他们着迷。作为教师，我们应该尊重这样的兴趣。教学一定要因人而异，不同的教学方法可能会有利于不同的学生群体。教师应该熟悉学习心理学，了解不同孩子在学习方法上的异同（Belenky, et al.,1986; Culley & Portuges, 1985; Bunch & Pollack, 1983）。数学教师一定要研究针对不同群体的教学方法，大胆实验。

数学教师也应该关心学生其他方面的兴趣和能力。语言天赋好的孩子通过阅读和写作可能额外学到很多数学知识。而实际情况是，我们很少花时间像阅读文学作品那样认真阅读数学教材。那些具有艺术天赋的学生也许会对以数学方法研究美学发生兴趣，会尝试探索艺术设计上的数学问题。他们甚至可能对数学美学本身产生兴趣。而那些人际交往能力强的学生可能会在指导别人的过程中学到更多的东西。我们的教学方法必须因人而异，不能千人一面。

最后，虽然应该鼓励那些对数学感兴趣的学生多学数学，也应该帮助那些少数种族学生和女学生发掘他们自己在数学上的潜力，但是我们没有理由创造一种唯数学至上的氛围。不能用有没有数学能力来决定一个学生的自我价值。世界上有那么多的成功人士和有能力、有德行的人对数学都一窍不通，甚至讨厌数学。他们有其他的人生兴趣和目标。所以，不要一味地问为什么没有更多的女性对数学感兴趣，应该问的是她们对什么感兴趣和为什么感兴趣。对这些问题的答案既可以帮助我们鼓励女性发展在数学以外的兴趣，也可以帮助我们设计更好的吸引女性的数学课程。

艺术

我不可能对学校课程体系内的每一科目都加以探讨，即使在艺术这一框架下，我也只能有选择地展开讨论。我下面的讨论主要集中于美术教育，尽管我仍然使用"艺术教育"一词。美术教育过程中存在着大量我在这本书中所着力批评的问题。

很多美术教育工作者现在倡导一个新的课程模式。他们将其命名为"以学科为基础的艺术教育"或者"认知为本艺术教育"。这个教学模式侧重认知教育，这与其他学科教育对语言和数理逻辑能力的重视如出一辙。这个课程模式的倡导者认为，艺术教育应该包括美学教育、艺术史、艺术批评以及艺术品鉴赏（Getty Center for Education in the Arts, 1985; *Journal of Aesthetics Education*, 1987）。艺术教育应该与其他普通教育科目一样强调认知，侧重教学和考试。

我对这个教学模式的很多倡导者怀有真诚的尊重，但是，我认为这个课程运动本身是错误的。开始这个讨论使我回忆起早年当数学教师的日子。那时候，我还没有认识到，每一个教师的主要任务就如同父母的责任一样——将每一个孩子养育成人。相反，我是一个典型意义上的数学教师，认为自己的工作就是教好数学而已。关于我的教学观的转变有很多故事可讲，其中艺术及我对艺术教育的思考起了很大的作用。艺术课在很多高中是一门很特殊的选修课，在我任教的高中也不例外。一年又一年，在我的数学课上总是有一些孩子对数学提不起兴趣，成绩一塌糊涂。有一年，一位优秀的艺术教师转到我们学校。之后，我渐渐发现，班上那些数学不好的孩子之中竟涌现出几位天才的艺术家。艺术之花在学校里竞相开放。他们成为校园里人人皆知的人物，广受尊重。我很熟悉他们之中的一些人，因为他们同时也是数学教研室里的常客，有的就是我数学课上的后进生。当我对这些年轻的艺术家有了更多的了解，当我对以前所持的有关数学教学的古板认识有了更深的反思，我变成了一个更好的教师。我开始欣赏天才的多样化。学生们在我眼里不再是基于数学成绩的好学生或者坏学生了。

在那所高中，艺术在一大批年轻人的生活中起着至关重要的作用。艺术课与其他课程不一样，那些艺术天才也和其他学生不一样。他们对待艺术课非常严肃，他们在艺术课上有别具一格的行为方式，包括开有艺术特色的玩笑。他们在自己的教室里获得老师的完全信任，往往自己管理自己的教室。他们研究艺术史，开展艺术批评。他们在午餐时间观看有关的教学片。他们评论当地博物馆里的画展，最后也在那里展示自己的作品。这些年轻人的目标是高中毕业后到艺术院校进一步深造。他们要进库珀联盟、罗德岛设计学校和布拉特学院，这些可都是那些喜欢数学的学生一点都不感兴趣的地方。他们非常勤奋地准备自己的作品集，也以自己的特殊能力积极参加校内外的社区服务活动。他们为很多活动搞设计，做标语牌，甚至画政治漫画。

我不记得那些孩子是否是看完教学片后要参加以此为内容的

考试，不记得他们的学业进步是否要接受系统的检查评估。我敢肯定，考试不是他们学习的一部分。那些年轻人上了四年的艺术课，如果算上那些额外的时间，他们就上了相当于六年的艺术课。在那些年里，他们将自己视为那个社区的成员，倍加珍惜自己的角色。他们是成熟的学习者，是天才的学徒，他们的天才得以发挥和进步。在充满激情的艺术创作过程中，他们的艺术知识逐渐增长，对艺术的理解也不断加深。他们将知识与自己的兴趣完美地结合在一起。他们所学的知识不是哲学家怀特海（Whitehead）所说的那种"不活动的，没有生命力的知识"。

我试图通过对实践经验和个人经历的反思来强调我的观点。我最主要的担心是，那些天才学生的艺术天赋会被强调认知的艺术课程所扼杀。能学好以知识为主的艺术课程的学生也是那些能学好其他一般课程的学生。在一篇最近发表的博士论文中，利奥拉·布雷斯勒（Liora Bresler）就准确地介绍了这种情况是怎样在一所大学的以认知为主的音乐课上发生的。真正有音乐天分的学生中途退出，坚持下来的也得不到好成绩。而那些对音乐没什么特殊感觉的天赋平平者却成为成功者。艺术教育者是不是应该严肃地研究一下这种现象，再来将艺术课程变成满堂灌的知识课呢？

现在你应该明白了为什么我对这场以学科知识为基础的艺术教育运动如此担忧。我担心艺术会失去它在学校里的独特地位。我理解这场运动背后有政治原因。我们知道，在很多学校里，艺术早已经没有容身之地。我回忆里的故事对众多今日高中学生就宛如发生在一个世纪以前似的。很多人担心，只要艺术课还清高自诩地保持自己的艺术特色，那么就免不了被忽视的命运。它对于大学录取决定无关紧要，也只能吸引少部分学生。只要教育经费面临紧张，艺术课就要被砍掉。认知为本艺术教育的倡导者因此相信，要想使人们重视艺术，那么就必须把艺术变成与英语、数学和科学一样。把艺术也变成必修课，使之系统化，让学生学知识，然后考他们。我对这样的主张不敢苟同。如果我们这样改革艺术教育，那么这对于那些对艺术真正感兴趣、真正富有艺术天赋的学生意味着什么呢？要知道，对这些年轻人而言，艺术教室几乎是他们在学校里唯一想去的地方。他们对艺术的热爱使其相信教育的价值，使其希望他们会在这个物欲横流的世界最终找到自己的立足之地。我反对以学科知识为本的一般教育，艺术教育以知识为本是更大的梦魇。

到现在为止，我主要是集中讨论艺术教育中艺术的独特性面临流失的问题，以及这种损失对有艺术天赋的学生的影响。现在，我想稍微改变一下话题，探讨一下认知为本艺术教育的社会性目标。克拉克、戴和格里尔（Clark, Day & Greer, 1987）在其书中宣称："一个最基本的前提是，普通教育要达到平衡和完善的理想，必须照顾到人类经验的全部主要领域，包括美学领域。"（p.139）诸如此类的观点听起来很有道理，长期以来也确实被用来支持形形色色的课程改革。而实际上呢，我们接受的和看到的教育并没有照顾到人类经验的全部领域。这种论点的很多鼓吹者，无论是那些理论家还是实际工作者，也并没有亲身实践他们的主张。我们实际上已经将人类经验认知化了。这种认知化的一个标志就是，当进入某一个领域时，我们首先强调学会读和写等认知技巧。而且我们将掌握了读和写误认为获得了经验。这样，照顾到人类经验的主要领域这个目标落实到学校，就变成了扩大认知经验。如果艺术教育者想给学生提供严肃的艺术教育，想使学生获得真正的艺术体验，那么他们必须强调艺术创造，给学生创造机会投身于亲自制作艺术品、美化环境等活动中去。

认知为本艺术教育表面上强调平衡，艺术创造也成为它的一个教育目标。但是，平衡不一定意味着相等量的时间。而且，平衡其实并不重要，重要的是对独特才能的尊重。我们清楚地看到，认知为本艺术教育自觉地将自己归入传统人文教育之列。"学校课程选择依赖于哲学分析，"克拉克等人说，"哲学分析帮助我们确定哪些人类经验领域应该成为一个全面发展教育的内容。"（p. 139）很多人确实使用这种语言来设计学校课程，不厌其烦地谈论所谓全面发展的人以及全面发展的教育。他们的课程设计确实也基于一定的哲学分析之上。但是哲学分析并不一定导致他们所主张的教育模式。我的教育主张基于哲学分析，但它强调关心。还有各种各样的教育哲学主张自我实现，或者教育即生长，或者教育即训练。谈论或者不谈论何谓理想教育，这本身就是一个选择，一个有哲学支柱的选择。

像其他很多课程改革运动一样，认知为本艺术教育运动主张学校里开设艺术课也基于这样的根据：一个民主社会要使它的所有公民成为"真正受教育"的人。这样的论点提醒我重复在本书开始时对传统人文教育的批判。让我们来审视一下什么样的民主概念影响着我们的教育。至少有两种极其不同的民主观念深刻地影响着美国教育：一种是基于早期希腊传统的、古老的、深植于我们文化之中的观念，罗伯特·梅纳德·哈钦斯为这一派的代表人物；另一种是由约翰·杜威所开创的新的富有生命力的观念。

第一种观念描述了这样一幅社会图景：我们的社会早就定型了并且很好地运转着。我们更应该关心如何维系这个社会的现有体系及其功能。这种观点主张美德论。像早期希腊人所强调的那样，一个健全完美的民主社会依赖于它的公民在生活中展示优良品质。民主社会要求它的公民有能力反思生活的目的，完善生活的技巧。平民百姓从他们富有美德的主人那里学到美德。美德被定义为一个好人或者一个有德行的人的固有品质。这样，所谓有德之人或者道德权威在这个社会中的地位就变得至高无上。而且，道德权威往往和智力权威不可分离，也就是说，那些社会的精华人物是一些在各个方面都表现杰出的人。

希腊式民主当然不是消除了阶级差别的民主，希腊哲学家的教育理念也反映了这个事实。在柏拉图的《理想国》里，社会上的成人角色一般分为三大类。孩子们被考查具有哪类能力，从而接受哪方面的教育。"最好的"教育留给"最好的"学生，那些人将成为国家的统治者。对某些人而言，这个社会当然是一个民主社会。享有公民称号的人有义务在社会事务中扮演合适的角色。在社会上层赢得一个位置被认为是一个人美德的体现。

这种古希腊精英教育的理念仍然存留在当代教育思潮中。在人文教育传统中，看一个人是否有教养要看他是否在某一领域有知识。那个特定领域的知识是约定俗成的，任何人经过训练都可以获得。这样一种教育长期以来被认为是"最好的教育"。但是请注意，在这种教育理念里有一个希腊式思维方式在兜圈子。什么是最好的教育？最好的教育一定是我们最好的公民曾经接受的教育。观察那些杰出人士，他们向你展示什么是最好的。他们何以成为杰出人士？通过优秀的教育，还有天才加勤奋。这样，精华人物接受过的教育就成为最好教育的典范。

这种民主与教育教条的当代表现形式被哈钦斯在1930年代完美地描述出来。更近的一次是由阿德勒通过他的《派地亚计划》一书非常成功地呈现在世人面前。因为我们今天拒绝阶级或等级观念，所以这两位都坚称——用哈钦斯的语言："适合于最好的人的最好的教育也是适合于所有人的最好的教育。"换句话说，曾经被少数社会精英人物视为特权的教育，现在应该成为每一个人的教育。

这种教育理念的前提不言而喻。我们之所以断定一种教育是最好的，是因为我们拥有这种教育的产品作为范例。那么，我们需要做的就是为新一代人复制这种教育，当然要注意给每一个孩子提供成功的机会。这种教育实施起来一定要力争公平合理。除了要使个人受益，还要给社会造福，即所谓教育的社会效益受到重视。在阿德勒看来，任何民主社会都不能长治久安，除非它的公民分享一种共同的文化或精神遗产——共同语言、价值观、关于历史的知识以及对其最精华的文化产品的理解和欣赏。在阿德勒心目中，社会就像是一件被别人赐予的礼物，至少它的理想和精华文化是被赐予的。这些理想与精华在那些杰出人士的身上得以体现。那些杰出人士向我们展示一个美好社会需要其公民具有什么样的优秀品质。我们需要做的就是维系并且延伸这种理想和体制。

让我们暂时不去探讨阿德勒建议的可行性。我希望读者就这种观点的目的和基础进行分析和批评。让我们问这样的问题：那些政客、艺术家、成功的商人或者军事征服的指挥者一定就是人类的精华吗？教育给那些人带来的东西一定是我们所希望的、想复制的吗？他们的业绩真的代表着人类共同追求的理想和美德吗？怎么来说明那不过是他们自己的标签，被他们自己用来证明所谓的业绩？如果我们拥有一个不同的教育体制，是不是我们的优秀人才能够具有一些不同的品质呢？是不是他们会更加富有爱心，更加慷慨，更加开放，更加智慧，更少贪婪，更加善良呢？这些问题是如此重要，在推行任何教育体系和方法之前，必须对其进行探讨。看一看《派地亚计划》一书中所暴露的傲慢态度吧。"看看我们！我们是最好的！我们的教育应该成为最好教育的典范。让我们慷慨一点，让所有孩子都成为像我们一样的人。"这种傲慢态度对多元文化的现实和合理性不屑一顾。它忽视很多文化对传统人文教育的拒绝和批判，诸如我们国家的土著印第安文化。

现在，让我们转向另一种民主观念。与哈钦斯等人主张的那种内敛性的、超稳定的民主观念迥然不同，杜威对民主的理解是开放的、活动的。民主不是一种赐予。你也不能从那些由一种教育培养出来的所谓文化精英的业绩和产品中去寻找民主。那些人不过有能力高谈阔论普罗帕尼亚战争、毕加索或者核武器动力原理等话题，不过是以此获得了统治或管理别人的位置而已。民主也不是什么共同享有的语言或者习俗的产品。民主是一种追求、一种成就。民主依赖于人民之间的交流和沟通。民主是共同探索的产物，是愿望和意志的结晶。共同语言、习俗以及价值观是构建民主过程中人们努力的表现，但这些东西不是民主的先决条件。为了实现民主理想，我们必须勇于尝试，大胆探索。应该公正地评价所有文化习俗和价值观，必要时要对其进行改造，通过探讨和妥协达成一致以后，决定下一步的目标和策略。在这个过程中，专家或者权威的意见当然应该受到重视，但是没有理由对他们的意见不加批判地全盘接受。

同样的观点适用于教育。在杜威看来，教育就像民主本身一样是一种建构。教育不是对已经发生过事务的重复。教育是在教师的指导下的一种探索。教育是评估、修改、比较、分享、交流、建设以及选择。严格地说，教育没有什么最后的产品——没有什么人接受教育后能够成为完美的人；但是，教育会培养出那些向我们展示进步和成长的人。这些人之间存在共性，但是共性在不同人身上有不同的体现，共性通过不同的人生经历所获得。即使一个群体分享一些共同的价值观，这些价值观也不能简单地传递给另一个群体。我们可以给另一个群体以建议和指导，我们可以与之分享我们的经验和教训。但是一旦将自己的价值观强加给新的一代，我们就面临着一个巨大危险：失去维系一个蓬勃向上的社会最为重要的价值观，那些倡导和鼓励反思、批评、修正错误和创造革新的价值观。

当代教育争论往往集中于一个新教育计划的可行性，而很少去反思更大的教育背景和整个教育体系以及新教育计划与这个背景和体系的关系。阿德勒自己就贬低这种反思的价值。他有意地模糊哈钦斯和杜威之间的重大区别。在阅读《派地亚计划》时你会有这样的印象，似乎哈钦斯和杜威两人都可能成为阿德勒教育思想的支持者！请看下面的一段论述：

> 没有理由相信提高教育质量的尝试会导致对教育平等的损害。在杜威之后，另一个伟大的美国教育家罗伯特·哈钦斯继承了二十年前杜威留下的遗产，坚持对民主的承诺。他阐明，为了实现真正的教育平等，我们必须坚持一个基本原则："为最好的人的最好的教育，"哈钦斯说，"也是为了所有人的最好的教育。"（1982, p. 6）

阿德勒的这段论述具有相当的误导性。它对杜威的曲解简直是无与伦比。阿德勒掩盖了这样一个事实：杜威与哈钦斯在对民主的理解上具有本质的不同。而且，他似乎告诉我们，那两位前人从来没有对他们的理论区别进行过讨论。事实上，杜威与哈钦斯的争论广为人知。我这里要强调的是，我们生活在这样一个时代，在进行教育争论时，人们往往忘记教育历史和教育哲学。阿德勒竟然能够将杜威和哈钦斯相提并论，将他们迥然不同的民主观念混为一谈，其观点却能够在那么多人中产生共鸣，这是一个危险的倾向。课程理论界仍然没有认真反思它自己的历史。（当然，这不足以强迫所有教育系学生去学习课程史，却能够说明教授和学生之间更深层次的对话是多么重要。）

现在让我们回到认知为本艺术教育的话题上。上面那些关于民主的讨论与这个课程有什么关系呢？认知为本艺术教育强调这样一个观点：艺术教育对于整个公民教育不可缺少。关于音乐、美术等的教育应该成为更高层次艺术研究的基础。这种观点可谓源远流长，但是我们有充分的理由反对它。

认知为本艺术教育向人们传递这样一个信息：不熟悉波提切利（Botticelli）的名画《维纳斯的诞生》的人不算是受过良好教育的人。我前面讲过，很多搞数学的同事持有相似的看法，认为不懂有理数和无理数之区别的人不算是有教养的人。参加专业会议时你会经常听到这样的话："令人遗憾的是……"在我们这样一个高度发展高度复杂的社会，我们不可能保证每一个人在任何一个学科都具有最基本的知识。坚持这个目标是对教育的误解。因为在这个世界上就是有无数有教养的人对波提切利一无所知，也有无数受过良好教育的人说不出有理数和无理数的区别。这并没有什么可遗憾的。真正令人遗憾的是没有多少人真正关心是不是对那些事情真正感兴趣的人确实有学习的机会。在这个问题上，认知为本艺术教育的倡导者有一点自相矛盾。他们主张："认知为本艺术教育基于这样一个前提：所有社会成员，不仅仅是那些富有阶层或社会精英，都有权利接触视觉艺术。"我对这个主张没有意见。但是，如果将权利解释为要求，那么其目的就变成了将在艺术上的竞争力视为每个人教育的一部分。情况就变成这样，每一个学科的支持者都在试图向人们游说某一个学科有多么重要，为什么它在学校里应该有一席之地。衡量一个人的价值，衡量一个人的受教育程度不应该以他是否听得懂有关波提切利的维纳斯的一个笑话为标准，也不能看他是否分得清楚有理数和无理数的区别。

认知为本艺术教育课程涉及美学、艺术批评、艺术史以及艺术创造等有关内容。但这只告诉我们教学内容的来源，而没有说明教学方法是什么样子的。这个课程的主张者声称，每一学科都包括三大方面的内容：本学科的代表学者、专家及其贡献，学科探索方法，以及学科概念结构。但是谈到学校里教室内具体的教学方法，却没有人给出任何建议。谈论学科的探索方法与在教室里实际应用那些方法是两码事。学生们通过哪种途径学得更好？让他们大胆探索，不断尝试和评估，还是向他们明确介绍一种方法，然后让他们反复应用这种方法做练习？实际教学方法是否应该随着学生年龄变化而变化？学科探索方法是不是也要因人而异、因地而异呢？这些是课程设计者必须考虑的关键问题。从实际经验中，我们得知课程与教法往往是不可分离的。

我敢肯定，认知为本艺术教育的提倡者们愿意尊重教师的自主性。他们列举其倡导的课程与1960年代以学科为中心的课程改革的不同。他们认为，1960年代的改革"使教师在课程开发和实施过程中没有发言权"，而认知为本艺术教育"认同教师和教育行政工作者在课程实施过程中的关键作用"（Clark, Day & Greer, 1987, p.132）。这种比较虽然用意良好，却不大准确。60年代开发的一些课程的确忽视了教师的作用，但是大多数课程还是反映了教师的声音的。其实60年代课程的一个更大的弊端是对教法的严重忽视。以新数学课程作为例子来看，这个问题相当明显。不同版本的课程都没有明确地说明教法方面的要求。课程设计者们想当然地认为，教师如果理解了新的课程材料，那么就会自动放弃旧的教学方法。直到今天，数学教师们还在争论新数学课程的失败应该归咎于教师对新内容不了解，还是归咎于他们没有找到好的教学方法。我认为，本质问题在于，新课程以及教师们严重忽视了学生的兴趣、能力和学习目的。

就拿课程结构来说吧。新数学对概念结构的强调是前所未有的。认知为本艺术教育也同样强调概念结构，但是其倡导者们认为，他们的课程在这方面超越了前人。他们认为，以新数学为代表的1960年代旧课程"将学科结构等同于课程内容"，而他们今天的课程"展现一种新的艺术课程观，它强调概念、方法以及代表人物与思想"（Clark, Day & Greer, 1987, p.132）。实事求是地说，这种主张确实反映了一种更广的视野，但是，它对概念结构的重视仍然是明显的。这样，教学上的关键问题就显而易见了：对基本概念和结构的理解应该优先于具体问题的解决吗？在一个领域内长期的探索不会自然导致对学科概念和结构的理解吗？有关学科结构的知识对所有学生都有意义吗？

当年新数学课程的另一个重大失误是，其倡导者们错误地认为，在孩子们学会一般算法之前可以有效地教会他们关于数学的结构问题。他们想当然地认为，孩子们在理解了基本结构之后可以发明自己的算法，在获得了关于结构的基本理解之后就不需要在那些基本的算法练习上花费时间了。这种想法不是完全没有根据，但是他们将教学法等同于常见的教师灌输性的课堂教学和学生埋头苦练。他们忽视了真正的教学法。现在大多数人都已经认可这样的事实：对结构的理解是学习和成长过程的自然结果，它来自长期应用知识和技巧解决问题的实践。对结构的理解不是学习的前提，也不能代替实践。艺术课程的设计者们有必要认真研究教学法问题。课程实施是课程设计的一部分，二者密不可分。

这里讨论的问题与前面提到的问题相互关联。我觉得很多儿童和青少年之所以去学艺术，是因为他们心中有一种亲自进行艺术实践的冲动。在前面的讨论中，我担心艺术可能会失去它在高中课程中的独特地位。如果我们能够继续将艺术作为一门选修课来开，而且使艺术课重视艺术创造，不受繁重的认知知识所累，那么我的担心将成为多余。艺术课程设计者要重视的基本问题仍然是恰当处理课程与教法的关系问题。在我看来，唯一恰当的处理是使艺术创造成为课程的核心，其他关于美学的教学、关于艺术史和艺术批评的教学等都由这个核心发展而来，并为这个核心服务。艺术教育就应该为那些对艺术有兴趣或者富有艺术天赋的学生服务。在其他什么课程里，这些学生能够得到他们应得的尊重呢？

认知为本艺术教育的提倡者们主张，有必要使学生了解艺术创造和艺术批评的社会的、历史的、学术的以及心理上的背景（Clark, Day & Greer, 1987）。这些有关背景的问题是任何想在一个领域有所建树的人都不应忽视的。任何学科也都有自己的美学范围，都有自己的历史，有相应的批评与评估的途径。这些构成一个学科领域独特的环境与景观。艺术教育者强调这些因素值得称赞。这些领域对于我们强调的对知识的关心至关重要。

不过，在决定将这些内容引进到教学过程时，必须考虑意识形态的偏见问题。有这样一种诱惑：美学教学被某种特定美学观所左右；历史教学成为对历史事实的介绍而非对历史的探索；艺术批评受制于某些标准而对那些标准本身却没有批评。我没有指责认知为本艺术教育的倡导者们造成了这些错误，但是我确实想要知道，他们是怎样看待这些问题的以及如何避免这些问题。

认知为本艺术教育课程主张艺术教育要从幼儿园开始，一直贯穿到高中十二年级。我反对要求所有学生学习艺术，但是这种艺术教育的连贯性本身值得重视。如果所有学生真的在十二三年里连续不断地学习艺术，那么学生们就应该有机会接触和探讨有关艺术的政治化等有争议的问题。如果让学生远离对争议问题的探讨，那么长期的、在一种意识形态控制下的教学只能有害无益。对这种课程教学的范围和目的必须加以研究。脱离政治的对美学的一味强调可能导致可怕的非道德甚至不道德的倾向。对此，克尔恺郭尔（Kierkegaard）已经向我们发出了警告。譬如，当年的德国纳粹高级军官，从纯粹的美学角度来看，可称为受过最好教育的一批人。

让我们来讨论更多的例子。在一本优秀的历史著作中，布拉姆·戴克斯特拉（Bram Dijkstra, 1986）详尽地展示了艺术与邪恶（不道德）之间的紧密联系。他主要集中于艺术作品中对女性的仇恨这种不道德现象。他的开场白是这样的："这本书里随处可见一个世纪以前那些德高望重之人的危险的思想和欲望。这些人偶尔显示一些美德，但是更多时候，他们向我们展示什么是罪恶。"（p.vii）他令人信服地说明了艺术作品、艺术批评以及特定的艺术史著作是如何成为压迫和剥削女性势力的帮凶。他写道："这本书的研究表明这样一个事实：艺术作品永远是特定时代的产物。艺术摆脱不了处于统治地位意识形态的影响。"（p. ix）没有人能够否认他的这一论断。困扰教育者的问题是：我们如何在教学中介绍这些内容和观点？什么时候最为恰当？以什么方法最合适？与学生谈论艺术作品对历史事件的描述，说明意识形态对其的影响，甚至讨论一幅名画表现的反战情绪，这样做够了吗？不够。这样的教学一点也不能解决戴克斯特拉向我们展示的问题。只有将教育按照关心的主题来重新组织，我们才有可能避免意识形态的控制和对权力的滥用。

女权主义学者对这些问题的思考值得重视。直到最近，人们才开始揭示和研究各种学科领域内的男权意识形态。在关于古代女神崇拜宗教的书中，默林·斯通（Merlin Stone, 1976）记录了考古学和宗教史研究中的性别歧视问题。尼娜·奥尔巴赫（Nina Auerbach, 1982）则向我们描述了维多利亚时代文学和艺术作品是如何表现当时人们对女性权力所怀有的震惊、恐惧和仇恨。她的研究集中于隐藏的女性权力。她写道："美人鱼、美女蛇以及半人半蛇的女鬼的艺术形象，大量存在于维多利亚时期人们的想象之中。这种现象植根于19世纪那些坚守古典文化的人对女性怀有的陈腐的认识。"（p. 8-9）前面提到的戴克斯特拉着重强调了这些，以及其他"世纪末"（fin de siècle）形象中的厌女症和邪恶。强奸、瞎了的眼睛、纠缠不休的藤、断了脊背的女妖、愤怒与堕落等情景和形象充斥于作品之中。那些作品，无论是文学作品还是画作，长期以来颇受推崇，而作品的创造者和批评家们对作品中的仇恨女性倾向心知肚明。譬如，戴克斯特拉在其书中就引用奥克塔夫·米尔博（Octave Mirbeau）对雷米·德·古尔蒙（Remy de Gourmont）的作品《莉莉斯》（*Lilith*）的评价：

关于女性历史的形象化的解释，就像古尔蒙作品所展示的那样，与人类学研究的结论惊人地相似。女人没有脑袋。女人只是一个性器官。而那正是女性美之所在。女人在世上只有一个使命，却是一个伟大的使命，那就是与男人做爱，以保全人类种的繁衍。这是不可抗拒的自然法则，在其控制下，我们无法理解，但能感觉一种令人忧伤而又无法改变的和谐。女性不适合于任何不包括爱和生儿育女的事情。当然，有一些女人，在文学和艺术作品中向人们展示一些创造性，但她们只是极个别的例子。她们是一些异常的女人。她们抗拒自然的法则，或者反映了一些性无能的男人的身心特征。（Dijkstra, 1986, p. 182）

这个评论不是一个孤立的例子。诸如此类的偏见在文学和艺术作品中随处可见。玛丽娜·沃纳（Marina Warner, 1976）在其对童贞女玛利亚以及玛利亚学说的研究中，指出很多描绘玛利亚的画作中显示的恐怖与震惊。玛利亚往往踩着一个美女蛇的头。众所周知，美女蛇曾经代表着长生不死、知识和女性力量。玛丽·戴利（1984）也对宗教画作中表现的自我毁灭形象有过评论。菲利普斯（Phillips, 1984）在其著作《夏娃》（Eve）中探讨了其他将女性与恶龙、毒蛇、罪恶和死亡连在一起的例子。他也讨论了玛利亚征服毒蛇的情景及其象征意义。

如此探讨艺术作品对女性题材的处理，我们就会看到特定的意识形态的影响。这种意识形态也表现在其他学科中，诸如宗教、心理学、人类学、文学、哲学甚至科学。当前荣格心理学的再度兴起就伴随着人们对古老传奇、故事、艺术象征等的重新解释。这里，我们再一次看到人们对女性力量以及所谓邪恶一面的兴趣。

艺术教育工作者比我更清楚，他们是否有能力诚实地处理上面这个问题。哪一本教科书公开讨论艺术作品对女性的歧视？这个问题的严重性远远超过现在人们对色情文艺作品的担忧。对女性的歧视在文学和艺术的历史中比比皆是。在我所主张的普通教育模式中，这个问题应该成为讨论关心主题时的重点，并且应该将它与所涉及的各门学科联系在一起来探讨。但是，只要艺术仍然以一门独立学科自成一体，刚才讨论的问题就必须被包括进去。

就像不是所有的学生都对数学感兴趣一样，也不是所有的学生都对艺术感兴趣。我主张将美学教育贯穿于整个学校课程，因为任何学科都有自己不可忽视的美学范畴，都有责任探讨艺术和美。但是，如果艺术必须要作为一门独立学科存在，而且不感兴趣的学生也必须要修读，那么其课程设计一定要认真考虑不同学生的不同能力和发展倾向。应该使学生有机会学习和探讨各种艺术形式，诸如机械与工程艺术、宗教艺术、不同种族和少数群体的艺术、运动美学、环境艺术、政治艺术等。对于这种建议，有的教育者会问：难道不是所有的学生都应该具有某一方面的经验吗？如果你不予以强迫，有的孩子自己永远都不会主动去学那方面的知识！我对这个疑问的回答是：对，不是所有孩子都应该学习一种知识。你可以建议所有人都学某一种知识，你可以邀请，但是你没有理由强迫任何人。我们必须相信，学生能够对自己的教育做出正确的选择。实际上，帮助他们正确选择才是真正的教育。我们必须放弃那种认为某些领域比其他领域更有价值的有害观点。每一个学科都有意义。

小结

关心数学和艺术等学科知识与关心人之间有很多共性。我们可以对某一学科领域产生强烈的兴趣，可以被其吸引，为之着迷。学校应该为孩子们创造这种着迷的机会和条件。但是这种兴趣不能被要求、被强迫。那些兴趣在别处的孩子同样值得我们尊重。他们需要鼓励，以选择和学习对自己有用的知识。

即使对某一学科具有强烈兴趣的学生，我们也应该允许他们以自己的步伐学习。不能指望每一个人都达到同样的水平。应该将一门学科里最深奥、最美妙的内容介绍给这些学生，给他们出难题，期望他们回答问题时具有超越性的形而上学层次上的水平。而对那些有兴趣但其兴趣主要是工具性的学生而言，教育者要调整要求。这些学生应该能够解释并且完成自己确立的学习目的所要求的学习任务。这些学生的水平并不一定就是低的，只是不同而已。

设计开发各种教育课程要求我们对理解的各种层次进行认真分析。理解不等同于对结构或概念的理解。理解也不一定与一门学科的内在基本性质联系在一起。定义理解更重要的是重视学习者的目的、能力和兴趣。

第十二章

开始行动：
迎接挑战，学会关心

传统学校教育无论在智力上还是道德上都已经不能满足当代社会的需要。我们面临的社会问题促使我们重新思考学校的一切活动。我们正在迈向一个后现代时代，我们的思想必须跟得上后现代发展的步伐。后现代主义拒绝对单一客观方法的顶礼膜拜，也挑战极端个人主义。后现代主义也反对伦理以及认识论上的标准化和普世化。太多的教育工作者仍然拘泥于现代主义的思想和观念。太多的人仍然认为，只要设计一个好一点的课程，改进一下教学方法，或者采用一个更有效的课堂管理系统，那么我们就会改进学校教育，提高教育质量。事实上呢，这些改革措施并没有实质效果。

我们必须放弃长期以来所信奉的教育理想。什么样的人可称为受过良好教育的人？对此答案不止一个。教育理想有多种模式，植根于学生的多种能力和兴趣。我们需要认识并承认人的多重身份。譬如，一个十一年级学生可能是一个非裔美国人、一个女孩子、一个青春期少女、一个姓史密斯的人、一个美国公民、一个纽约人、一个美以美教会信徒、一个喜欢数学的人，等等。在践行这些不同的人生角色时，她可能使用不同的语言，采用不同的身体动作，为人处世因人而异。但是不管在某一刻她以什么身份出现，不管她做什么，她都需要被别人关心。她需要各种形式的关心：正式的尊重、非正式的交流、专家的建议、一瞬间的承认，或者长久的爱。为了能够给予她所需要的关心，我们需要具备一系列的能力和技巧。遗憾的是，这些能力技巧正是学校所忽略的。学校没有教会我们如何关心。

教育应该围绕关心主题来重新组织。关心，而非传统学科，应该成为教育的中心。普通教育应该面向所有学生，指导他们关心自我，关心身边的人，关心世界上所有的人，关心动植物，关心人类创造的物质世界，关心知识和学问。以关心为核心的道德人生应该成为教育的主要追求。这个教育目的并不与学生的智力发展或者学术进步相抵触，相反，它为智力和学术发展提供坚实的基础。

那么我们从哪里开始呢？下面是我的具体建议：

1. 理直气壮、正大光明地宣传我们的目标。 教育的主要目的应该是培养有能力、关心人、爱人，也值得别人爱的人。

2. 满足学生的从属需要。

（1）学生的任课教师应该在几年时间内保持不变。

（2）尽可能创造使学生们共处的机会。

（3）学生应该在同一幢学校建筑内学习相当长一段时间。

（4）鼓励学生以校为家，培养学生对学校的自豪感。

（5）将建立关心和信任关系的时间合法化。

3. 消除控制。

（1）向教师和学生下放权力，增强师生责任感。

（2）取消竞争性质的评分系统。

（3）减少考试。使用少数合理设计的考试来评估学生自己决定要掌握的某些课程的学习情况。

（4）鼓励师生一起探索问题。好教师不一定是万事通，不一定要对所教内容了如指掌。

（5）在更加广泛也更加工具性的意义上定义教师的特殊专业才能。譬如，一个生物教师应该能够教好生物课内涉及的数学知识。

（6）鼓励自我评估。

（7）教会学生自己管理教室和学校。

（8）迎接挑战，教好学生自己选择的学习内容。

4. 取消课程等级堡垒。这当然要花费时间，但是必须从现在开始行动，为所有孩子开设一流的课程。给那些不准备上大学的孩子开设的课程应该像为准备升学的孩子开设的课程一样丰富、有深度、令人感兴趣。

（1）取消高校招生录取的统一标准。一个学生关于未来的理想和打算决定他在学校学什么样的课程。

（2）为所有学生提供探索人生中最重要问题的机会。

5. 每一天留出一定时间进行关心教育。

（1）自由讨论存在主义问题，包括那些有关精神及宗教的问题。

（2）帮助学生以道德的方式处理人际关系，让他们亲身实践关心。

（3）帮助学生理解社会团体和个人如何制造对手和敌人，帮助他们学会站在双方的立场上处理问题。

（4）与关心人类相协调，教育学生关心动物、植物以及自然环境。

（5）鼓励学生关心人类创造的物质世界，使学生熟悉技术世界、自然世界和文化世界的异同。培养学生对物质世界的好奇心和感激态度。

（6）帮助学生深切关心他们感兴趣的各种学科知识。

6. 教导学生为关心做准备。无论关心一个人还是一件物品，我们都需要具有一定的能力。学会关心也必须接受责任。必须持之以恒地提高自己的能力，才能使接受我们关心的人或物得以提高和进步。关心不是什么软性的可有可无的东西，关心是人生强有力而又具伸缩性的支柱。

将关心引入学校要求我们改变传统的课程与教学观念。视课程与教学为两个领域的观点是过去几十年以来科学至上主义的结果。这种观点必须抛弃。课程决定教学。方法服务于内容。有时候，学习不一定需要正式教学。换句话说，教不一定导致学。另一方面，教学过程往往催生或创造新的课程内容。这种视课程与教学为一体的观点并不是什么新生事物，多年以前杜威就对此有过精辟的论述。

人们会把对杜威教育思想的怀疑和批评搬到这里，来反对我的教育主张。反对我的声音也许会更强烈，因为我甚至认为在大多数学生的教育过程中，学科本身也只应该扮演边缘或工具性的角色。那些基于强烈意识形态之上的反对意见没有太大的价值。

但是，确实会有一些合理的超越意识形态的反对意见。对于这些严肃的意见应该给予充分的注意和分析。综合起来，反对意见一般出现在以下三个领域内：课程计划、教师培养和教育评估。我将对这些领域依次做些解释。

课程计划

我所观察到的一些最好的课程和教学设计都出现在学前及幼儿教育层次。在幼儿园里，教师们互相合作，创造或组织资源，设计学生发展的不同方向，根据每一个教师的个人准备而分工。而到了高中，这种形式的课程设计几乎就没有踪影了。但是，这样的课程设计仍然是可行的。我前面介绍的那一组数学教师在建构主义指导下的合作教学就是一个好例子。那个例子说明，即使在现有课程框架下，某些重要改革还是可以实现的。

在整体教育层次上的课程计划更为不易，特别是当我们视教育为关心中心的时候。教师和学生都应该成为课程的建设者，师生合作必须成为现实。教师有责任预测学生想学什么。教育经费不能在每学年开始就全部计划好，要留出一部分经费以备学年中期使用。钱不能主要花在教材上。更多的经费要留给购置各种教具，诸如纸张、盒子、挂图、工具和艺术品。也要留出经费用于开展旅行、参观博物馆等课外活动。

师生合作不意味着教师放弃他们的责任。教师是课程设计的开拓者。教师可以进行下面的尝试：以"教师选择单元"和"学生选择单元"的设计来取代过去的以教师为中心的课程计划。在计划"教师选择单元"时，除了要考虑教学计划内学生的学习需要，教师还应该充分重视学生在教学过程中可能产生的新的兴趣。在实际教学过程中，学生仍然有选择的余地，根据他们特殊的才能或者发展方向决定要学的内容。同样，在计划"学生选择单元"时，教师也不能大撒把地放任学生。教师指导不能减少，教师指导保证了学习的连续性。在一个"教师选择单元"结束的时候，教师可以说："这是我得出的结论，你们怎么看？"然后，教师和学生一起讨论以后要探索的内容或问题。

教师也应该邀请学生参与到课堂教学过程中来。有些学生意见可以导致个人学习项目，有的可能催生小组合作研究，有的甚至可能开始一个课外论坛之类的活动。这样的学生参与不仅有利于智力发展，而且对培养公民素质至关重要。在鼓励学生参与的过程中，有关权力和控制的问题会产生，解决这些问题的原则是使学生增强权力意识以及锻炼行使权力的能力。在不久以前的一本著作中，西摩·萨拉森（Seymour Sarason, 1990）预测传统形式的学校改革必然以失败告终，其结论与我的想法相一致。学校改革不会成功，因为我们没有认识到，学校和教室不仅是教育场所，也是政治机构。学生有责任参与制定教室规章制度，在自己参与制定的制度制约下学习、游戏、分享资源、发展兴趣。

在新学年伊始，高中学校教师在计划每一天的关心教育时，必须考虑下面这些问题：这些学生的需要是什么？（这个问题本身要求，至少要有一个教师已经熟悉这些学生中的一部分。）他们可能对什么感兴趣？（应该个别召集一些学生，向其提问这个问题。）如果学生选择了特定一个科目或者课程，那么我们相应要准备哪些资源和设备？基于不同的教育背景和人生经历，每一个教师可能为学生做出哪些贡献？当我们评价学生进步时，可以咨询哪些社区人士？怎样才能更有效地帮助学生自我评估学习情况？学生在上午应该学什么？如果以学生的特殊才能和发展方向为参照系的话，那么学生档案看起来应该是什么样子的？怎样计划以学生全面发展为目标的教育活动？又如何设计着眼于特殊发展方向的活动？

教师之间的沟通不可忽视。教师们要有时间互相交流工作的心得体会，讨论学生的进步和自己的收获。教师们应该成为朋友，在道德上互相支持，在学术上互相帮助。有关学生的讨论要形成制度。而在讨论学生的时候，其态度既应该显示专业人士应有的严肃，又保持朋友间的关心。办公室里的飞短流长、闲言碎语有害无利，教师们必须避而远之。教师就像父母，在养育一个由具有不同背景和个别差异的孩子组成的大家庭。

教师培养

对很多——如果不是大多数——学生而言，教师是教育理想的楷模。教师向他们展示有教养的人应该是什么样子的。但是，教师自己又有多少知识呢？我们要求高中学生每年都要掌握几门学科领域内的知识内容。我们认为那些知识是重要的，是每一个受过良好教育的人都应该掌握的。可是，当一个学生拿一个代数问题去问她的语文老师，或者请她的数学老师帮忙解释小说《比利·巴德》（*Billy Budd*），她得到的回答很可能是："这个问题不在我的专业领域内。"那么问题就变成，如果连教师都没有掌握这些被认为重要的知识，为什么强迫所有学生都去掌握呢？

对此会有两种不同的反应。一种反应是"很遗憾……"，然后强调所有教师都应该有能力回答所有学校科目内的问题。另一种反应则是，承认教师回答不出学生问题的合理性，并且建议另一种不同的教师培养途径。就像学生一样，教师自己也需要一个广泛的与生活紧密相连又符合自己兴趣的教育课程。教师教育应该帮助每一个教师以理性和智慧的方法满足学生的需要，解决他们的问题。

那么，到底应该怎样培养教师去适应这种新的教育体系呢？最重要的改革或许是赋予教师权力，就像我们强调向学生下放权力一样。我们不需要以一大堆具体的知识信息和规章制度去武装教师的头脑，相反，应该帮助教师自己去探索。帮助他们在自己选择的领域和其他领域之间建立联系；帮助他们放弃各自为营、独善其身的传统观念；帮助他们深刻理解自己的专业在更广泛的人类生活中的位置和作用。

这要求我们建立一个不同的师范教育体制。师范教育应该是综合性的、整体化的，而不应该是高度专业化的、以学科教育为中心的。目前师资培养过程中对人文教育领域内某些学科的强调可能造成重大缺陷。这种体系的一个目的是没有错的：培养教师使之在自己的专业领域内具有广泛的知识，包括学科历史、学科结构、美学以及与实践相关的知识。问题是，大学里的人文学院（文理学院）并不是按照这种思路组织的。一些一流的师范教育学院和教育系曾经是以这种目的来安排教学的，但是他们在各个专门学科上的缺乏权威使得教授们都跑到文理学院那些"真正"的专业系所里去了。在教育系进行数学史研究的教授总不像在数学系进行同样研究的教授那样受到尊重。我们面临一个两难境况。

与第一个目的相比，当前师范教育的另一个目的则是错误的。这个目的旨在加强传统学科在高等教育和普通教育中的地位和作用。这样的主张只会加剧学科间的分化，使得学科内容更加狭窄，并且导致各学科间的竞争愈演愈烈。虽然我同意教师们应该扩大知识面，但是我坚决反对专家至上和权威崇拜。应该鼓励教师勇于探索，像苏格拉底那样追求智慧。这意味着教师必须熟悉自己的领域，在此基础上发现学生的潜力和弱点，并且鼓励学生在这个领域内积极探索。他们不必因为无知而导致对学生的控制。教师也应该大大方方地与学生讨论任何他们虽然不熟悉，但是与人类生存有关系的问题，帮助学生积极探索，学会解决问题的方法。

约翰·古德莱德（John Goodlad, 1990）建议开设教育预备课程，就像法律预备课程或者医学预备课程那样安排。如果这个预备课程的内容以关心为中心来组织，那么他的建议会很有价值。如果预备课程只是重复现有课程，强调难度和权威，那么我们最多只不过是加强了某种形式主义的专业化而已，而且逃不掉法学和医学领域在专业化过程中产生的许多问题。没有必要为了追求所谓的专业化而出卖我们的教育灵魂。

教师培养的方式方法必须以学生的需要为根本基础。长期以来，我们习惯于在下面这些问题上耗费时间：如何能够使孩子更愿意学数学？怎样使所有孩子都能够上大学？如何使孩子待在学校，即使他们对学校恨之入骨？怎样使新教师适应真实的教学世界？这些问题在以关心为中心的教育模式中没有多少价值。我们面临的任务是改变传统的教育和教学世界。应该提出并且回答这些问题：我所教的课程如何才能满足每一个学生的需要？我的教学怎样才能适应学生并且促进他们的智慧和社会关系？如何才能与更多的学生建立一种充满关心的师生关系？我怎样帮助他们更好地关心自我，关心他人，关心动植物，关心自然环境，关心人类创造的物质世界，关心奇妙的知识和学问？在不断思考这些问题的同时，我们有可能发现教师培养的真谛所在，创造师范教育的有效途径。

教育评估

对我们所讨论的教育模式，批评家们自然要问这样一个问题：怎样比较衡量你们所取得的成绩呢？我不主张教育鼓励竞争，所以认为评估不应该涉及比较。但是任何教育计划都要接受评估。从关心的角度出发，不应该问：约翰学会了 X 吗？而应该问：约翰学会了什么？

回答这个问题，我们需要更多地依赖约翰自己。必须鼓励负责任的自我评估。威廉·格拉瑟（William Glasser）在他的著作中，也对自我评估予以强调。我们每一个人都应该学会准确地评价自己的工作，并且智慧地听取同伴评估的意见。以关心为中心的教育还鼓励学校外的社区人士参与到学校的评估工作中来。护士、工程师、神职人员、木匠、警察、会计、推销员、厨师以及园艺师，任何人只要对教育孩子的事业感兴趣，就可以参加对学生的评估。在听取学校教师对孩子们学习内容的介绍之后，这些社区人士可以参加不同的学生小组，检查学生的作业、产品以及其他学习成果。（学生的自我评估和同伴评估为这个最后的社区评估做了大量准备。）社区人士可以根据自己的专业向学生提问。护士的问题可能集中于健康的生活习惯上。这样的讨论有助于学生进一步了解如何与医疗卫生领域的专业人士打交道。工程师可以检验学生是否具有应用技术的实际知识。警察可以考查孩子们对待公民责任的态度以及日常安全常识。园艺师则有机会询问孩子们对植物的了解程度，衡量他们的环境意识是否有益于环境保护。诸如此类，社区参与的评估具有无限的可能性。

教师和学生应该在一起研究评估过程中发现的问题。他们要共同讨论，以决定哪些问题是最严重的，必须立即纠正，解决这些问题将有益于何人。丹尼不能分辨包心菜和莴苣的区别，这是不可原谅的吗？玛丽不知道怎样处理劳损的电线，这个问题严重吗？如何看待很多学生从来没有看过牙医这个事实？在我们班上一部分学生中间是不是有一种危险的宗教偏执倾向在滋生？是否应该想办法让这些学生对莎士比亚感兴趣？

这种形式的评估远比多重选择题考试更加复杂和困难。如果多重选择题考试对于评估人的发展进步最为关键的话，那么我们这些做父母的早就在家里组织这些考试了。事实上呢，人生往往不是像在四个答案中选择一个那样简单。我们总是在夜深人静的时候深深思考有关生存和成长的问题，然后与孩子一起做出决定，一起卷起袖子工作，努力实现我们确立的人生目标。在学校难道我们不应该以同样的方式工作吗？在本书的开头我曾引用杜威的名言，在这里我再引用一次："最好的最智慧的父母为其孩子所争取的，一定也是整个社会为所有的孩子所争取的。任何其他教育理想都是狭隘的不可取的，以这种教育理想指导的教育实践会毁灭我们的民主制度。"（1902，p.3）

杜威是正确的。但是，今天我们却不能把任何一个特定孩子的需要当成其他所有孩子的需要。相反，我们必须将自己想象成一个由一大群不同孩子组成的大家庭的父母，然后问这样的问题：我想为这些孩子做什么？我想为每一个孩子做什么？怀着这样的思考，我们投身于教育，为培养所有孩子贡献力量。

参考文献

Adler, Mortimer J. (1982). *The paideia proposal.* New York: Macmillan.

Anton, Anatole, Fisk, Milton, & Holstrum, Nancy (Eds.). (2000). *Not for sale: In defense of public goods.* Boulder, CO: Westview Press.

Aristotle. (1985). *Nicomachean ethics* (Terence Irwin, Trans.). Indianapolis, IN: Hackett.

Auerbach, Nina. (1982). *Woman and the demon: The life of a Victorian myth.* Cambridge, MA: Harvard University Press.

Bandura, Albert. (1988). Mechanics of moral disengagement. In W. Reich (Ed.), *The psychology of terrorism: Behaviors, world-views, states of mind.* New York: Cambridge University Press.

Belenky, Mary F., Clinchy, Blythe M., Goldberger, Nancy R., & Tarule, Jill M. (1986). *Women's ways of knowing.* New York: Basic Books.

Bellah, Robert N., Madsen, Richard, Sullivan, William M., Swidler, Ann, & Tipton, Steven M. (1985). *Habits of the heart.* Berkeley: University of California Press.

Berry, Wendell. (1977). *The unsettling of America.* San Francisco: Sierra Club.

Bloom, Allan. (1987). *The closing of the American mind.* New York: Simon & Schuster.

Bobbitt, J. Franklin. (1915). *What the schools teach and might teach.* Cleveland, OH: The Survey Committee of the Cleveland Foundation.

Bresler, Liora. (1987). *The role of the computer in a music classroom.* Unpublished doctoral dissertation, Stanford University.

Brock, William. (1990, July 23). [Interview]. *Time,* p. 12, 14.

Broudy, Harry. (1972). *Enlightened cherishing.* Urbana: University of Illinois Press.

Brownmiller, Susan. (1984). *Femininity.* New York: Linden Press/Simon & Schuster.

Bruner, Jerome. (1960). *The process of education.* Cambridge, MA: Harvard University Press.

Bruner, Jerome. (1971). The process of education reconsidered. In Robert Leeper (Ed.), *Dare to care/dare to act* (pp. 19–32). Washington, DC: Association for Supervision and

Curriculum Development.

Buber, Martin. (1964). Dialogue between Martin Buber and Carl Rogers. In Maurice Friedman (Ed.), *The worlds of existentialism*. Chicago: University of Chicago Press.

Buber, Martin. (1965). Education. In Martin Buber, *Between man and man* (pp. 83–103). New York: Macmillan.

Bunch, Charlotte, & Pollack, Sandra (Eds.). (1983). *Learning our way*. Trumansburg, NY: Crossing Press.

Carnegie Task Force on Teaching as a Profession. (1986). *A nation prepared*. New York: Carnegie Forum on Education and the Economy.

Chodorow, Nancy. (1978). *The reproduction of mothering*. Berkeley: University of California Press.

Chubb, J. E., & Moe, Terry M. (1990). *Politics, markets, and America's schools*. Washington, DC: Brookings Institute.

Clark, Gilbert A., Day, Michael D., & Greer, W. Dwaine. (1987). Discipline-based art education: Becoming students of art. *The Journal of Aesthetic Education, 21*(2), pp. 129–193.

Comer, James P. (1988). Is "parenting" essential to good teaching? *NEA Today, 6,* pp. 34–40.

Conant, James B. (1959). T*he American high school today: A first report to interested citizens*. New York: McGraw-Hill.

Conant, James B. (1967). *The comprehensive high school: A second report to interested citizens*. New York: McGraw-Hill.

Crozier, Louis (Ed.). (1991). *Casualties of privilege*. Washington, DC: Avocus.

Culley, M., & Portuges, C. (Eds.). (1985). *Gendered subjects: The dynamics of feminist teaching*. Boston: Routledge & Kegan Paul.

Daly, Mary. (1973). *Beyond God the father*. Boston: Beacon Press.

Daly, Mary. (1984). *Pure lust*. Boston: Beacon Press.

Darling-Hammond, Linda. (2004). From "separate but equal" to "no child left behind": The collision of new standards and old inequalities. In Deborah Meier & George Woods (Eds.), *Many children left behind* (pp. 3–32). Boston: Beacon Press.

Davis, Robert B., Maher, Carolyn A., & Noddings, Nel. (Eds.). (1990). *Constructivist views on the teaching and learning of mathematics*. Reston, VA: National Council of Teachers of Mathematics.

Dewey, John. (1902). *The school and society.* Chicago: University of Chicago Press.

Dewey, John. (1916). *Democracy and education.* New York: Macmillan.

Dewey, John. (1963). *Experience and education.* New York: Collier Books. (Original work published 1938)

Dijkstra, Bram. (1986). *Idols of perversity: Fantasies of feminine evil in fin-de- siècle culture.* New York: Oxford University Press.

DuBois, Ellen, Dunlap, Mary, Gilligan, Carol, MacKinnon, Catherine, & Menkel-Meadow, Carrie. (1985). Feminist discourse, moral values, and the law—a conversation. *Buffalo Law Review,* 34(1), pp. 11–87.

Eisner, Elliot W. (1969). Instructional and expressive educational objectives: Their formulation and use in curriculum. *AERA Monograph Series in Curriculum Evaluation, 3,* pp. 1–18. Chicago: Rand McNally.

Ellsworth, Elizabeth, (1989). Why doesn't this feel empowering? Working through the repressive myth of critical pedagogy. *Harvard Educational Review,* 59(3), pp. 297–324.

Fowler, James. (1976). Stages in faith: The structural developmental approach. In T. Hennessey (Ed.), *Values and moral development.* New York: Paulist Press.

Freire, Paulo. (1970). *Pedagogy of the oppressed* (Myra Bergman Ramos, Trans.). New York: Continuum.

Galsworthy, John. (1948). Quality. In J. D. McCallum (Ed.), *The college omnibus* (pp. 466–469). New York: Harcourt Brace Jovanovich.

Gardner, Howard. (1982). *Art, mind and brain.* New York: Basic Books.

Gardner, Howard. (1983). *Frames of mind.* New York: Basic Books.

Gardner, John. (1971). *Excellence: Can we be equal and excellent too?* New York: Harper & Row.

Gehlback, Roger D. (1990). Art education: Issues in curriculum and research. *Educational Researcher,* 19(7), pp. 19–25.

Getty Center for Education in the Arts. (1985). *Beyond creating: The place for art in America's schools.* Los Angeles: J. Paul Getty Trust.

Gilligan, Carol. (1982). *In a different voice.* Cambridge, MA: Harvard University Press.

Girl Scouts of the United States of America. (1989). *Girl Scouts survey on the beliefs and moral values of America's children.* New York: Author.

Glasser, William. (1990). *The quality school.* New York: Harper & Row.

Goldin, Gerald A. (1990). *A rationale for teaching probability and statistics in primary and secondary schools.* New Brunswick, NJ: Rutgers University Center for Mathematics, Science, and Computer Education.

Goodlad, John I. (1990). *Teachers for our nation's schools.* San Francisco: Jossey-Bass.

Goodlad, John I., & McMannon, Timothy J. (Eds.). (1997). *The public purpose of education and schooling.* San Francisco: Jossey-Bass.

Goodman, Ellen. (1990, May 31). The urban dweller's pact with nature. *San Francisco Chronicle.*

Gordon, Suzanne. (1991). *Prisoners of men's dreams: Striking out for a new feminine future.* Boston: Little, Brown.

Greene, Maxine. (1988). *The dialectic of freedom.* New York: Teachers College Press.

Grumet, Madeleine R. (1988). *Bitter milk: Women and teaching.* Amherst: University of Massachusetts Press.

Gutmann, Amy. (1987). *Democratic education.* Princeton, NJ: Princeton University Press.

Hanson, Susan. (1985). *The college preparatory curriculum at two high schools in one school district.* Unpublished doctoral dissertation, Stanford University, Stanford, CA.

Haughton, Claire Shaver. (1978). *Green immigrants.* New York: Harcourt Brace Jovanovich.

Heath, Shirley Brice. (1983). *Ways with words.* New York: Cambridge University Press.

Heidegger, Martin. (1962). *Being and time* (John Macquarrie & Edward Robinson, Trans.). New York: Harper & Row. (Original work published 1927)

Holmes Group. (1986). *Tomorrow's teachers.* East Lansing, MI: Author.

House, Ernest R. (1998). *Schools for sale: Why free markets won't improve America's schools and what will.* New York: Teachers College Press.

Hutchins, Robert M. (1964). *The university of utopia.* Chicago: University of Chicago Press.

Illich, Ivan. (1971). *Deschooling society.* New York: Harper & Row.

Jacoby, Susan. (2004). *Freethinkers.* New York: Metropolitan Books.

Journal of Aesthetic Education. (1987, Summer). Special issue: Discipline-based art education, 21(2).

Jung, Carl G. (1973). *Answer to Job* (R. F. C. Hull, Trans.). Princeton, NJ: Princeton University Press.

Keller, Evelyn Fox. (1983). *A feeling for the organism: The life and work of Barbara McClintock.* New York: W. H. Freeman.

Keller, Evelyn Fox. (1985). *Reflections on gender and science*. New Haven, CT: Yale University Press.

Kierkegaard, Soren. (1959). *Either/Or* (Vol. 1). (David F. Swenson & Lillian M. Swenson, Trans.). Princeton, NJ: Princeton University Press.

Knowles, John. (1975). *A separate peace*. New York: Bantam Books.

Kohlberg, Lawrence. (1981). *The philosophy of moral development*. San Francisco: Harper & Row.

Kohn, Alfie. (2000). *The case against standardized testing*. Portsmouth, NH: Heinemann.

Kohn, Alfie. (2004, April). Test today, privatize tomorrow: Using account- ability to "reform" public schools to death. *Phi Delta Kappan*, 25(8), pp. 569–577.

Kozol, Jonathan. (1991). *Savage inequalities*. New York: Crown.

Levy, Leonard W. (1986). *The establishment clause: Religion and the first amendment*. New York: Macmillan.

Linn, Robert. (2003). Accountability: Responsibility and reasonable expectations. *Educational Researcher*, 32(7), pp. 3–13.

Lounsbury, John H., & Vars, Gordon F. (1978). *A curriculum for the middle school years*. New York: Harper & Row.

MacIntyre, Alasdair. (1981). *After virtue*. Notre Dame, IN: University of Notre Dame Press.

Mager, Robert. (1962). *Preparing instructional objectives*. San Francisco: Fearon Press.

Martin, Jane Roland. (1984). Bringing women into educational thought. *Educational Theory*, 34(4), pp. 341–354,

Martin, Jane Roland. (1985). *Reclaiming a conversation*. New Haven, CT: Yale University Press.

Miller, Jean Baker. (1976). *Towards a new psychology of women*. Boston: Beacon Press.

Montessori, Maria. (1966). *The secret of childhood* (M. Joseph Costelloe, S.J., Trans.). New York: Ballantine.

Murdoch, Iris. (1970). *The sovereignty of good*. London: Routledge & Kegan Paul.

Noddings, Nel. (1989). *Women and evil*. Berkeley: University of California Press.

Noddings, Nel. (1993). *Educating for intelligent belief or unbelief*. New York: Teachers College Press.

Noddings, Nel. (2002). *Starting at home: Caring and social policy*. Berkeley: University of California Press.

Noddings, Nel. (2003). *Caring: A feminine approach to ethics and moral education* (2nd ed.). Berkeley: University of California Press. (Original work published 1984)

Noddings, Nel. (In press). Caring as relation and virtue in teaching. In P. S. Ivanhoe & Rebecca Walker (Eds.), *Working virtue: Virtue ethics and contemporary moral problems.* Oxford, England: Oxford University Press.

Noddings, Nel, & Shore, Paul. (1998). *Awakening the inner eye: Intuition in education.* Troy, NY: Educator's International Press. (Original work published 1984)

Norton, David L. (1991). *Democracy and moral development.* Berkeley: University of California Press.

Phillips, John Anthony. (1984). *Eve: The history of an idea.* San Francisco: Harper & Row.

Powell, Arthur G., Farrar, Eleanor, & Cohen, David K. (1985). *Shopping mall high school: Winners and losers in the educational marketplace.* Boston: Houghton Mifflin.

Preskill, Stephen. (1989). Educating for democracy: Charles W. Eliot and the differentiated curriculum. *Educational Theory*, 39(4), pp. 351–358.

Regan, Tom. (1983). *The case for animal rights.* Berkeley: University of California Press.

Rosenshine, Barak, & Stevens, Robert. (1986). Teaching functions. In Merlin C. Wittrock (Ed.), *Handbook of research on teaching* (pp. 376–391). New York: Macmillan.

Rossiter, Margaret W. (1982). *Women scientists in America: Struggles and strategies to 1940.* Baltimore, MD: Johns Hopkins University Press.

Ruddick, Sara. (1980). Maternal thinking. *Feminist Studies*, 6(2), pp. 342–367.

Ruddick, Sara. (1989). *Maternal thinking: Towards a politics of peace.* Boston: Beacon Press.

Ruether, Rosemary Radford. (1983). The feminist critique in religious studies. In Elizabeth Langland & Walter Gove (Eds.), *A feminist perspective in the academy* (pp. 52–66). Chicago: University of Chicago Press.

Sagan, Eli. (1988). *Freud, women, and morality: The psychology of good and evil.* New York: Basic Books.

Sarason, Seymour B. (1990). *The predictable failure of educational reform.* San Francisco: Jossey-Bass.

Scheman, Naomi. (1989). Commentary on Sandra Harding's "The method question". *Newsletter on Feminism and Philosophy*, 88(3), pp. 40–44. Newark, DE: American Philosophical Association.

Silber, John. (1989). *Straight shooting: What's wrong with America and how to fix it.* New York: Harper & Row.

Silberman, Charles E. (1970). *Crisis in the classroom: The remaking of American education.* New York: Random House.

Simon, Mark. (1990, June 20). Calculating how far a teacher has to go, and the hill to die on. *Peninsula Times Tribune,* p. B-1.

Singer, Peter. (1990). *Animal liberation* (2nd ed.) New York: New York Review Books.

Sizer, Theodore R. (1984). *Horace's compromise: The dilemma of the American high school.* Boston: Houghton Mifflin.

Sizer, Theodore R. (2004). *The red pencil.* New Haven, CT: Yale University Press.

Soder, Roger, Goodlad, John I., & McMannon, Timothy J. (Eds.). (2001). *Developing democratic character in the young.* San Francisco: Jossey-Bass.

Sommers, T., & Shields, L. (1987). *Women take care.* Gainesville, FL: Triad.

Spretnak, Charlene (Ed.). (1982). *The politics of women's spirituality.* Garden City, NY: Anchor Books.

Stone, Merlin. (1976). *When God was a woman.* New York: Dial Press.

Tillich, Paul. (1952). *The courage to be.* New Haven, CT: Yale University Press.

Troen, Vivian, & Boles, Katherine C. (2003). *Who's teaching your children?* New Haven, CT: Yale University Press.

Tyack, David, & Hansot, Elizabeth. (1982). *Managers of virtue: Public school leadership in America, 1920–1980.* New York: Basic Books.

Walker, Alice. (1983). *In search of our mothers' gardens.* San Diego, CA: Harcourt Brace Jovanovich.

Walzer, Michael. (1977). *Just and unjust wars.* New York: Basic Books.

Warner, Marina. (1976). *Alone of all her sex.* New York: Alfred A. Knopf.

Watson, Jean. (1985). *Nursing: Human science and human care.* Norwalk, CT: Appleton-Century-Crofts.

Weil, Simone. (1951). *Waiting for God.* New York: G. P. Putnam's Sons.

附录一

学会关心:与内尔·诺丁斯对话[1]

内尔·诺丁斯　于天龙

于天龙（以下简称"于"）:《学会关心》的第一版已经在中国大陆售出了 2.7 万册。中国读者们正在翘首企盼第二版的出版发行。您的其他著作也正在被陆续地翻译介绍到中国。请问您对自己的著作在中国受到如此欢迎有何感想?

诺丁斯（以下简称"诺"）: 我非常高兴，也十分感谢包括你在内的中文翻译者的劳动。

于: 就让我们从《学会关心》这本书开始吧! 告诉我们，二十年前您为什么要写这样一本书? 您认为书中所谈的问题今天仍然存在吗? 您的建议和主张仍然重要吗?

诺: 二十年前，学校改革运动在美国方兴未艾，改革的重点集中于建立统一的课程标准和推行标准化考试。改革者们担心越来越多的美国孩子对数学和科学课程不感兴趣，学校因此必须完善教育目标，明确每一个学生都必须学好的内容。我对这样的主张不能苟

1.本文原载于《全球教育展望》杂志 2010 年第 11 期。

同。我总是在问："富有爱心和智慧的父母是这样教育孩子的吗？"当然不是。我们总是在与孩子一起生活中潜移默化地教育他们。我们倾听孩子们的心声，我们与其交流。我们尽可能地了解每一个孩子的不同身心特点而因材施教。二十年以后，情况不仅没有改善，反而变得更糟。二十年前美国教育者对教育目的的严肃讨论已经寥寥无几。那时候，教育的经济功能左右了人们的视野，学校变成个人职业成功和国家经济繁荣服务的工具。人们似乎忘记了教育的目的是多重性的。我认为这种偏向必须加以纠正。早在1918年，著名的中等教育改革报告就指出，教育应该具有七大目的：个人健康、基本生活技巧、家庭、职业、公民职责、业余生活以及伦理道德。我们现在却对其中很多重要目的视而不见。我写此书的一个想法，就是试图恢复关于教育目的的讨论。我的教育目的观是这样的：教育必须立足于培养有能力、关心人、爱人也值得人爱的人。今天，人们对学生考试成绩的重视到了无以复加的程度，学校视学术为唯一目的。必须重启关于教育目的的讨论。我们生活在一个充满暴力的世界，人们苦苦寻觅精神家园。我们的孩子成长在一个缺乏关心的年代，他们中很多人忍受各种心理疾病的煎熬。学校改革势在必行。我们必须帮助孩子们理解美好生活的真谛所在；必须教会他们尊重自己，并且为他人的幸福尽责。

于：《学会关心》的第二版增加了哪些内容？

诺：第二版的引言是全新的。我在引言中对第一版介绍的问题再次予以强调。我认为，与二十年前相比，现在美国教育的问题更加严重。譬如，今天美国高中学生的辍学率比 1970 年还要高。我们迫切需要符合民主的教育改革。这样的改革意味着对广泛人生态度和兴趣的真诚尊重，对各种存在主义问题的认真关注。

于:《学会关心》的一个基本命题是：传统学科设置和课程教学模式对今天的年轻人而言，不仅是过时的，而且是危险的；这个模式必须被一种以关心为中心的教育所取代。请再简单介绍一下这个"关心模式"的构成，以及它在今天的必要性。

诺: 我坚信书中的观点，传统课程设置确实陈腐过时了。我们需要一个以真实的人类问题为中心的课程。这个新课程并不完全放弃传统课程，相反，它会将传统课程中有用的内容吸收进来。这样，对传统学科课程有特殊需要的学生仍能够获得它的精华。我们需要对现行的科学、数学、语言、历史、地理等课程进行彻底改组。以人类问题为中心的课程也就是围绕关心而组织的课程。孩子们必须学会关心自我，关心身边最亲近的人，关心与自己没有关系的人。他们也必须学会关心自然环境，关心动植物，关心人类创造的物质世界，关心知识和学问。传统课程里的许多内容当然能够帮助我们理解关心教育。我并不是反对传统课程内容本身，我不过是反对目前传统学科的课程设置和教学现状而已。伟大的文学作品、哲学思想、历史和艺术等，都是人类精神文明的精华，它们当然应该成为学校课程的内容。问题是，现在的各个学科课程之间彼此分离，课程与现实世界分离，与人类面临的真实问题分离。它们成为象牙塔里的知识，成为被学生们死记硬背的东西。这个现状必须要改变。

于：很明显，关心伦理是您的学校改革主张的哲学基础。关心伦理的核心是什么？与教育的内在联系何在？

诺：关心伦理的核心是注意和反应。在教育过程中，这意味着教师必须倾听学生的心声，而不是仅仅向学生灌输一个事先准备好的课程。作为教师，在备课和教学时，我们必须认真考虑学生们的兴趣。我们还要深刻挖掘每一个学科，讨论其中涉及的道德和存在主义问题。你知道我曾经做过十年的高中数学教师。数学教师也必须同时成为道德教育者。他们也应该是一般教育者，有能力与学生探讨文学、历史、艺术、哲学、宗教等问题。

于：我们将在讨论道德教育的时候回到关心伦理问题上。在我看来，您关于学校改革的主张意味着一种彻底的改革——在学校结构、制度和文化层面的彻底改革。以前的改革过多着眼于课程与教学方法论等方面，是一种微观的改革。但是真正的变化来自教育理念和教育目的的革新。我们更需要哲学上的变革，而不是方法上的创新。

诺：我当然不反对微观课程改革，但是我确实认为，必须在学校结构和文化方面大动手术。课程重组意味着结构调整。学校教学内容必须反映我们每一天所面临的真实问题。学校课程必须由教师和学生共同决定。现在的情况是，教师和学生对课程内容基本没有任何发言权。课程大纲、课程标准以及教材完全是由上而下强加给学生的。学生的选择必须受到重视。学生有权在教师指导下决定他们所学的内容。20世纪初始，杜威就强调改革学校结构和教育过程，以便更好地反映学生的需要和兴趣。但是我们知道，杜威并不主张对传统学科设置进行改组。他认为每一个传统学科都可以与现代社会生活发生联系。换句话说，传统学科应该能够跟上社会进步，并且促进社会进步。我的主张超越了杜威思想。我认为学校课程与教学必须围绕人类问题重新组织。人类问题应该成为课程的核心内容，传统学科内容要服务于这个核心。

于：那么，这个以关心为中心的课程重组在今天到底有多大的现实性呢？有多少学校改革尝试反映了您的主张？

诺：在没有官僚体制的限制下，以关心为中心的教育是最自然的教育方式。可是在现有的体制下，可行性不大。但是我们不能放弃想象。改革是渐进的。很多人已经对我提出的这个新思路发生兴趣。我们可以按照这个思路对现有体制进行逐步改进。此书出版后读者反响热烈，这就说明人们有兴趣改革。虽然与二十年前相比，今天的美国学校更加重视数学和阅读，但同时无数教师和家长也在渴望改革。不少私立和新型公立学校，譬如特许学校（charter schools），已经采取我的主张进行改革尝试。所以希望还是有的。

于：您提到，《学会关心》是一本关于道德教育的著作。就让我们探讨一下道德教育这个话题吧。在中国，您首先是以一个道德教育理论专家著称的。道德教育是中国教育实践、教育政策以及教育研究的一个永恒话题。请您介绍一下美国道德教育的理论和实践处于一个什么样的状态。

诺：过去十多年来，道德教育在美国受到很多关注，但是目前这种关注似乎正在消退。人们的注意力越来越集中在学生的考试成绩上面，特别是数学和阅读的考试成绩。另一个问题是，我们似乎倾向于将包括道德教育在内的每一个问题分门别类，变成一个具体的学科或者课程来教。目前的人格教育（character education）运动就体现了这个倾向。道德教育不可以这样进行。道德教育应该渗透到每一个学科和课外活动中去。

于：您在《学会关心》中对道德教育的定义富有新意：道德教育不仅是指集中于培养有德之人的一种特殊教育形式，也指任何一种在目的、政策和方法上合乎道德的教育。这个道德教育的定义特别重要，因为我们（特别在中国）往往强调在学校里进行专门的道德教育，却忽视整个学校的道德使命。很多学校活动和实践在道德上是应该受到谴责的，譬如美国校园内受种族主义影响的分组教学（tracking），以及标准化考试的泛滥。如果一所学校的教育实践经得起道德的检验，孩子们的思想品格得以在一个合乎道德的环境里生长，那么我们就不需要任何单独的道德教育课程了。我相信您所主张的以关心为中心的教育模式同时也是一个道德教育模式。

诺：你这个问题非常有趣，也特别重要。关于道德教育，我基本上沿用杜威当年的用法，在两个意义上使用这个词：第一，教育人们，使之成为有道德的人；第二，提供一个经得起道德检验的教育。第二种用法更加重要。如果我们能够给学生们一个在道德上站得住脚的教育，那么他们可能自然成长为有道德的人。所以我同意你的看法，道德教育并不一定需要道德观念上的特殊教育和训练。不过，设置一门课程以集中探讨伦理学、道德历史或基本道德哲学还是有价值的。即使在初中阶段，这样一门课也是有价值的。但是这门课的重点应该是对历史的介绍和对道德问题的讨论，而不是直接培养有道德的人。

于：您知道，中国学校开设德育课，德育课与其他课程并行。这种课程设置有意义吗？

诺：像我上面说过的，这样的课程应该强调道德历史、道德哲学和道德心理学的探讨。

于：很多中国读者知道，您是关心道德教育学派的代表人物。首先，我想知道，在美国，不同道德教育理论流派之间的分野仍然很清楚吗？是否存在一个各派融合的趋势？据我所知，很多发展心理学家在从事人格教育的研究工作。

诺：一些优秀的研究者仍然在孜孜不倦地探讨道德教育问题。他们的研究工作可能沿袭不同的理论传统。问题是，像我上面说过的，很多学校将道德教育视为一个独立的、可以添加到已有学校课程体系中去的新课程。理论研究者应该关注这样的倾向，帮助教师探索促进孩子们道德思维和行为的各种有效途径，而不是彼此之间因为理论差异而争论不休。我不是说要停止理论讨论、分析和争辩，但我们的重点应该在教育实践。

于：那么，您能不能简单地介绍一下关心学派与其他道德教育理论的主要区别？我说的其他道德教育理论，包括以科尔伯格（Lawrence Kohlberg）为代表的认知发展模式、价值观澄清理论（values clarification）以及以美德教育为基础的人格教育模式。

诺：关心学派与认知发展模式有一个重要的共同点，那就是我们都强调对批判性思维的培养。尽管如此，关心理论不认为道德发展具有明显的不同阶段；我们也不依靠人为设计出来的两难故事来讨论道德问题。我们强调在每一天的真实生活中运用批判性思维，培养批判性思维。关心学派赞同价值观澄清学派对个人道德责任感的重视。个人必须对自己所持有的道德立场负责。我们也都认为，对一个人的道德评判应该着眼于他的行为而非认知。人格教育者一般强调改变孩子的行为使其变得有道德，而"关心"理论家的着眼点不是孩子而是孩子们生长的环境。我们主张想办法改变环境，因为一个健康美好的生活环境往往能够陶冶人的情操，促进道德养成。

于：我们知道，人格教育在近些年走进很多美国公立学校。应该说它是目前在美国最有影响的道德教育流派了。关于人格教育的很多东西也正在被介绍进中国。不过，我觉得，中国教育者们对有关人格教育的理论和实践的许多问题还有待进一步理解，譬如这个运动在美国兴起的社会背景、对其起推动作用的政治因素，等等。

诺：没错，这是个值得关注的重要问题。像你的著作指出的[1]，当代人格教育运动兴起于 1980 年代，那个时候，政治和文化保守主义主导美国社会。人格教育清楚地反映了这种保守主义倾向，譬如，很多人格教育课程背后有宗教影响的痕迹。这是很多批评者的一个担忧所在。

于：您怎么看待美国政府近些年对人格教育的大力支持？我们知道，人格教育成为布什政府联邦教育法案《不让一个孩子掉队》的一个重要内容。依据此法案，联邦政府大张旗鼓地鼓励各地学校开展人格教育，并且为其提供资金支持。一个道德教育运动获得联邦政府的如此支持，这在美国历史上是罕见的。美国政府似乎越来越积极地插足学校道德教育过程了，这是个耐人寻味的趋势。也有学者对这种趋势提出了疑问，譬如教育历史学家乔尔·斯普林（Joel Spring）就指出，由政府来为社会的道德进行立法（legislate morality）是错误的。[2]

诺：你知道吗，奥巴马政府已经大幅削减了对人格教育的经费支持。我个人并不反对政府对道德教育的研究和实验进行资金支持，

1.Tianlong Yu. In the Name of Morality: Character Education and Political Control[M]. New York: Peter Lang, 2004: 55-65.

2.Joel Spring. Political Agendas for Education, 4th ed[M]. New York: Routledge, 2010: 107-108.

但是只支持人格教育是不对的。人格教育不是也不应该是道德教育的全部。

于：有另外一个令人忧虑的现象。尽管人格教育受到很多决策者和学校教师的欢迎，教育理论界基本上对其持保留态度。大多数进步主义学者，包括您自己在内，都对人格教育提出了很多尖锐的批评意见。问题是，批评者的意见很少受到一线实践者的重视。进行人格教育的学校和教师似乎不大关心学界对人格教育的重要批评。

诺：这个问题不仅仅局限于道德教育领域。理论和实践之间的鸿沟存在于教育的各个学科。造成这种现象的原因很多，其中一个重要因素在于各级政府在教育评估方面对学校的误导：他们只对量化的东西感兴趣，不管那些量化数据准确与否；没有人鼓励教师对教育问题进行理论上的反思和哲学上的探讨。

于：那么，在您看来，人格教育的主要问题到底是什么？

诺：对人格教育作为道德教育的可能性和有效性的疑问，可以追溯到苏格拉底时代。美德不可教；对美德的直接灌输效果不大。实验研究以及日常生活实践都已经说明这一点。"美德袋"教育不大可能培养出真正有道德的人。当然，这不等于说我们不能与孩子们讨论美德，鼓励他们的美德行为。问题是，现在的人格教育者往往是简单地向孩子们灌输一个美德的定义，然后要求孩子们接受这个美德，并且在生活中实践这一美德。这是很不现实的。另外，人格教育者对所谓的道德问题分析不够。他们忽视很多道德问题的社会根源。再有，人格教育者看不到美德的社会构建过程。每一个具体美德只有在特定社会历史背景下才有意义。让我们举个例子来说明这个道理。没有人否认那些劫持飞机撞大楼的恐怖分子具有非凡的勇气吧？但是我们不能鼓励这种"勇敢"行为。他们的勇气不是值得赞美的美德。为什么不是呢？这个问题促使我们对所谓美德的社会根据或者文化基础进行探究；探究到底什么东西是人类共享的、共同珍视的，什么东西导致我们彼此不同。单纯进行所谓"勇气"或者"尊重"的灌输和训练，而不对这些"美德"的复杂社会背景进行批判性的探索，可能会导致教育者不愿看到的结果。

于：谢谢您对我这些问题的回答，我从中受益匪浅。

诺：谢谢你提出的这些重要而且有意思的问题！希望将来我们有机会继续这样的对话！

附录二

内尔·诺丁斯著作年表

1. *Caring: A Feminine Approach to Ethics and Moral Education*（《关心：伦理和道德教育的女性视角》）, University of California Press, 1984, 2nd ed. 2003.

2. *Awakening the Inner Eye: Intuition in Education*（《打开心灵之窗：教育中的直觉问题》）, with Paul Shore, Teachers College Press, 1984. Reissued by Educators International Press, 1998.

3. *Women and Evil*（《女性与罪恶》）, University of California Press, 1989.

4. *Constructivist Views on the Teaching and Learning of Mathematics*（《建构主义指导下的数学教育》）, ed. With Carolyn Maher and Robert Davis. JRME Monograph, 1990.

5. *Stories Lives Tell: Narrative and Dialogue in Education*（《人生故事：教育中的叙述与对话》）, ed. With Carol Witherell, Teachers College Press, 1991.

6. *The Challenge to Care in Schools: An Alternative Approach to Education*（《学会关心：教育的另一种模式》）, Teachers College Press, 1992, 2nd ed. 2005.

7. *Educating for Intelligent Belief or Unbelief*（《培养智慧的信仰与不信仰》）, Teachers College Press, 1993.

8. *Philosophy of Education*（《教育哲学》）, Westview Press, 1995, 2nd ed. 2006. 3rd ed. 2011, 4th ed. 2015.

9. *Caregiving*（《给予关心》）, ed. with Suzanne Gordon and Patricia Benner, University of Pennsylvania Press, 1996.

10. *Justice and Caring*（《正义与关心》）,ed. with Michael Katz and Kenneth Strike, Teachers College Press,1999.

11. *Starting at Home: Caring and Social Policy*（《始于家庭：关心和社会政策》）, University of California Press, 2002.

12. *Educating Moral People: A Caring Alternative to Character Education*（《培养有道德的人：以关心伦理替代人格教育》）, Teachers College Press, 2002.

13. *Happiness and Education*（《幸福与教育》）, Cambridge University Press, 2003.

14. *Educating Citizens for Global Awareness*（《培养具有全球意识的公民》）, ed., Teachers College Press, 2005。

15. *Critical Lessons: What Our Schools Should Teach*（《批判性课程：学校应该教授哪些知识》）, Cambridge University Press, 2006.

16. *When School Reform Goes Wrong*（《当学校改革误入歧途》），Teachers College Press, 2007.

17. *The Maternal Factor: Two Paths to Morality*（《母性因素：通往道德的两条道路》），University of California, 2010.

18. *Peace Education: How We Come to Love and Hate War*（《和平教育：我们对战争的爱与恨》），Cambridge University Press, 2012.

19. *Caring: A Relational Approach to Ethics and Moral Education*（《关心：伦理和道德教育的关系途径》），University of California Press, 2013. Updated 2nd edition.

20. *Education and Democracy in the 21st Century*（《21 世纪的教育和民主》），Teachers College Press, 2013.

21. *A Richer, Brighter Vision for American High Schools*（《关于美国高中的一个更丰富、更光明的愿景》），Cambridge University Press, 2015.

22. *Teaching Controversial Issues: The Case for Critical Thinking and Moral Commitment in the Classroom*（《争议问题教学：如何在课堂上进行批判性思考和道德承诺》），with Laurie Brooks, Teachers College Press, 2016.

图书在版编目（CIP）数据

　学会关心：教育的另一种模式 / （美）内尔·诺丁
斯著；于天龙译. -- 上海：上海教育出版社，2024.
8. --（"学会关心"书系）. -- ISBN 978-7-5720
-2683-6

　Ⅰ. G4

　中国国家版本馆 CIP 数据核字第 2024CN8051 号

　图字：09-2024-0559 号

学会关心：教育的另一种模式
[美] 内尔·诺丁斯 / 著
于天龙 / 译

出 品 人：缪宏才
策　　　划：北京乐府文化传媒有限公司
策划编辑：刘美文
责任编辑：周伟
特约编辑：刘志凌
营销编辑：肖虹
责任印制：耿云龙
装帧设计：尚燕平
封面插图：安静 Echo

出版发行　上海教育出版社有限公司
官　　网　www.seph.com.cn
地　　址　上海市闵行区号景路 159 弄 C 座
邮　　编　201101
印　　刷　北京美图印务有限公司
开　　本　1194×889　1/32　印张 10.875
字　　数　225 千字
版　　次　2024 年 8 月第 1 版
印　　次　2024 年 8 月第 1 次印刷
书　　号　978-7-5720-2683-6/G.2364
定　　价　58.00 元

如发现质量问题，读者可向本社调换 电话：021-64373213